政道一万句

晓山／编著

中央编译出版社
Central Compilation & Translation Press

目　录

上编　　　　　　　　　　　　　　　　　001

第一辑　领导素养篇　　　　　003
第二辑　领导思想篇　　　　　029
第三辑　领导心理篇　　　　　071
第四辑　领导作风篇　　　　　096
第五辑　领导方法篇　　　　　113
第六辑　领导艺术篇　　　　　161
第七辑　领导用人篇　　　　　191
第八辑　领导鉴戒篇　　　　　208
第九辑　领导技巧篇　　　　　233

中编　　　　　　　　　　　　　　　　　269

第一辑　政治智慧　　　　　　271
第二辑　决策科学　　　　　　298
第三辑　管理学问　　　　　　303
第四辑　说话艺术　　　　　　318
第五辑　成事之道　　　　　　324
第六辑　处世哲学　　　　　　347

第七辑	学习要领	*369*
第八辑	生活哲理	*400*
第九辑	幸福密码	*442*

下编　　　　　　　　　　　　　　*453*

第一辑	忠诚篇	*455*
第二辑	为民篇	*463*
第三辑	务实篇	*472*
第四辑	奉法篇	*482*
第五辑	任贤篇	*489*
第六辑	理念篇	*498*
第七辑	廉洁篇	*512*
第八辑	修身篇	*523*
第九辑	戒律篇	*573*

后　记　　　　　　　　　　　　　　*595*

上编

第一辑 领导素养篇

第二辑 领导思想篇

第三辑 领导心理篇

第四辑 领导作风篇

第五辑 领导方法篇

第六辑 领导艺术篇

第七辑 领导用人篇

第八辑 领导鉴戒篇

第九辑 领导技巧篇

第一辑　领导素养篇

1. 德高方能担大任。
2. 立得正,行得稳。
3. 党性当如山,品格应若水。
4. 思想形成人的伟大。
5. 世界被思想推动,人被信念推动。
6. 世界观比世界大。
7. 追求决定命运。
8. 境界影响目标,目标影响行为。
9. 在信仰上失去动力是危害政治生命的最大杀伤力。
10. 理性从来是和成熟紧密相连的,成熟的表现就是理性地分析问题。
11. 为官之道,重在做人;执政之本,重在修德。
12. 有能力统才有胆略放。
13. 低水平的秘书看修辞,高水平的领导看思想。

14. 诚实无破绽。
15. 情商是元帅，智商是将军。
16. 大胆不妄为，必有大作为。
17. 德行和能力是赢得信任的两大条件。
18. 性格要开朗，人际要和谐，业务要精强。
19. 尊重他人无本万利。
20. 唯有有信念的人才能经得起任何风险。
21. 酒醇靠淀，人厚在省。
22. 职责决定任务，使命创造神奇。
23. 友善能铲除障碍。
24. 自省者自强，自律者自尊。
25. 以责人之心责己，以恕己之心恕人。

26. 神一走，心则乱。
27. 人格魅力源于平等的交流。
28. 克己胜于克敌。
29. 辩证思维方法是所有方法的统帅和灵魂。
30. 谨言慎行。
31. 做人要像水一样，有极大的可塑性与灵活性。
32. 没有能力不会做事，没有觉悟做不好事。
33. 先有领导力，后有竞争力。
34. 心胸宽广的人没有痛苦，欲望无穷的人没有欢乐。
35. 大视野创造新感觉，大视野提升新境界。
36. 人只有凭借自己的能力或努力来赢得尊重。

37. 最美好的生活必须有最完善的思想作支柱。
38. 智慧是战胜险难的钥匙,勇气是战胜险难的力量。
39. 练就"谋万世"的战略眼光,培养"顾全局"的整体思维,修炼"淡名利"的境界气度。
40. 身做好事,言说好话,心存好念。
41. 知足常乐,终生不辱;知耻常止,终生不死。
42. 事到知足心常乐,人到无求品自高。
43. 正气是一支笔,可以写出终身的辉煌;清风是一首歌,可以唱出永恒的快乐。
44. 廉洁是一把琴,可以弹奏一生的幸福;自律是一杯茶,可以品味一世的清香。
45. 既要提高执政能力,又要提高治家能力。
46. 有德便有福。
47. 常学习以明德,常修身以应德,保本色以养德,用好权以行德。
48. 淡心不淡事,淡官位不淡人品,淡欲望不淡志向,淡名利不淡"民利"。
49. 廉者清淡,廉者无忧,廉者家和,廉者多友。
50. 听苦难之言,可磨砺意志;听幽默之言,可磨砺情志;听褒贬之言,可磨砺心志。
51. 宽容是善待自己。
52. 以公心换民心。
53. 用心计较般般错,退步思量事事宽。

54. 内心谦卑而志向远大,智慧圆满而行为方正,才能全面而行事简约。
55. 大着肚皮容物,立定脚跟做人。
56. 仁厚纳知己,开明扩胸襟。
57. 临危而不惧,途穷而志存。
58. 功高不自傲,事后常反省。
59. 临弱可落泪,对恶敢拼争。
60. 没有淡泊的心境,就无法显明其美德;没有宁静的心态,就无法到达高远的境界;没有宽大的胸怀,就无法包容天下万物;没有公平正直的作风,就无法做出正确的裁决。
61. 常修为政之德,常怀亲民之心,常立奋进之志,常存敬畏之念。

62. 素质能力是履职之本,充实提高是人生常态。
63. 爱民出清廉,廉者得民心。
64. 修身慎行,怀德自重,敦方正直,清廉自守。
65. 处世靠常识,创造靠智慧。
66. 孝心无价,且须及时。
67. 宽恕为美,淡忘为佳。
68. 没有宽容就没有理解,没有理解就没有支持。
69. 感谢对手的存在,是一种胸怀;学习对手的优点,是一种精神。
70. 协作既是一种精神和态度,也是一种能力和修养。

71. 能够少一些攀比，就能多一些快乐。

72. 牢记自己的志向，走到哪里都不会迷茫。

73. 求助伯乐之前先把自己炼成一匹千里马。

74. 执政有力量，从政德为先。

75. 官清则民稳，官廉则民福，官贪则民害。

76. 为人要正，为官要清，为政要公。

77. 有肚量去容忍那些不能改变的事，有勇气去改变那些可能改变的事。

78. 始终保持清醒、清正、清廉，是安身之要、立命之本。

79. 常乐而不极乐，可怒而不盛怒，遇愁而不忧郁，临悲而不过伤，勤思而不妄想，坚定而不倔犟。

80. 为政清廉才能取信于民，秉公用权才能赢得人心。

81. 信念决定了做官品位的高低，意志决定了从政贡献的大小。

82. 有多宽的胸怀，就有多高的境界，也就有多大的作为。

83. 民心是杆秤，秤砣拴着信与诚。

84. 为政以德，社会祥和；德为政先，国泰民安。

85. 既能顺势而为，也能逆流勇进。

86. 既要讲好普通话，又要学会本地话。

87. 无欲有为，快乐从业。

88. 静而后能安，安而后能虑，虑而后能得。

89. 只有学会自我约束，思想境界才会高一分，道德素养才会长一分。

90. 从政为官既是一种律人的能力，更是一种律己的修养。
91. 在得失面前，坦然是一种风范。
92. 在名利面前，淡然是一种风范。
93. 在竞争面前，霸气是一种风范。
94. 在责任面前，担当是一种风范。
95. 在诱惑面前，定力是一种风范。
96. 在抉择面前，果断是一种风范。
97. 在冒险面前，魄力是一种风范。
98. 在压力面前，从容是一种风范。
99. 在原则面前，坚守是一种风范。
100. 在过错面前，包容是一种风范。
101. 在危机面前，淡定是一种风范。
102. 在败者面前，尊敬是一种风范。
103. 在赢者面前，鼓掌是一种风范。
104. 在欺凌面前，血性是一种风范。
105. 在长者面前，谦恭是一种风范。
106. 在幼者面前，慈爱是一种风范。
107. 在同级面前，真诚是一种风范。
108. 在荣誉面前，谦让是一种风范。
109. 在争执面前，大度是一种风范。
110. 在强者面前，自信是一种风范。
111. 在弱者面前，谦卑是一种风范。
112. 控制自己的情绪，就能最大限度地释放自己的能量。

113. 有时必须用毅力来控制爱好。
114. 公道正派是为官处世的准则。
115. 领导者需拥有"四大支柱":诚实、有远景、能鼓舞人心、能力卓越,缺一不可。
116. 处事要公,公生明;律己要廉,廉生威;待人要诚,诚生信;工作要勤,勤生效。
117. 坚韧的品质是成功的保证。
118. 敏捷、坚毅、决断,是一切力量的中心;要成就事业,必须学会该出手时就出手。
119. 用正确的价值观止住忧虑。
120. 心胸宽大能撑船,欢乐健康享百年。
121. 笔墨成趣,书画延年。
122. 不怕学问浅,就怕意志短。
123. 发展比的不光是速度和质量,还有信心和意志。
124. 成功与其说取决于人的才能,不如说取决于人的热忱。
125. 要想让灵魂无纷扰,唯一的方法就是用美德占据它。
126. 忠诚和相互信任是友情的首要条件。
127. 领导的功夫在权力之外,经验、能力、魅力是最大的差距,其间的高低优劣犹如天壤之别。
128. 肚量是领导自信力的标志。
129. 生活是船,热情便是帆。
130. 以诚感人者,人亦诚而应。
131. 公正清廉心无愧,光明磊落梦不惊。

132. 以俭治身则无忧。
133. 戒欲方能净心，自律方能服众，守廉方能树威，修正方能安人。
134. 莲出污泥品自洁，人守清廉品自高。
135. 廉洁是干部从政的基石，团结是班子有为的前提。
136. 廉为先，能为基，勤为要。
137. 政从正来，俭从简来，节从洁来，功从公来。
138. 执政民为本，行事廉为先。
139. 做政治上的明白人，知德守信；做经济上的清白人，知法守法；做作风上的正派人，知足节欲；做工作上的敬业人，知廉守身。
140. 政在去私，唯廉可以服人。
141. 公道来自无私，无私才能正派。
142. 有实力才能从容出发。
143. 宽容别人，快乐自己。
144. 雅量就是力量。
145. 读书是修身之道，守廉乃为官之德。
146. 成绩向上看，职务向下比。
147. 小孝孝家，中孝孝职，大孝孝国。
148. 志向决定方向，大志向产生大力量。
149. 良好的判断力来自深入的思考能力。
150. 创造非凡的功业，必有非凡的胆识。
151. 勇气乃是成功的秘诀。

152. 以大度容人是德，以谦虚处人是福。

153. 不能从容是急躁未去，不能敛智是含蓄未成。

154. 忍耐为渡难关之秘诀。

155. 保持一种有益的兴趣爱好。

156. 热情是人生中最具有潜在价值的财富。

157. 多考虑应该做什么，少考虑能够做什么。

158. 真正优雅的人，必有包容万物、宽待众生的胸怀；真正高贵的人，面对强于己者不卑不亢，面对逊于己者同等视之。

159. 自律使人优秀。

160. 人无信难立，官无信难做，业无信难成。

161. 德为人格之根本，才为人格之条件。

162. 自信是成功的阶梯，自律是成长的保障。

163. 真诚是人际桥梁，宽容是处世境界。

164. 守信是名片，乐观是态度。

165. 担当是责任，坚韧是精神。

166. 自信而不自傲，果断而不武断，自律而不自负，严谨而不拘谨，放松而不放纵，认真而不较真。

167. 礼貌和学识，是推介自己最好的名片；谈吐与修养，是征服别人最好的武器。

168. 理想如炽，信仰如炬，责任如山。

169. 无私才能无畏，无畏才能担当。

170. 要有大涵养，才有大成功。

171. 大德始于自制，大智莫如知人。

172. 小胜靠智，大胜靠德，常胜靠修。

173. 卓越不是单一的举动，而是良好的习惯。

174. 责任是对人生义务的勇敢担当，是对所负使命的忠诚信守。

175. 只有德才兼备，才能成就人生。

176. 豁达是人生幸福的最高境界。

177. 见识的高低决定成就的大小。

178. 大格局来自开阔的视野。

179. 成败在于观念的转变。

180. 桥的价值在于承载，人的价值在于担当。

181. 自醒、自警、自省是健康平安的"预警器"。

182. 用权讲官德，交往有原则。

183. 谦虚是美德，傲骨是脊梁。

184. 气魄须宏大，心思要精微。

185. 愿望是花朵，能力是园丁。

186. 不搬是非免受辱。

187. 做人以德为先，待人以诚为先，做事以勤为先。

188. 大智者必谦和，大善者必宽容，唯有小智者才咄咄逼人，小善者才斤斤计较；有大气象者不讲排场，讲排场者露小气象；大才朴实无华，小才华而不实。

189. 做官要有个官样，做人要有个人样。

190. 什么便宜都想占，似进实退；什么亏都不想吃，难求一进。

191. 脾气和嘴巴不好，心地再好也只算是个打七折的好人。

192. 领导干部既要做表率又要做贡献。

193. 在任无德，其祸必酷；在位无能，其殃必大。

194. 弘扬科学精神，提倡科学态度，讲究科学方法，不断提高自身的科学执政能力。

195. 没有一流的人品作底子，从政肯定要跌跤。

196. 在党言党，阐述的是共产党员应有的立场和观点；在党爱党，体现的是感情和义务；在党忧党，表明的是清醒和自强；在党为党，强调的是贡献和使命。

197. 干部不为民众就是失职。

198. 领导干部应有坚定的理想信念、真挚的为民情怀、民主的领导作风、过硬的业务才干、坚韧的工作意志、真诚的待人态度、质朴的人生品格、严格的自律行为。

199. 莫吹嘘自己之能，莫炫耀风光之事；低姿态生活，高境界做人。

200. 人无德不立，官无德不为。

201. 务必全面了解大局、正确认识大局、坚决服从大局、自觉服务大局。

202. 为政之道，贵在实干。

203. 高境界做人，专业化做事。

204. 为百姓谋幸福，为国家谋发展。

205. 缺乏讲真话的勇气，自然也就缺乏讲真话的能力。

206. 想干事是境界，敢干事是作风，会干事是水平，干成事是目的，不惹事是起码要求。

207. 一份权力就是一份责任，一份责任须有一份严谨。

208. 要有坚定的信念、顽强的意志、理性的态度、豁达的心胸、平和的心态。

209. 信任是领导影响力的根基。

210. 热情能消除心灵上的皱纹。

211. 对群众要有深爱之情，对学习要有致用之道，对工作要有守土之责，对难题要有破解之策，对组织要有感恩之心，对利益要有淡泊之怀，对法制要有敬畏之意，对修身要有勤勉之志。

212. 精神是追求，是动力，是支柱，是视野和眼光，缺什么都不能缺精神。

213. 不可颐指气使，好为人师；不可只有教育人的意识，没有改造自己的自觉。

214. 人与动物的不同，就在于人有良心；好人与坏人的区别，就在于好人有良心。

215. 天下最占便宜的是多做事，最吃亏的是无所事事。

216. 有德者必有成，德高者必望重。

217. 在提高素质上用加法，在利益追求上用减法，在廉洁自律上用乘法，在官欲物欲上用除法。

218. 修养决定人生高度。

219. 为上尽职尽责，不失真言；对下尽心尽力，不失真诚；对事尽情尽理，不失原则；对己尽严尽廉，不失本色。

220. 专注，让自我能力加倍提升。

221. 使命高于一切，责任重于泰山。

222. 一个没有荣誉感的团队是没有希望的团队；一个没有荣誉感的干部不会成为一名优秀的干部。

223. 激情源于对工作的热爱，打江山需要为共产主义献身的激情，坐江山更需要为人民服务的激情。

224. 领导干部要在增强党性上做表率，要在坚持原则上做表率，要在端正品行上做表率，要在提高本领上做表率，要在廉洁自律上做表率。

225. 没有相当的积累，创新就是胡编乱造。

226. 知大局，懂本行，干实事。

227. 要有知恩知足的基本觉悟，要有牺牲奉献的宽阔胸怀。

228. 健康胜于财富，好身体才能保持精力充沛。

229. 坚忍不拔的信念和不懈的努力，是成功的秘诀。

230. 玉琢则成器，人勤则成杰。

231. 闻过则喜，闻过则改。

232. 依常识做事，凭良心做人。

233. 要以奉献为荣，以奉献为乐，以奉献为人生价值。

234. 始终做到政治坚定、履职尽责、心系群众、一身正气。

235. 靠理想和信念支撑个人的精神。

236. 靠真本事立身，靠干实事吃饭。

237. 大行立德，中行立功，小行立言。

238. 任何时候都应注重讲正气、增才气、养大气。

239. 信仰未灭，激情永在，希望之光就不暗淡。

240. 丰富的想象力、优秀的品质、过人的勇气是成功的三大要素。

241. 不愿担责任就不该当干部，不敢担责任就不配当干部，不会担责任就不能当干部。

242. 头脑要清楚，经验要丰富。

243. 看得要远，想得要通，悟得要透，忍得住气。

244. 凡是成功者，责任和委屈绝对大于荣誉和收入。

245. 只要心中有责任，胸中自会有办法。

246. 领导干部应当做到"政治上跟党走、经济上不伸手、生活上不丢丑"，真正成为"政治上的明白人、经济上的廉洁人、作风上的正派人"。

247. 做人：光明磊落，堂堂正正；做官：把持操守，清正廉洁；做事：求真务实，用权为民。

248. 干得成事情，挨得了批评，负得起责任。

249. 闻道有先后，术业有专攻。

250. 继往并不容易，开来更需担当。

251. 与其说别人让你痛苦，不如说自己修养不够。

252. 没有信念的人，只能平庸地度过一生；而一个坚持自己信念的人，永远也不会被困难击倒。

253. 信仰是指路明灯,信仰是胜利保证,信仰是立身之本。

254. 多在加强修养上下功夫,少在经济收入上比多少;多在提高素质上下功夫,少在职务提升上比快慢;多在建功立业上下功夫,少在权力大小上比高低。

255. 对上正,不搞人身依附;对下正,不搞亲亲疏疏;对友正,不搞团团伙伙;对己正,不搞投机取巧。

256. 记恩情,重亲情,不负友情。

257. 正确对待是与非,做到是非分明;正确对待公与私,做到大公无私;正确对待真与假,做到诚实守真;正确对待实与虚,做到求真务实。

258. 有担当才能有作为。

259. 优秀的领导者,优秀在其坚定的信念、超人的勤奋、严格的自律、平稳的心态、智慧的幽默。

260. 公道不在庙堂在草野,不在史书在人心。

261. 坚定政治信念是健康成长的前提,加强党性锻炼是健康成长的关键,强化管理监督是健康成长的保障。

262. 思想端正但不僵化,处事稳重但不教条,作风低调但不消沉,淡泊名利但不平庸。

263. 有了责任,也就有了尊严和使命。

264. 不失人格成大事。

265. 富以仁为贵,官以廉为贵。

266. 有大涵养才有大耐心。

267. 低身交朋友,低头拜贤才,低眉待来宾。

268. 品高声自远,风正一帆悬。

269. 公正是为官之基,诚信是为人之本,廉洁是生威之根,贪婪是腐败之源。

270. 激浊才能扬清,惩恶才能扬善。

271. 明道德可以固本,重修养可以强魄。

272. 用责任激发自己的潜能,把热情当作一种习惯。

273. 头顶上有信仰,脚底下有寄托。

274. 正派是领导干部才能的中心点。

275. 责任是卓越的原动力。

276. 清正廉洁而又能容忍他人的过错,心地仁爱而又能当机立断,聪明睿智而又不苛求于人,性情耿直而又不失分寸。

277. 领导干部最重要的品德是负责、正直、自敛和明礼。

278. 以德服人才是侠之大者,以武屈人只能自取其辱。

279. 仁爱比聪明更重要。

280. 勤奋是成功的信使。

281. 努力拥有发愤图强的志气、正直浩然的正气、顶天立地的骨气、敢冒风险的勇气、镇定自若的静气、敏锐机智的灵气。

282. 思想才是领导者真正的资本。

283. 公民须有公德,为政须有官德;为官先修德,为官应有德。

284. 公则四通八达,私则偏向一隅。

285. 做人德为本,做事民为先,做官法为上。

286. 思正则廉,身正则直,行正则威。

287. 职位不在高低,廉洁奉公就能受到尊敬;权力不在大小,品行端正就能受到称颂。

288. 心底无私天地宽,一生一世不翻船。

289. 政治信念要坚定、宗旨意识要牢固、综合能力要过硬、工作作风要务实、人格品行要端正。

290. 以博爱的精神去工作。

291. 勤于学习,勤于实践,勤于总结。

292. 个人成才,靠勤奋;做好事情,靠务实;与人相处,靠宽容。

293. 适应是一种能力,具备多种应对能力才有可能最终取胜。

294. 耐得住艰苦,顶得住歪理,抗得住诱惑,管得住小节。

295. 做一名称职的领导干部难,难就难在想的是国家,为的是百姓;难就难在职务就意味着责任;难就难在做人、做事、做官都要到位,品质、思维、能力、心理都要健全;难就难在要自甘清贫,始终具有良好的操行举止;难就难在要具有较高的理论水平和丰富的实际工作能力。

296. 要有充满激情的理性,又要有充满理性的激情。

297. 要有正气、豪气、锐气、才气和骨气,在治理国家上如果没有了正气、豪气、锐气,则国不堪为国矣;一个人身上如果没有了才气、骨气，则人也不堪为人了。

298. 理想信念是人们政治立场和世界观在奋斗目标上的集中体现。有目标，人生才不会盲目；有追求，人生才会产生动力；有策划，人生才会与成功有约。

299. 在荣誉面前，最好的办法是：感谢、分享、谦卑。

300. 对人不可有恶意，应常怀慈悲于世人。

301. 见责任就上，见荣誉就让，见贤就思齐。

302. 眼界要宽，思路要宽，胸襟要宽。

303. 注意珍惜民力。

304. 事不避难，义不逃责。

305. 源活则流清，行端则影直。

306. 把"权"字认清，把"人"字写正，把"我"字看小，把"学"字记牢，把"干"字放大，把"智"字用活。

307. 殚精竭虑，鞠躬尽瘁，不负众望。

308. 德好才不好，干不成大事；才好德不好，小才干小坏事，大才干大坏事。

309. 崇高的使命感造就伟大的领导人。

310. 人性要善，人缘要好，人品要高，人脉要旺。

311. 要有干事的愿望，也要有会干事的本领，还要有干成事的绩效。

312. 眼看好书，心想好事，嘴说好话，耳听好理，手干好事，脚走好路。

313. 感恩是一种美好的感情，是一种健康的心态，是一种良知，也是一种动力。

314. 从容是一种成熟，是一种智慧，是一种悟性，是一种镇静。

315. 追求理想的实现，追求知识的提升，追求人格的完美，追求心灵的和谐。

316. 成熟的领导者有本事没有脾气，欠成熟的领导者有本事也有脾气，无知的领导者没有本事而脾气却大。

317. 应尽量地做到锋芒不露、大智若愚。

318. 人唯有自觉而有效地超越和改正错误，才能求得生存、自由、发展和自我完善。

319. 去留无意，任天空云卷云舒；宠辱不惊，看窗外花开花落。

320. 人生还有比成功更重要的东西，那就是优美的品德、平静的心灵。

321. 钢铁般的意志比智慧和博学更重要。

322. 宁可受穷，宁可事业无成，也不可不善良。

323. 有知识还要有文化，有学问更要有修养。

324. 充分地燃烧自己，充分地释放自己，做一个对社会有用的人。

325. 施恩莫望报，望报莫施恩。

326. 刻苦学习、勤奋工作；勇于创造、自觉奉献。

327. 真正伟大的人是经常谦虚地反躬自省、持续不断努力的人。

328. 见利甘居人后，修德积极向前。

329. 对已有的东西心存感谢，才能活得快乐。

330. 为人不可太懦弱，太懦弱就是窝囊废。

331. 度量小就难以容人容物，心志小就难以廓然而大公，见识小就难以高远而悠久。

332. 巧妙的假话不如笨拙的诚实。

333. 政治家与政客的区别在于：政治家算大账，算的是国家民族的长远利益、整体利益和根本利益；政客算的是小账，谋的是一己的升沉、一姓的兴衰和一伙的荣枯。

334. 美丽的凤凰最爱惜它的羽毛，真正的人才更珍重自己的人格。

335. 做官不必端架子，不懂做官的人才会端架子。

336. 超越自满，积极进取；超越习惯，大胆创新；超越私心，实事求是。

337. 不谤世妒人，不自卑自贱，不自暴自弃。

338. 一个人倘若能够在自我控制、耐心及平静方面的能力得到增强，其作为与能量也能够同时得到增强。

339. 人生最本质的东西是人的品质——正直、忠诚、正义、自我牺牲、同情心、关爱。

340. 只有不放松自己，不断进取的人，才有资格与人比高下。

341. 读书者不贱，守田者不饥，积德者不倾，择交者不败。

342. 目光长远，锲而不舍。

343. 身居高位，心存敬畏。

344. 内沉静而理事，外谦顺以协人。

345. 大智慧是顺其自然、水到渠成。

346. 努力使自己拥有博大精深之才、经天纬地之气。

347. 意志坚定使人信任，目光远大使人仰慕，富有智慧使人敬佩，容人雅量使人感动，善于授权使人受益，身体力行使人追随。

348. 既要重规矩又要重感情。

349. 应当把工作和学习当作你的第一兴趣。

350. 对事情的认识高度，决定应持什么态度。

351. 自觉适应自己的职位，学会做好自己不愿意做的事情。

352. 对工作负责其实就是对自己负责。

353. 不责人之小过，不发人之隐私，不念人之旧恶。

354. 智者一定会注意自己的缺点，庸者则喜欢吹嘘自己的优点。

355. 应知道自己的底细，去影响那些能够影响的事情，放弃那些鞭长莫及的事情，真正成为一个脚踏实地、行而有效的人。

356. 通过多种途径实现处世稳重：衣着得体；充满信心；要预先准备；善于用自己的眼神表达自己的友善、关怀以及渴望沟通的心情；当遇到突然发生的棘手问题时，不能慌乱，能够保持镇定；不说空话套话；做事认真负责。

357. 人的忍耐力随修养的提高而增强。

358. 随手关上身后的门。

359. 修炼自己，成就一生。

360. 不会与人相处的人做不成大事，只会与人相处、不会自己独处的人也做不成大事，每天都应想办法留出一段属于自己的时间。

361. 克服优柔寡断、胆小怕事、盲目无知、拖拖拉拉、婆婆妈妈、以自我为中心、自以为是，学会当机立断。

362. 要想获得成功和幸福，应努力具备如下基本素质：自信心、感恩、积极心态、良好习惯、善抓机遇、功底与才华、信念、敬业精神、特殊个性、承受力、人际关系、善于表现自己、了解人性、善于与人合作、独立思考、专注。

363. 成功者应具有的内在品质：坚忍不拔，公正无私，具有压倒一切的气概，高瞻远瞩，思虑周密，耐心，冷静，勇敢，守信，乐观，坦诚，干练，整洁，勤奋，果断，迅速，坚定，和蔼可亲，谦虚，自信，宽宏而又庄严，柔和而能立事，憨厚而能恭敬，自信而又自知，和顺而又刚毅，诚实而又机敏，宏大而又细行，刚强而又理智，聪明而不过察，检点而不拘谨，坚毅而不暴虐，温良而不无谋，静安而不守旧，心宽而不忘事。

364. 努力做一个知识、见识加胆识兼备的人。

365. 领导就是以身作则来影响他人。

366. 政治上清醒、思想上清淡、工作上清明、生活上清廉、为人上清正、经济上清白。

367. 对自己要求严格是完全可以的,对别人要求过于严格那就不行了,还是"严于律己,宽以待人"好。

368. 人善之,我亦善之;人不善我,我亦善之。

369. 不要过于自夸,不要锋芒太露,不要意气用事,要注重修炼,自控能力便可提高。

370. 心细如发不粗心,虑事周到无漏洞。

371. 敬业之表现:忠于职守、尽职尽责、一丝不苟、自动自发。

372. 清廉纯洁而有容忍的雅量,心地仁慈而又能当机立断,精明而又不失于苛求,性情刚直而又不矫枉过正。

373. 关键的时候靠自己,要拿出勇气和魄力来。

374. 努力做到内精明而外浑厚。

375. 获得升迁的机会靠自己来创造:要愿意消耗自己,要有能力,要有业绩,要有耐心,要有运气。

376. 正确认识自己,准确把握现实。

377. 形象上要注意亲民性,方法上要注重艺术性,权威上要注重影响性,素质上要注重智能性。

378. "想干事"不当懒官,"会干事"不当庸官,"干成事"不当说官。

379. 把忠心献给组织,把放心献给领导,把恒心献给事业,把细心献给工作,把热心献给群众,把专心献给学习,把欢心献给同事,把真心献给朋友,把爱心献给家庭,把虚心献给自己。

380. 当思学习不止,固本培基;当思心系百姓,居安思危;当思胸怀全局,抓好大事;当思谨言慎行,以德服人。

381. 职务升高了,更需诚恳待人;权力增大了,更需宽厚容人;责任加重了,更需乐于助人。

382. 以刻苦为乐,以虚心为本,以忙乱为戒,以懒惰为敌。

383. 为人宜带春风,处事宜带夏风,律己宜带秋风。

384. 待遇上要"知满足",工作上要"知不足",学习上要"不知足"。

385. 耐得住寂寞,耐得住清苦,耐得住烦劳,耐得住逆境,耐得住煎熬。

386. 克服个人至上,过好名利关;正确对待职责,过好权力关;抵制拜金主义,过好金钱关;提高拒腐能力,过好享乐关;恪守组织原则,过好人情关。

387. 耐得住清贫,经得住诱惑,顶得住人情,管得住小节。

388. 彰显形象,要慎言;彰显才气,要能言;彰显正气,要敢言。

389. 遇到急事不焦躁,遇到大事不糊涂,遇到难事不低头,遇到险事不失措,遇到好事不伸手,遇到奇事不惊讶。

390. 女干部要忌娇气、忌骄傲、忌矫情。

391. 有了责任感就有动力，有了责任感就有办法，有了责任感就有正气，有了责任感就有气魄。

392. 正确认识自己的优缺点，正确认识自己的责任，正确认识自己的人生价值。

393. 好领导其实就是一所好学校。

394. 与人为善，知人善任，从善如流，善始善终，善自为之。

395. 团结人是一种觉悟、一种道德，会团结人也是一种本事。

396. 多面壁，少碰壁。

397. 修学以养智，克躁以养气，淡利以养德，持恒以养节。

398. 得意不张扬，自警避祸端。

399. 讲政治，把握方向；讲团结，顾全大局；讲开拓，创建新业；讲实干，力求高效；讲宗旨，争做表率。

400. 不自重者取辱，不自律者招祸；不自满者受益，不自足者博闻。

401. 行端好比松傲雪，贪念犹似蚁决堤。

402. 登其高可以广视野，坚其守才能拓前程。

403. 淡泊名利，清风拂袖身自正；曲直分明，正气在胸威自生。

404. 从政，应德厚才高身正；治国，当吏清法严政明。

405. 慎初以防吃喝，慎独远离玩乐，慎交以保身正，慎微永保清廉。

406. 慎交友，勤务政，笃诚信，去虚妄。

407. 掌自律远离灯红酒绿，恒自警分清善恶美丑。

408. 自尊、自省、自警、自律，才能保持公仆本色；慎独、慎权、慎欲、慎初，方能抗得住诱惑。

409. 马行千里不失蹄，只因步步谨慎；人生一世少错误，就在警钟长鸣。

410. 律己与自爱齐飞，勤政共清廉一色。

411. 目不淫于炫耀之色，耳不乱于阿谀之辞。

412. 一身正气冲天地，两袖清风鉴古今。

413. 讲诚信才能得民心，懂规矩才能知法度，守纪律才能固底线。

414. 恒者行远，思者常新。

415. 打铁还需自身硬，硬在理想信念、硬在执政能力、硬在工作作风、硬在清正廉洁。

第二辑　领导思想篇

416. 付出才能杰出。

417. 最可怕的不是差距，而是不知道差距在哪里。

418. 要看透但不要看破。

419. 人人都在论断历史，而人人又被历史论断。

420. 本色最无敌。

421. 新思路来自对中央决策的紧跟和深跟，新思路来自对发展规律的掌握和把握，新思路来自实践工作中的创新和创造。

422. 成长是学习用时间，成熟是懂得用时间，成功是能够掌握时间。

423. 所承受的痛苦越多，成功的概率也越大。

424. 人生有两种痛苦，一种是努力的痛苦，一种是后悔的痛苦；前者可以带来成功，后者足以毁灭自己。

425. 困难像弹簧，看你强不强，你强它就弱，你弱它就强。

426. 凡事想开了是天堂，想不开是地狱。
427. 自静智生，智生事成。
428. 船的力量在于帆桨，人的力量在于思考。
429. 盲目的坚持不如理智的放弃。
430. 愚者玩小聪明，智者深思熟虑。
431. 有了行为的不自由，才能获得精神的真正自由。
432. 互补合作是人生最好的通行证。
433. 方向错误，越努力越失败。
434. 用别人的标准来衡量自己注定失败。
435. 如果什么都想要，最终什么都得不到。
436. 不能受气就成不了大器。
437. 体制机制并不能改变人的素质。

438. 思想是世界观，辩证是方法论。
439. 正确与错误取决于时空。
440. 制度是人的行为路线。
441. 机制固然重要，素质更居根本。
442. 动乱不可能造成繁荣和强盛。
443. 强大的民间力量，是富国强国的根源所在。
444. 组织是整合力量的特殊工具，组织的能量是巨大的。
445. 专家对整体而言往往是偏家。
446. 职务是干事业的杠杆。
447. 国破家不宁，国乱企不兴，国辱民不荣。
448. 生命事业都在变，原因藏在几年前。

449. 有些事可以想明白，但不可能完全做明白。

450. 等待是对毅力的考验，更是勇气的显示。

451. 强拧的瓜不甜，强求的事难成。

452. 成功的团队没有失败者，失败的团队没有成功者。

453. 宇宙中最强大的力量，莫过于思想无声的能量。

454. 成功必然成名，而成名未必成功。

455. 失败是无法挽回的命运结局，困难是现在需要冲破的物障。

456. 只有变化才会带来变化。

457. 转个念头，天地宽。

458. 人生一要承担过去，二要创造未来。

459. 最好的方法往往就是最简单的方法。

460. 办事是履行责任，发展才是完成使命。

461. 只要承认不行，就是行的开始。

462. 表扬虽好听，却容易让人虚浮；批评虽难听，却有利于人的进步。

463. 逃避挫折，就是在远离成功。

464. 只要承认低了，就是开始高了。

465. 任何事物的发展，都是阶段性和连续性的统一。

466. 世界观和方法论是统一的。

467. 没有困难，就没有坚忍和积聚；没有胜利，就没有激情和尊严。

468. 位置越近，感情越近；身体越近，灵魂越近。

469. 多一个思路,多一条出路。

470. 品格决定命运,细节决定成败,心态决定输赢。

471. 与天地合德,与日月合明,与四时合序。

472. 不劳无获,人生就像爬楼梯,得一步一个脚印。

473. 勇敢的尝试是成功的一半。

474. 经验是智慧之母。

475. 正人必先正己,治国必先治家。

476. 人不可能一辈子走捷径,当无捷径可走时,绕弯也是一条路。

477. 智慧成就人生。

478. 天下可忧在民穷,天下可畏在民怨。

479. 人心如秤称量谁轻谁重,民意似镜照出孰贪孰廉。

480. 上不愧党,勤政之根基;下不愧民,廉政之源泉。

481. 人民乃官吏之父母,一粥一饭,当思父母养育恩;权力乃人民之公器,一举一动,勿忘人民公仆身。

482. 掌权须心系千家忧与乐,为官应胸怀百姓暖和寒。

483. 勤政廉政政通人顺,亲民爱民民康物丰。

484. 越是为别人着想,就越会变得富有;越是给予和帮助别人,得到的就越多。

485. 以史为镜可以知兴衰,以钱为镜可以正人心。

486. 生命的长短不可以选择,人生的内容却可以选择。

487. 各自责则天清地宁,各相责而天翻地覆。

488. 人生应有追求,但不可强求。

489. 物品没有不变的价格,做事没有不变的法则。

490. 有德不在年高,无智空长百岁。

491. 犯错是平凡的,原谅才能超凡。

492. 腾不出时间去健身,迟早要腾出时间去看病。

493. 最好的心情是宁静,最好的运动是步行。

494. 快乐总和宽厚的人相伴,健康总与豁达的人同行。

495. 什么都可以不好,心情不能不好;什么都可以忘掉,健康不能忘掉。

496. 过错是短暂的懊恼,错过是永久的遗憾。

497. 做一切力所能及的事,这是人;做一切想做的事,这是神。

498. 行旅游之路,可扩大眼界;行探索之路,可扩大世界;行助人之路,可扩大胸界。

499. 容易做却难于成功的,是事业;难于成功却容易败坏的,是名声。

500. 时间是筛子,最终会淘去一切沉渣。

501. 静心才能悟道。

502. 悟得道,觅得法,做什么事情就应付自如了。

503. 不要"一刀切",但可"切一刀"。

504. 强调纪律肯定有用,但根本出路还在于改革。

505. 有量才有质,连续才能成长。

506. 阅人无数才会有经验。

507. 弱者总是回望,勇者总是远眺。

508. 低调做人，你会一次比一次稳健；高调做事，你会一次比一次优秀。

509. 成功的时候不要忘记过去，失败的时候不要忘记未来。

510. 生活不是单行线，一条路走不通，你可以转弯。

511. 方法比知识重要，人品比能力重要。

512. 一个品牌的背后是文化，一个企业的背后是文化，一个单位的背后是文化，一个城市的背后是文化，一个国家的背后是文化。

513. 成功的奥秘在于抓住机遇，失败的原因多是坐失良机。

514. 先记录，再记忆。

515. 先站住，再站高。

516. 人生犹如赶路翁，放下包袱更轻松。

517. 运气决定一时，智慧决定一生。

518. 取得最终胜利的秘诀是不怕输。

519. 立竿见影的成功秘诀是多求教于人。

520. 防止掉进陷阱的办法是不轻信他人。

521. 社交的秘诀不是讳言真实，而是讲真话时不激怒对方。

522. 思危则安，思亡则存。

523. 挫折给人力量，苦难使人成长。

524. 家和万事兴，家齐国安宁。

525. 遇困用智，逢难靠勇。

526. 坚持正能量，人生不畏惧。

527. 做人是做事的开始，做事是做人的结果。

528. 当自己是少数时,可以测试自己的勇气;当自己是多数时,可以测试自己的宽容。

529. 这个世界并不是掌握在那些嘲笑者的手中,而恰恰掌握在能够经受得住嘲笑、不断往前走的人手中。

530. 政治要清醒,做人要清白,官德要清澄,目标要清楚,作风要清雅,思路要清晰,关系要清爽,生活要清淡,心理要清静,收入要清澈。

531. 财富难买健康,健康胜于财富;金钱难买幸福,健康才是幸福。

532. 走路使你童颜常在,运动使你青春永驻。

533. 悔恨是利用自己的错误来折磨自己,生气是利用别人的错误来惩罚自己。

534. 任何成功,都是时间的积累、生命的积累、知识的积累、经验的积累。

535. 只为成功找方法,不为失败找借口。

536. 踮起脚尖的人是站不久的,跨大步的人是走不远的。

537. 家事无对错,只有和不和。

538. 家是讲爱的地方,不是讲理的地方。

539. 时刻准备,随时储备。

540. 要成功,需要朋友;要取得巨大的成功,需要敌手。

541. 专注地思考能使力量更加集中。

542. 敬佩别人,但不要忽略自己。

543. 真正的成功并非压倒别人,而是追求对各方都有利的结果。

544. 机是一条线，遇是一个点。

545. 目标比目的重要，方向比奋斗重要，选路比走路重要。

546. 没有统御就没有统帅，没有统帅就没有胜利。

547. 思想有多远，就能走多远。

548. 伟大的贡献和伟大的成功是一个银币的两面，要想取得伟大的成功，必须做出伟大的贡献。

549. 识大局方能谋大事。

550. 品高自能拒诱惑。

551. 能审局者则多胜。

552. 有生趣才能有生机。

553. 思想就是力量。

554. 站得起来就站起来，站不起来就得见机振作。

555. 历史因动荡而进步，人生因坎坷而前行。

556. 力量来自人心。

557. 风格就是特色。

558. 改变性格，才能改变命运。

559. 做事不可太随意，做人不可太刻意。

560. 永远在变中求进。

561. 理性思考，但不能都用理性表达。

562. 世上没有如果，只有后果和结果。

563. 生活简单就迷人，学会简单其实就不简单。

564. 必须接受失望，因为它是有限的；但不可失去希望，因为它是无穷的。

565. 拿望远镜看别人，拿放大镜看自己。

566. 人之所以能，是相信能。

567. 只要路是对的，就不怕路远。

568. 心有多大，舞台就有多大。

569. 复杂的事情简单做，就是行家；简单的事情反复做，就是专家；重复的事情用心做，就是赢家。

570. 政治上把握方向，感情上把握原则，行动上把握分寸，生活上把握小节。

571. 肯吃亏才会有权威，多吃亏才能众心归。

572. 富裕与安定是人民群众的根本利益，致富与治安是领导干部的政治责任。

573. 心平人则静，人静心则平。

574. 顺从不等于拥护。

575. 无技巧就是最大的技巧。

576. 失败，并非摔倒在地，而是倒地不起。

577. 信息愈多，知识愈少。

578. 快乐源于理想的实现，信念的坚持和责任的担当。

579. 学问自己求，境遇自己处。

580. 苦乐都由心造。

581. 勇于不敢是大勇。

582. 悟性浅了别为官。

583. 想法决定方法，有大思路才有大出路。

584. 气度决定高度,大手笔要有大涵养。

585. 要做事,先立志。

586. 用梦想鼓舞人心,以坚持成就梦想。

587. 伟大的事业始于伟大的目标。

588. 出奇方能制胜。

589. 变通往往是成功路上的一条捷径。

590. 苦难造就天才,压力造就成功,绝境产生奇迹。

591. 不原谅人之过错,是自己不能处人;不检点自己之过错,是使人不能处自己。

592. 处事要中中则成,处事要和和才顺。

593. 瓜不熟不落,时不到不成。

594. 不谨慎则害己,过谨慎则误己。

595. 轻诺则寡信,轻决则易更。

596. 义务可进可退则进,权利可进可退则退。

597. 大事化小,小事化无,则吉;无事酿有,小事酿大,则凶。

598. 管理不了自己的人,一定不能管理他人。

599. 失败的人总是寻找借口,成功的人总在寻找方向。

600. 成功的人总是看到别人的优点,失败的人总在挑别人的毛病。

601. 对过去诚实,对未来自信。

602. 结果不好,就是不好。

603. 成功者常改变方法而不改变目标,失败者常改变目标而不改变方法。

604. 好事萌芽在坏事当中，坏事潜伏在好事里面。

605. 改变是痛苦的，但不改变更痛苦。

606. 人人都喜欢的不一定是对的，对的不一定人人都喜欢。

607. 大成者谦逊平和，小成者不可一世。

608. 逢大事不践小诺，处大事不拘小礼。

609. 放下成见，才会别有洞天。

610. 宽容是互赠的礼品，苛求是对刺的尖刀。

611. 不要生气要争气，不要看破要突破，不要嫉妒要欣赏，不要拖延要积极，不要被动要主动。

612. 为出动而思想，为思想而出动。

613. 善听骂声才有掌声。

614. 愚者用肉体监视心灵，智者用心灵监视肉体。

615. 人的价值，在遭受诱惑的一瞬间被决定。

616. 真正的爱，应该超越生命的长度、心灵的宽度、灵魂的深度。

617. 不可能，只存在于蠢人的字典里。

618. 有理想的地方，地狱就是天堂。

619. 有希望的地方，痛苦也成欢乐。

620. 所有的失败，与失去自我的失败比起来，都是微不足道的。

621. 美好的生命应该充满期待、惊喜和感激。

622. 少一点预设的期待，多一份对人的关怀更自在。
623. 思想如钻孔，必须集中在一点上钻下去才有力量。
624. 只要不失去方向，就不会失去自己。
625. 把脾气使出来那叫本能，把脾气压下去那叫本事。
626. 命运在自己的手里，而不是在别人的嘴里。
627. 差距就是潜力，短板就是余地。
628. 有什么样的人际关系，就会处于什么样的人生层次。
629. 重要的并非是你拥有了什么，而在于你忍受了什么。
630. 领导是学习的榜样，不是被赞扬的对象。
631. 做事先做人，律人先律己，用人先育人。
632. 以有事之心处无事，以无事之心处有事；以做大事之心做小事，以做小事之心做大事。
633. 含而不露，引而不发，是积蓄力量的好手段。
634. 机会太多就是没有机会，主张太多就是没有主张。
635. 太多的休息，其实就是一种病态。
636. 达亦不足贵，穷亦不足悲。
637. 有什么样的前因就有什么样的后果。
638. 立志在坚不在锐，成功在久不在速。
639. 不发展受罪，乱发展受累，只有科学发展才受惠。
640. 以善变应万变，是常胜不败的诀窍。
641. 待人如己是一种成功动力。
642. 思维造就思路，思路决定出路。
643. 最黑暗之时，也是光明即将到来之时；最困难之时，也是顺境即将到来之时。

644. 理要直，气不一定要壮。

645. 道生于安静，德生于谦和，慈生于博爱，善生于感恩，福生于快乐，乐生于健康。

646. 撑得起场面，压得住阵势。

647. 简单是一种高层次的活法。

648. 读万卷书，不如行万里路；行万里路，不如阅人无数；阅人无数，不如高人指路；高人指路，不如自己悟。

649. 方是做人骨气，圆是处世锦囊。

650. 因时而变，随世而制，趁势而进。

651. 只有真正把工作和乐趣合二为一的人，才能享受到工作的乐趣。

652. 人生的纵深靠坚持，人生的通达靠气度，人生的广阔靠包容，人生的厚重靠诚信，人生的真义靠良知。

653. 所谓坚强就是用高傲的姿态看着不属于你的东西完整地离去。

654. 在这世界上，人的问题永远比人多，最为重要的是首先要把自己搞懂。

655. 永远都不要叹息生命已经老去，因为你今天永远比明天年轻。

656. 一切问题，最终都是时间问题；一切烦恼，其实都是自寻烦恼。

657. 平凡之中应有伟大追求，平静之中应有满腔热情，平常之中应有强烈责任感。

658. 视力只能说明眼前，眼光却决定未来。

659. 赛跑并非快者赢，战斗未必强者胜。

660. 志气太大，理想过高，事实迎不上头来，结果自然是失望烦闷；志气太小，因循苟且，麻木消沉，结果就必至于堕落。

661. 生命就是一种奋斗，不能奋斗，就失去生命的意义与价值；能奋斗，则世间很少有不能征服的困难。

662. 生趣是在生活中所领略的快乐，生机是生活发扬所需要的力量。

663. 劳而不息固然是苦，息而不劳尤其是苦。

664. 真理是在探索中求得的，不是权威的自然专利。

665. 一头看历史，一头看未来，紧紧抓住现实。

666. 善待别人，等于善待自己。

667. 命好不如习惯好。

668. 钝感是一种才能，是一种力量。

669. 成功是熬出来的。

670. 能力是干出来的。

671. 不要拒绝危难，因为危难的下一站往往是成功。

672. 如果等不及，就永远等不到。

673. 所有绝境都必藏生路。

674. 只要不放弃，失望也会变成希望。

675. 成长比成功更重要。

676. 前进与后退不是绝对的，例如在欲望的追求中，性灵没有提升，则前进正是后退；如果在失败中、挫折里，心性有所觉醒，则后退正是前进。

677. 健康是人类福祉之基，教育是人类福祉之本，富裕是人类福祉之需。

678. 领导干部的一生，只有获得事业和人格的双成就，才是一个真正成功的人，一个值得尊重的人，一个无愧于历史的人。

679. 人不一定能使自己伟大，但一定可以使自己崇高；投身一项崇高的事业，可以使自己变得崇高起来。

680. 只要找到了路，就不怕山高路远。

681. 人生要量入为出，人应有自知之明。

682. 成功皆有理由，失败均有原因。

683. 除了健康，一切都是身外之物；除了思想，一切都是过眼云烟。

684. 眼界决定心界，胆识来自见识。

685. 人忙难老，人闲易衰，有一种养生叫工作。

686. 格局决定结局。

687. 让未来到来，让过去过去。

688. 在人之上，要把别人当人；在人之下，要把自己当人。

689. 人要出头，但不能强出头。

690. 没资格说话的时候，先埋头把事做好。

691. 不能改变历史，但可以改变未来。

692. 要随波逐浪，不要随波逐流。

693. 失败发生在彻底的放弃之后。

694. 年龄是生命的长度，学识是生命的密度，意志是生命的强度，梦想是生命的高度。

695. 世界上只有想不通的人，没有走不通的路。

696. 创造机会的人是勇者，等待机会的人是愚者。

697. 光荣在于平淡，艰巨在于漫长。

698. 绊脚石乃是进身之阶。

699. 记住该记住的，忘记该忘记的，改变能改变的，接受不能改变的。

700. 喜爱在真实，动人靠精神。

701. 国以家为基，家以和为贵。

702. 职务进步有尽头，干好工作无止境。

703. 站起来比倒下只需多一次。

704. 等待是种美丽的坚持，人生是无数的等待连缀而成的。

705. 不能不在乎褒贬，不能太在乎褒贬。

706. 可以随和，可以随缘，但不可以随便。

707. 相信自己比依赖别人重要，用尽心机不如静心做事。

708. 合情合理合势做成大事，轻名轻利轻权修得长生。

709. 大而不强，好景不长；大而不忧，前景堪忧。

710. 注重做自己擅长的事，努力把价值最大化。

711. 只要勇于开始，什么时候都不晚。

712. 选择你所喜欢的，喜欢你所选择的。

713. 人生所有的时间里,"现在"是最棒的。

714. 最好的,未必是最合适的;最合适的,往往是最好的。

715. 再长的路,一步步地走也能走完;再短的路,不迈开双脚也无法到达。

716. 把握习惯的罗盘,活出人生最大的可能。

717. 把握每个机遇,让命运及时转弯。

718. 该花的心血一定要投入,该有的过程一定要经过。

719. 部属送给领导的最好礼物,就是尽心尽力做好本职工作;领导送给部属的最好礼物,就是公道正派。

720. 做官知足,做人知不足,做事不知足。

721. 多下及时雨,少放马后炮。

722. 只能认识别人的人,充其量是聪明;既认识别人更认识自己的人,才称得上智慧。

723. 体能的力量是有限的,智能的力量是无限的。

724. 所谓的百分之百合理,可能是百分之百的臭牌。

725. 优秀其实是一种习惯。

726. 人一旦到了不能虚心倾听他人的劝告时,就会变成不能成长、停滞不前的人。

727. 不动即动,不争即争。

728. 越聪明就越没智慧。

729. 永远不要把自己看得太重要,否则会大失所望。

730. 人生不能太顺,太顺的话,就会对很多东西失去免疫力。

731. 真正掌握命运的人，绝不是靠祈祷和等待的人。

732. 自古成功在尝试。

733. 成功 = 胆量 + 力量 + 肚量。

734. 立业靠自强不息，守业靠厚德载物。

735. 昨天永远是终点，今天永远是起点。

736. 生存之本在于体，享受之本在于乐，发展之本在于学。

737. 健康是本，保健是源。

738. 不怕错误的人，错误往往也离他最远。

739. 不许失败，无异于不许成功。

740. 努力的人不一定都成功，但是不努力肯定不会成功。

741. 智者以他人的惨痛教训警示自己，愚者用自己的沉重代价唤醒别人。

742. 谦让是家庭和睦的调和剂，理解是家庭稳定的奠基石。

743. 尊老爱幼多点宽容，相安无事以和为贵，夫贤妻慧少争输赢，知足常乐和谐为先。

744. 责任有多大，机会就有多大。

745. 没有退路可能是最好的出路。

746. 做人是道，做事是术。

747. 痛苦的根源往往在于自私和霸道。

748. 只要你还没有宣布放弃，你就走在成功的道路上。

749. 认识自己才能成就自己。

750. 通向成功大道的技术和方法在改变，但是原则从未改变。

751. 成功就像一次长途旅行，它是一个循序渐进的过程；成功是一种境界，一种拥有平衡生活的境界，平衡的生活才会有快乐和成功。

752. 开始是你培养你的习惯，而最终则是你的习惯塑造你。

753. 每一个困难处境背后都蕴藏着一个同等程度或者更大的机会。

754. 真正的快乐和满足只有依附平衡的生活才能获得。

755. 不透支明天的烦恼。

756. 太刚难免被折断，太柔终会成懦夫。

757. 得意之时想失意，失意之时想未来。

758. 不好的结局，都是因素事先决定。

759. 生命因努力而大放异彩，成功因进取而生机无限。

760. 调适就是生命，生命就是调适。

761. 直不犯祸，和不害义。

762. 人生没有彩排，而永远是现场直播。

763. 卖弄自我，实际上是在贱卖自己。

764. 聪明的人使自己适应世界，而不明智的人只会坚持要世界适应自己。

765. 君子总是磨砺自己，小人总是算计别人。

766. 思想决定一个人的境况。

767. 成长是学习取舍，成熟是知道取舍。

768. 不要高看自己，不要低看别人。

769. 卖弄不会赢得好评，张狂不会产生威信。

770. 聪者听于无声，明者见于未形。
771. 困境不久，强者必胜。
772. "人在屋檐下，不得不低头"，这是一种对客观环境的理性认知，是审时度势后做出的明智选择。
773. 播种行为，收获习惯；播种习惯，收获性格。
774. 真理是朴素的，事业是普适的，职业是具体的。
775. 一个人越伟大越简单，一件事越简单就越通用，也就越有价值。
776. 人心顺，一顺百顺；人心乱，必有后患。
777. 可以没有显赫的背景，但不能没有人生目标。
778. 悲伤会致病，快活能治病。
779. 没有人天生就注定成功，成功需要你不断培养。
780. 实力来自认真学习和艰苦劳动的累积与磨炼。
781. 自由是一种恰当的自制和选择。
782. 选择意味着有得有失。
783. 勤奋使愚笨者聪明，懒惰使天才者平庸。
784. 干事创业不能等，关爱家庭不能等，身体健康不能等。
785. 懂得示弱，是一种强大。
786. 顺势而为，顺理而行。
787. 没有工作力，就没有竞争力。
788. 认识到缺点就等于改正了一大半。
789. 宁可清贫自乐，不可浊富多忧。
790. 做一件好事可能成就不了自己的好形象，做一件坏事，却肯定能毁掉自己的好形象，要像爱护自己的眼睛一样呵护自己的形象。

791. 扬长避短，人生便会增值；扬短避长，人生便会贬值。

792. 走得越远，风景越多。

793. 把自己的杯子倒空。

794. 为政之道在于兴一方，为政之要在于勇创新，治政之道在于保平安，施政之本在于律自身。

795. 荣誉与责任同在，追求与使命并存。

796. 痒要自己抓，好要别人夸。

797. 家庭因爱而和睦，社会因爱而和谐，人生因爱而和美。

798. 既然现实无法改变，那只有改变自己。

799. 承担的责任越大，价值就越大。

800. 成功喜欢全心全意的人。

801. 人是需要有故事的，有了故事人生才值得回味；但人更需要拥有希望，有了希望才充满力量。

802. 在人生的舞台上，只有实践学习，而不存在彩排。

803. 创造历史需要顺应大势，书写春秋需要深谙大势。

804. 思想经过碰撞，才能迸发出火花；理论经过切磋，才能得到升华。

805. 理性地思考，感性地生活。

806. 动中求静，去除烦恼；动中有静，工作有序；静中求动，养怡健康；静中有动，体脑结合。

807. 人活在信仰之中，活在希望之中。

808. 一个人放低自己,不一定被别人看低;一个人看高自己,不一定被别人高看。

809. 人逢紧要处,取决于思想一闪念。

810. 无论多忙,都要毫不犹豫选择快乐。

811. 事无礼而不成,人无礼而不生,国无礼而不宁。

812. 不可孤立地、静止地或片面地看问题,不能就事论事,应注重此事物与彼事物的内在联系。

813. 学会在不张扬中做大事。

814. 没有压力做不成事,压力太大也做不好事。

815. 和谐不是一团和气,公平不是平均主义。

816. 最困难的时候,往往就是最接近成功的时候。

817. 思想的成熟是最大的成熟。

818. 独立思考,作出自己的决定。

819. 眼光要看到整片树林,又要看到每一棵树。

820. 等距离地待人待事,便会获得同事们的尊重。

821. 能够忍耐和正视一时之输,才能赢得一世。

822. 从小事预测大势,干大事从小处做起。

823. 不会相信自己,也不会为他人所信赖。

824. 生是责任的开始,死是任务的解除。

825. 过去属于前人,未来属于后代,现在属于自己。

826. 大事业取决于大智慧,大智慧取决于高悟性。

827. 天下大势,凡是要崛起的,是压不住的;凡是要衰落的,是扶不起的。

828. 只有懂得善待自己的人，才会善待别人。

829. 失败是变相的胜利，最低潮往往是高潮的开始。

830. 求好不求全。

831. "常带三分生"才会不断有新发现、新探索和新创造。

832. 人同此心，心同此理。

833. 稳则妥，过稳不妥；变则适，多变难适。

834. 断大者，明细不牵于细；虑远者，取近不拘于近。

835. 一个有成就、有建树的人，要在十分繁忙的时候，寻找寂寞；在自己还显赫的时候，就应当准备将来的寂寞。

836. 手大捂不过天。

837. 政治是以静制动，经济要以动应静。

838. 舍得，舍而后得；要想得到，必先付出。

839. 做对的事，用对的方法去做事。

840. 有无相对，冷热互生，乐悲伴行。

841. 努力加高自己身上最短的"木板"。

842. 有高峰必有深谷。

843. 科学的发展观引导正确的政绩观，正确的政绩观实践着科学的发展观。

844. 要做到权为民所用、情为民所系、利为民所谋，就必须关心群众疾苦，倾听群众呼声，集中群众智慧。

845. 不为群众做工作，再忙也是瞎折腾；不围绕群众做工作，再累也是白忙活。

846. 领导 = 责任 + 经验 + 反思。

847. 播种一个理念，收获一种态度；播种一个态度，收获一种心情；播种一个心情，收获一种行动；播种一个行动，收获一种习惯；播种一个习惯，收获一种性格；播种一个性格，收获一种命运。

848. 不是命运决定人生，而是人生决定命运。

849. 对于名利之心，要像对待美酒那样，可以饮用，但绝不可过量。

850. 一个人的成就不会超过其自身的信念。

851. 生命应该坚持，生活要有原则而生存可以随遇而安。

852. 思想停止了弹唱，生命也就会随之不再前行。

853. 人类的领袖都是敢想敢做的人。

854. 扬长避短，也要自觉补短。

855. 明道明理，要靠大智慧；知人善用，要靠大眼界；容人信人，要靠大气度；提得起、放得下，要靠大胆略。

856. 得志则行其道而兼济天下，不得志则志于学而独善其身。

857. 自己生活，让别人也生活，这是生命的一种原则、一种充满智慧的原则。

858. 知人者智，自知者明；胜人者力，自胜者强。

859. 一切源于思考。

860. 成功来自于自我提高。

861. 成功的意义就在于不断超越自己。

862. 像上帝一样思考，像平民一样生活。

863. 心不为物役,志不为利动。

864. 人生的最大生活价值,就是对工作有兴趣。

865. 只要敢于正视问题、解决问题,就可以前进。

866. 没有主见的人使人蔑视,太有主见的人使人反感。

867. 成功是一种精神、一个过程、一种承诺。

868. 努力胜过天才,刻苦超过灵感。

869. 只要用心,一切皆有可能。

870. 施比受更有福。

871. 成功在于追求,辉煌源自创造。

872. 世上所有的一切都会过去,不论是成功或失败、快乐和悲伤;凡事应当尽力而为、问心无愧。

873. 是你的就是你的,不是你的得到了也保不住。

874. 路是自己选择的,形象是自己塑造的,历史是自己书写的。

875. 决定战争的是人心,决定人心的是经济。

876. 机遇只属于那些有心的人和做好了充分准备的人;机遇抓迟了不行、抓早了也不行。

877. 人类的精神一旦唤起,其威力是无穷无尽的。

878. 历史是复杂的,最可耻的与最可贵的在一起,最卑污的与最高尚的在一起,最遥远的与最切近的在一起。

879. 流言止于智者,止谤莫如自修;防好了自己,也就防住了别人。

880. 机遇像一匹骏马,看你能否骑上,骑上后又能否驾驭。

881. 财政财政，有财权才有政权。

882. 变则通，通则达。

883. 权力是一把双刃剑，既可使人建功立业，又可使人逞凶作恶。

884. 官场是考验人性的场所。

885. 政声人去后，美丑自分明。

886. 成功等于需求加满足，需求是客观存在，满足是主观努力。

887. 依法治国，依规治事，倘若正式规则软懒散，潜规则便会支配官场。

888. 真理是宇宙间的一种现实、一种内在的和谐、一种完美的正义、一种永恒的爱。

889. 干大事业的人，必须顺天应人、审时度势。

890. 凡是适合时宜的便昌盛，违背时宜的便灭亡。

891. 天地有杆秤，功过问百姓。

892. 做领导最核心的东西都是不变的：正义、勇气、眼光、承诺、投入、谦逊和自信，这些东西越彰显，领导就越坚强。

893. 成功在于改变。

894. 真正的付出是为那些永远不可能回报你的人而付出。

895. 聪明圣智，守之以愚；功被天下，守之以让；勇猛盖世，守之以怯；富有四海，守之以谦。

896. 要想获得荣誉，就应该有光彩的行为；要想避免耻辱，就切勿做出丑恶的事情。

897. 失败是成功之母，奋斗是成功之父。

898. 成功有成功的道理，失败有失败的原因。

899. 有伟大的主意，才有伟大的人。

900. 人不是为健康而活，却必须要活得健康。

901. 科学的从政方略，是社会之宝、人民之福、个人发展的台阶。

902. 确立战略目标，需要世界眼光和历史眼光，历史眼光是知己，世界眼光是知彼；历史眼光发现经度，世界眼光发现纬度。

903. 与风险不沾边的人，是与成功无缘的人。

904. 才华再高而不懂生活的智慧，也将一事无成；名声再大而不知人生的哲学，也会迷失自我；财富再多而没有人生的境界，也将碌碌而终；地位再高而缺少思想的力量，也会流于平庸。

905. 坚持自己的目标，一路走下去，一定可以看到成功的曙光。

906. 要当官员就别当老板，要做老板就别当官员；否则，官不官、商不商，糊涂的是自己，糊弄的是人民。

907. 人一生应努力做好三件事：第一想大事，第二干实事，第三不出事。

908. 政治其实就是正义和公正，从政者应讲正理、走正道、树正气、结正果。

909. 思想上始终清醒,政治上始终坚定,作风上始终务实。

910. 行行可建功,处处能立业,工作最幸福,劳动最光荣。

911. 以发展求和谐,以和谐促发展。

912. 顺境中往往潜藏着失败的可能,逆境中常常包含着成功的因子。

913. 成功不是永远的标签,失败也不是终身的注册,关键在于把握。

914. 在顺境中要居安思危、头脑清醒,始终保持一种如临深渊、如履薄冰的清醒和谨慎;在逆境中要坚定信心,看到光明,不气馁,不悲观,始终保持旺盛的精力和勇气。

915. 思想要纯正,品行要端正,处事要公正。

916. 失去私心,而后可以治公事;先平己见,而后可以听人言。

917. 得意时一定要学会收敛,在失意时一定要学会开怀。

918. 权高不忘责任重,位尊不忘公仆心。

919. 用大道理教育人,启发疏导调控人,整肃纪律约束人,优化环境拴住人。

920. 真理要靠力量来实践,力量要靠真理来发挥。

921. 无论多忙,可选择两件事:快乐还是不快乐。

922. 让思想在苍穹永远飞翔。

923. 职务就是责任,责任重于泰山。

924. 立足自身看自身,跳出自身看自身,要有大战略观、大历史感。

925. 解剖自己不怕严，听取意见不怕刺，亮出问题不怕丑，触及思想不怕痛。

926. 畏难便生难，不难也难；迎难而上便消难，难也不难。

927. 春兰秋菊不同时，松柏何需羡桃李。

928. 家有黄金万两，不过一日三餐；万贯家财三餐饭，万顷良田一张床。

929. 仁者康，善者寿，智者乐。

930. 在其位，谋其政，做其事，尽其责。

931. 只为薪水工作是没有意义的。

932. 善心一动就有福，恶心一动就有灾，善恶皆因心灵造。

933. 豁达也是一种素养。

934. 自制、自律是竞争力。

935. 反思是一种大能力。

936. 人不可能免俗，但绝不能落俗。

937. 不卑不亢是一种大境界。

938. 要像爱护自己的眼睛一样维护团结。

939. 微笑是友善和亲近，是礼貌和风度，是一种道德和人格的力量。

940. 要有宽容的心量、真诚坦率的言行、和谐的人际关系、成人之美的善心、与时俱进的积极心态。

941. 刀靠石磨，人要事磨。

942. 一个不会愤怒的人是庸人，一个只会愤怒的人是蠢人，一个能够控制自己情绪、做到尽量不发怒的人才是聪明人。

943. 容忍比自由更重要。

944. 自信的人往上走，自卑的人往下滑。

945. 一个人为多大的事情发怒，他的心胸就有多大。

946. 每一年积累，不如每季度积累；每季度积累，不如每个月积累；每个月积累，不如每一天积累。

947. 有本事要让别人去说，一个真正成功的人是不喜欢自吹自擂的，因为别人的眼睛要比自己的眼睛亮得多。

948. 只有认识自我，了解自我，才能发挥自我，进而达到实现自我。

949. 接受自己的优点，便多一分自信；接受自己的缺点，便多一点理智。

950. 耐得住寂寞是一种心境、一种智慧、一种精神内涵，蓄积着惊人的力量。

951. 心底无私品自高，品自高者寿自长。

952. 切不可"官升脾气长"。

953. 做人要做真正的人，做事要做真正的事。

954. 一个人的品质和修养决定其成就的大小。

955. 勤奋是成功的秘诀，懒惰是成功的大敌。

956. 要有一些书卷气而不能拥有书生气。

957. 目标是追求的方向，奋斗是追求的路径，意志是追求的保证。

958. 魅力源自意志、思想、胆略、慧敏和情趣。

959. 信誉是无形的财产,信任是说服的基础。

960. 竞争的秘诀在于创造。

961. 狂妄的时候一定会感到自己很虚弱,冷静的时候一定会感到心里很充实。

962. 奇迹只发生在相信奇迹的人身上。

963. 命运不是机遇问题,而是选择问题。

964. 只有把理想和追求树得高一些,把事业和责任看得重一些,把名利和享受看得淡一些,真正坚持不懈地把学习作为完善自身素质的根本途径,才能远离浮躁。

965. 血气之怒不可有,理义之怒不可无。

966. 危机意识是一种催人上进的积极精神动力。

967. 临危不惧,临难不苟。

968. 堵住痛苦回忆的激流的唯一办法就是宽恕。

969. 每个人都是靠自己的本领而受人尊重,绝对不是靠控制别人来获得尊重。

970. 人有了诚心,才会有真情;有了真情,人性才不会泯灭。

971. 见多识广往往就精确。

972. 宽容不仅是宽以待人,还要善待自己。

973. 健康是最重要的资产。

974. 人不能有傲气,但绝不能没有傲骨。

975. 责任产生自觉，责任维系坚持。

976. 人与人之间的贤愚差异并不是在头脑，而是在是否具有洞悉事物轻重缓急重要性的能力。

977. 人都有生活圈子，但要防止它成为套子，更不要成为笼子。

978. 做官难与不难，关键还在于一个自信与自觉的问题。

979. 目标是一个人奋斗的方向和准则。

980. 成长是一种累积。

981. 强大者最温和，虚弱者最残忍。

982. 真正强大的人从来都不怕向人示弱。

983. 做官是一时，做事是一生；要立志做大事，不要立志做大官；做官是做人，做事也是做人，做人是一生的必修课。

984. 没有金刚钻，不揽瓷器活。

985. 成就事业需要的力量，是百分之五十的使命感，加上百分之五十的意志力组合而成。

986. 魅力产生于智慧和傻气。

987. 用好劣势，劣势就有可能变成优势。

988. 能力即资本，能力即财富，能力即命运。

989. 积极的心态、明确的目标与知行合一的行动是人生成功的"金三角"。

990. 政治是意志的角力，冷静、耐心、勇敢是顽强意志的三个要素。

991. 你让人放心，别人才对你放心。

992. 居安要思大势、思民心、思人才、思己过。

993. 刺耳的话，冷静听；奉承的话，警惕听；反对的话，分析听；批评的话，虚心听。

994. 爱人者，人恒爱之；敬人者，人恒敬之；善人者，人亦善之。

995. 人的一生，都在路上。

996. 在成功之前，要注重积聚能量，为成功打好坚实的基础。

997. 德高才能率众，以德才能服人。

998. 天下之事，虑之贵详，行之贵力。

999. 使命呼唤担当，使命引领未来。

1000. 生命的力量就是一个人思想的力量，只有做到了独立思考，生命才有力量。

1001. 天下没有偶然，那只不过是化了妆、戴了面具的必然。

1002. 学问深时意气平，精神到处文章老。

1003. 时代是思想之母，实践是理论之源。

1004. 永远不要与趋势为敌。

1005. 文化兴国运兴，文化强民族强。

1006. 青年兴则国家兴，青年强则国家强。

1007. 最关键的觉醒，莫过于文化的觉醒；最壮丽的复兴，莫过于文化的复兴。

1008. 学能广见，思能深识，践能真知，悟能明心。

1009. 比知识更重要的是决心，比方法更关键的是担当。

1010. 没有全民健康，就没有全面小康。

1011. 政治生态污浊，从政环境就恶劣；政治生态清明，从政环境就优良。

1012. 政治生态好，人心就顺、正气就足；政治生态不好，就会人心涣散、弊病丛生。

1013. 党章规定的理想信念宗旨就是共产党人的"德"，党性教育是共产党人的"心学"。

1014. 国泰则民安，民富则国强。

1015. 得贤者则安昌，失之者则危亡。

1016. 强国先强民，强民先要强魂。

1017. 立天下之正位，行天下之大道。

1018. 改革争在朝夕，落实难在方寸。

1019. 思想决定行动，认识决定成败。

1020. 担当是中国共产党人的脊梁精神，权力就是责任，责任就是要有担当，权力有多大、责任担当就要有多大。

1021. 唯奋斗者永不止步。

1022. 征程万里风气劲，重任千钧再出发。

1023. 历史的细节往往蕴含着深刻的启示。

1024. 理论创新带来实践创新，实践创新落实理论创新。

1025. 变则可久，通则不乏。

1026. 理论创新每前进一步，理论武装就跟进一步。

1027. 时间治愈一切。

1028. 思想转变是作风转变的先导,作风转变能透视思想转变。

1029. 治国安邦,重在基层。

1030. 根深则叶茂,本固则枝荣。

1031. 没有经济上的民主,就不可能有政治上的民主。

1032. 凡上下之情,通则治,不通则不治。

1033. 人只要有理想,有预设的美好未来,什么都能挺过去。

1034. 忠而无能曰庸,能而不忠曰奸。

1035. 人的一生,真正伟大之处就是对他人产生的影响,而非一味地追求成功。

1036. 不学习,就没有知识;没有知识,就没有学问;没有学问,就没有见识;没有见识,就缺乏智慧。

1037. 形而上者谓之道,形而下者谓之器。

1038. 人的价值就在于他的不同凡响。

1039. 智慧才是力量。

1040. 才大器大。

1041. 无用之用,方为大用。

1042. 品格是信任的根基。

1043. 没有一个对自己完全不真诚的人能够创造伟绩。

1044. 出色的领导的精髓就是牺牲。

1045. 地位越高,舍弃越多。

1046. 胆大天下去得,胆小寸步难行。

1047. 浑身是胆,并非单纯的勇敢;勇敢里面渗透着智慧、忠诚与理想，因而才有攻无不克、战无不胜的力量。

1048. 与其失之过迟，不如失之过早。

1049. 历史是现实的基础和源泉，现实是历史的延续和发展。

1050. 没有变革，就没有社会的发展；没有变革，就没有文明的进步。

1051. 理论锻造，现实映照。

1052. 多见者博，多闻者智，拒谏者塞，专己者孤。

1053. 全面从严治党，基础在全面、要害在治、关键在严。

1054. 直面问题是勇气，解决问题是水平。

1055. 对党忠诚，为党分忧，为党担责，为党尽责。

1056. 徒法不足以自行，徒善不足以为政。

1057. 定位决定人生发展高度。

1058. 凡事主动出击，一切从今天开始。

1059. 保持健康的体魄，让自己充满活力。

1060. 任何时代的理论和思想的背后都隐藏着那个时代特有的时空体验。

1061. 未来视角使行动更加有序。

1062. 从当下出发，联结过去和未来。

1063. 党要管党，才能管好党；从严治党，才能治好党。

1064. 大医治大德，大道任大行。

1065. 敢干事，就是德；会干事，就是能；干成事，就是绩；不出事，就是廉。

1066. 领导者思想有多远，就能带领追随者走多远；领导者思维有多高，就可以率领、引导追随者攀登多高。

1067. 凡是改革的先行者，都抢占了创新思维的"高地"；凡是发展的落伍者，都陷入了落后观念的"泥淖"。

1068. 公心才有公道，公道才有公认，公认才有公信。

1069. 历史是一本书，领导则是主笔和妙笔；历史是一首歌，领导则是主旋律和主基调；历史是一条河，领导则是主流和干流；历史是一艘船，领导则是船舵和风帆。

1070. 努力到无能为力，拼搏到感动自己。

1071. 有作为，十年胜百年；无目标，百岁犹一岁。

1072. 有了积淀，自然写得出东西；长于思考，就善于理出"头绪"。

1073. 最慢的步伐不是跬步，而是徘徊；最快的脚步不是冲刺，而是坚持。

1074. 只有为用而讲，讲必有用，才能听之者众，闻之者然。

1075. 推进改革的担当精神，既源于对理想信念的坚定执着，也源于登高望远的政治站位，还源于对真理的追求和坚守。

1076. 想干的事永远有时间，不想干的事永远没时间。

1077. 为敢闯者壮胆，为实干者撑腰。

1078. 观于明镜，则瑕疵不滞于躯；听于直言，则过行不累乎身。

1079. 一句话，可能影响人的一生；一本书，可能改变人的一世。

1080. 为学应如金字塔，要能广大要能高。

1081. 智者谋定而后动，明者思妥而后行。

1082. 以金相交，金耗则忘；以利相交，利尽则散；以势相交，势败则倾；以权相交，权失则弃；以情相交，情断则伤；唯以心相交，方能成其久远。

1083. 如果满意感是一杯水，那么承诺就是水杯。

1084. 人的一生就是一个不断增补和耗散能量的过程，而生命中，唯有一件事自己可以做主：让自己快乐。

1085. 快乐不快乐取决于自己的选择。

1086. 不断为自己和别人创造快乐，一生才不留下后悔。

1087. "难"绝对是生命中幸福的开始，"容易"绝不是该庆幸的事。

1088. 知识并不能等同智慧，知识没有办法解决信仰问题。

1089. 没有绝对精神上的快乐，也没有绝对物质上的快乐，走向极端的任何一边，都可能导引出一种不健康的生活。

1090. 人生是一座桥梁，重要的不是目的和结局，而是过程。

1091. 人生重要的不是"要什么"，而是"不要什么"。

1092. 人生就像一本永远阅读不完的书，每一次觉得懂了，又会出现一个新的、不懂的东西。

1093. 读书行路，人生大乐。

1094. 没有正确的生活，就没有真正的卓越的人生。

1095. 享受人生而不沉湎，看透人生而不消极。

10.96. 自爱者才能爱人，富裕者才能馈赠。

10.97. 创新力就是生命力。

10.98. 成功之道在于锲而不舍。

10.99. 人但有恒，事无不成。

1100. 不能替人着想的人，其实对自己也缺乏体验；而能够以己度人的人，也多半有自知之明。

1101. 价值取向太功利了，人生一钱不值；人际关系太功利了，感情一钱不值。

1102. 心若向上向善，必有高论高行；人若向阳，何惧忧伤。

1103. 生活是一切思想和灵感的源泉。

1104. 觉悟了，才能心明眼亮，识别出什么是鲜花、毒草，什么是阳光大道、人生陷阱；觉悟提高了，才能找到自己行为的准星，任何时候都经得起诱惑，躲得过围猎，守得住底线。

1105. 生活中有 10% 的事情是我们无法掌握的，而另外的 90% 却是我们能掌控的。

1106. 始终把责任举过头顶，把百姓装在心中，把名利踩在脚下，就能让自己的格局不断成长。

1107. 珍爱生命，热爱生活；勤奋工作，乐于付出。

1108. 和群众心连心、手拉手、面对面、一块过、一块苦、一块干，有盐有咸，无盐同淡，方能赢得群众口碑、建起事业的丰碑。

1109. 人生没有涂改液，不可能推倒重来，该怎么设计自己的人生路，马虎不得，随意不得。

1110. 从古而今，放低身段，谦恭待下者，为的是登高望远，海纳百川，成其广大。

1111. 思想上坚信不疑，所以意志上坚韧不拔；灵魂中坚实熔铸，所以行动上坚定不移。

1112. 成功不是一朝一夕的事，也不是"一锤子买卖"，而是要一以贯之、一干到底。

1113. 多接地气，就更有底气。

1114. 按本色做人强调领导干部的政治本色和全心全意为人民服务的宗旨不能变，这是共产党人的执政之基；按角色做事则说明领导干部开展工作要根据岗位角色的要求灵活变化，因应当地群众干部的需求和觉悟。

1115. 一个人的思想有多远，他就有可能走多远。

1116. 做人靠本分，做事靠本事。

1117. 想得太多，容易烦恼；在乎太多，容易困扰；追求太多，容易累倒。

1118. 太精明遭人厌，太挑剔遭人嫌，太骄傲遭人弃。

1119. 在这世上，只有想不通的人，没有行不通的路。

1120. 权力是一时的，金钱是身外的，身体是自己的，做人是长久的。

1121. 人无压力轻飘飘，钢无压力不成刀。

1122. 青石板上葱扎不下根，脚不沾土立不起身。

1123. 官气不除，民气难聚。

1124. 团结就是力量，民主才有活力。

1125. 竞争越激烈，进步越显著。

1126. 未知的才是最大的恐惧。

1127. 人必自侮而后人侮之。

1128. 天下不会掉馅饼，蓝图不会自动实现，要把目标任务落到实处，必须发扬敢于担当的精神。

1129. 上面偏一寸，下面偏一尺。

1130. 万夫一力，天下无敌。

1131. 为担当者担当，让干事者无忧。

1132. 滴水穿石，踏石留印。

1133. 生命的目的不只是成功，生命的目的是成长和分享。

1134. 学则智，不学则愚。

1135. 善思则睿智。

1136. 学高为师，身正为范。

1137. 法律是准绳，任何时候都必须遵循；道德是基石，任何时候都不可忽视。

1138. 法律是成文的道德，道德是内心的法律。

1139. 法律要发挥作用，首先全社会要信仰法律；道德要得到遵守，必须提高全体人民道德素质。

1140. 同舟共济才能创伟业，砥砺奋进才可向未来。

1141. 祖国是人民最坚实的依靠，英雄是民族最闪亮的坐标。

1142. 不忘本来，吸收外来，面向未来。

1143. 观古今于须臾，抚四海于一瞬。

1144. 要有心忧天下,经时济世的志向;要以家国情怀关注社会现实,在实践中汲取养分、丰富思想。

1145. 政从正来。

第三辑　领导心理篇

1146. 积极行动是成功的基础。
1147. 不要为明天忧虑。
1148. 果断不是武断，自信不是自大。
1149. 有大量者方能成大器，有大忍者方能成大事。
1150. 自信大荣大进，卑缩大耻大退。
1151. 选择决定性格。
1152. 不要太在乎别人的议论。
1153. 学会耐心做事，不应急于求成。
1154. 直面现实，无所畏惧。
1155. 冷静能挫败任何一个愤怒的对手。
1156. 信赖是幸福的源泉。
1157. 不知足、不骄傲，活到老、学到老、改造到老，这才是可取的人生态度。
1158. 顺境中找到阴影，逆境中找到光亮。

1159. 一个人如果不能喜欢自己,便不能去影响别人。

1160. 忧能励志。

1161. 再烦,也别忘记微笑。

1162. 再急,也要注意语气。

1163. 笑解千愁。

1164. 养成激动时克制、得意时谦逊、徘徊时执著的辩证思维方式。

1165. 宽容和忍让的痛苦,能换来甜蜜的结果。

1166. 想好事,好事降临;想坏事,坏事敲门。

1167. 一个人只要对自己抱有信心,就能保持精神和肌体的健康。

1168. 没有激情,就不能成就伟大的事业。

1169. 自满是超越和创新的大敌。

1170. 气壮则身存事成,气馁则人无事败。

1171. 患得患失难成事。

1172. 胆识重于知识。

1173. 要注意保持敬畏心、进取心、自信心、责任心、包容心、感恩心、平常心。

1174. 行源于心,力源于态。

1175. 觉得委屈是因为把自己看得太重。

1176. 将优秀归零才能变得卓越。

1177. 要以"蝼蚁之穴、溃堤千里"的忧患之心对待自己的一思一念,以"如临深渊、如履薄冰"的谨慎之心对待自己的一言一行，以"夙夜在公、寝食不安"的公仆之心对待自己的一职一责。

1178. 悲观的心态，使人灰心丧气；乐观的心态，使人充满活力。

1179. 幸福源自好心态。

1180. 乐观面对生活，勇于承担责任，从容应对挑战，生活就会变得潇洒自如。

1181. 自尊自信，理性平和，积极向上。

1182. 胸怀是委屈撑出来的，烦恼是自己想出来的，痛苦是与人比出来的，疾病是恶习造出来的，心态是经历磨出来的，快乐是知足养出来的，健康是活动练出来的。

1183. 过去的事情可以忘不掉，但一定要放下。

1184. 仁厚的人看到别人的长处，挑剔的人看到别人的短处，谦虚的人学别人的长处修炼自己，自大的人借别人的短处膨胀自己，乐观的人学习别人而激励自己，悲观的人自惭形秽而放纵自己。

1185. 若要心情愉快，保持积极心态。

1186. 纠正错误的想法，就能拥有快乐的心情。

1187. 在乎自己别过分，放下自我更开心。

1188. 面对灾难的最佳办法是让自己内心安定。

1189. 身陷逆境，更应沉着冷静。

1190. 如果改变不了局势，那就改变自己的处境。

1191. 不是自己的，就不要总惦记。

1192. 包袱压在肩上，不如放在地上。
1193. 继续超越自己，哪怕已经功成名就。
1194. 越在意的地方，往往是最自卑的地方。
1195. 干工作就不要怕落笑柄。
1196. 平和是最好的心态。
1197. 事越麻烦越要耐烦。
1198. 快乐与否在于心境。
1199. 相信自己便有可能。
1200. 焦虑使人憔悴。
1201. 遇事不恼，长生不老。
1202. 输什么也不能输心情。
1203. 事不公则心不平，心不平则气不顺，气不顺则难和谐。
1204. 傲慢来自内心的脆弱。
1205. 防人不如信己。
1206. 时空变迁能够改变心境。
1207. 及时放弃无谓的固执。
1208. 以高姿态化解别人的嫉妒。
1209. 不为打翻的牛奶而哭泣。
1210. 不要在意他人的诽谤与奉承。
1211. 人若勇敢就是自己最好的朋友。
1212. 觉得自己做得到和做不到的，其实是在一念之间。
1213. 心态正确远比现实表现重要。
1214. 真正的强者一定是心灵的主宰者。

1215. 凡事往好处想。

1216. 怎样思考就有怎样的人生。

1217. 最大的敌人就是自己。

1218. 自信、自立、自强是战胜孤独的三件法宝。

1219. 成功最终属于耐心等待的人。

1220. 好的时候不要看得太好,坏的时候不要看得太坏。

1221. 自信成就事业,自卑毁掉一切。

1222. 常常喜乐,凡事包容,凡事感恩。

1223. 适合自己的就是最好的。

1224. 心态决定认识,认识影响行动。

1225. 面对有限的选择,只能改造不能抱怨。

1226. 个人在自然和组织面前是渺小的。

1227. 今日怒,今日毕。

1228. 官不分大小,有职就有其责;位不在高低,有位就要有为。

1229. 内不为烦恼所惑,外不被环境所扰。

1230. 向高处立,就平处坐,从宽处行。

1231. 不可在心里神话自己,对他人颐指气使。

1232. 骄傲是一种不幸,自负是一种毁灭。

1233. 只要今天不绝望,明天一定有希望。

1234. 处顺事之境宜静,处逆事之境愈宜忍,处至急之事愈宜缓,处至大之事愈宜本,委屈中平衡,妥协中前行,虚怀中充实,放弃中收获。

1235. 一个人没有发达的时候,不要看轻自己;而当处于高位的时候,也不要过于看重自己。

1236. 急流勇退才能明哲保身。

1237. 得意之时须清醒,适时放弃为明智。

1238. 无事心不空,有事心不乱,大事心不畏,小事心不慢。

1239. 得之坦然,失之淡然,顺其自然,争其必然。

1240. 敬畏是智慧的开端。

1241. 心安则静,人安则宁,事安则顺。

1242. 横不攀,竖不比,踏踏实实管自己。

1243. 得意不快心,失意不快口。

1244. 如果总是心里紊乱不安,这种生活无异是对生命的一种煎熬。

1245. 不管事情有多糟糕,总会有办法解决的。

1246. 行动是治愈恐惧的良药。

1247. 留只眼睛看自己,以不断透视自己的灵魂、检点自己的内心。

1248. 工作的态度比工作本身重要得多。

1249. 前进的过程中,应该注意两点:小心和勇气。

1250. 心宽似海,心静如水,心明如月,心坚如石。

1251. 成功的唯一捷径就是坚持。

1252. 好的状态,千金不换。

1253. 即使是得势时,也要持盈若云、不骄不狂。

1254. 最好的医生是自己,最好的药物是时间,最好的处方是知识,最好的心情是宁静。

1255. 心有多宽,路有多长。

1256. 等待是种美丽的坚持,只要等待就有希望,而希望是生活的源泉和动力。

1257. 越是顺风顺水,越需要保持平常心和包容心。

1258. 心量狭小,则多烦恼;心量广大,智慧丰饶。

1259. 把别人想象成天使,你就不会遇到魔鬼。

1260. 你想成为什么样的人,就能成为什么样的人。

1261. 养生之道贵在乐观。

1262. "敬"下心来为党,"沉"下心来为国家,"恒"下心来为民,"静"下心来做自己。

1263. 困难难不倒,夸奖夸不倒,恐吓吓不倒。

1264. 活在当下,憧憬未来。

1265. 自信不是相信比别人强,而是相信自己能变强。

1266. 意志改变命运。

1267. 一个人炫耀什么,说明内心缺少什么。

1268. 心平才能气和,气和才能生慧;心平才能消怨,消怨才能舒心。

1269. 应当自信,但不可自信到连自己是谁都看不清楚,更不能是非不辨、好坏不明。

1270. 拥有积极向上之情绪:爱心、感恩、奉献、热情、微笑、毅力、活力、弹性、信心、好奇、快乐。

1271. 反省不是去后悔,是为前进铺路。

1272. 不为琐事烦,不为疑虑扰。

1273. 以平心阅人情,以虚心求学问。

1274. 希望是人生晋级的最大的本钱;希望对于人的意义是,它会成为人的最后一道心理屏障和支撑。

1275. 有激情的人,未必都能成功;无激情的人,则很难做成事。

1276. 进步的过程就是敢于打倒自己、敢于否定自己的过程,就是新我代替旧我的过程。

1277. 人生是一个过程,进退去留都是社会需要。

1278. 有求则苦,无欲则刚。

1279. 面对现实,不要生活在过去或幻想之中。

1280. 企望别人不断失败的人,最终失败的却是自己。

1281. 感恩方能知足,知足方能敬畏,敬畏方能自律,自律方能奉献,奉献方能幸福快乐。

1282. 塑造一个易为人所接受的性格。

1283. 快乐是一种能力。

1284. 大胜必经大忍,大败常因心切。

1285. 对事业要有进取之心,对权力要有敬畏之心,对名利地位要有平常心。

1286. 要有如饥似渴的求知心、敬业爱岗的事业心、奋发有为的进取心、认真做事的责任心、从容淡定的平常心。

1287. 对人感恩,对己克制,对事尽心。

1288. 世上没有任何一样东西可以代替恒心。

1289. 当干部就得在状态。

1290. 心宽路就宽，心窄路就窄。

1291. 少生气，多争气。

1292. 相信自我才能成就自我。

1293. 欲望太多，一定心里贫穷；欲望少一些，说明心里富有。

1294. 认识自我比什么都重要。

1295. 多一些快乐，少一些烦恼；多一些心静，少一些浮躁；多一些追求，少一些空虚；多一些知识，少一些贪心。

1296. 一分自信，一分成功；十分自信，十分成功；百分自信，百分成功。

1297. 相信就能成功。

1298. 内心强大，生命才会强大。

1299. 自信源于强大的内心。

1300. 意志力比智商更重要，坚持就是胜利。

1301. 成功需要耐得住寂寞的坚持和等待。

1302. 冷静是应变的不变法则。

1303. 孤独并不可怕，可怕的是耐不住孤独。

1304. 成功每在穷苦日，不幸多在得意时。

1305. 没有卑微的工作，只有卑微的工作态度。

1306. 自信不自负，行善不过善，果断不专断，敢干不蛮干。

1307. 自信是办事的通行证。

1308. 社会的最高境界是和谐,心灵的最高境界是安详。

1309. 改变不了工作状态,就努力改变心态。

1310. 处逆境心,须用开拓法;处顺境心,须用收敛法。

1311. 举大事者须保持豪情与意志力。

1312. 生病不要恐惧和不安,相信药物的功能,更要相信意志的功能。

1313. 机遇青睐自信的强者。

1314. 瞻前顾后者很难脱颖而出。

1315. 努力跨越自己设定的藩篱。

1316. 自觉心使人自尊自爱,自贱心使人自暴自弃。

1317. 知足是为人之道,知不足是为学之法。

1318. 批评性的幽默意味着自信,而自信可以赢得尊重。

1319. 心理健康是健康的灵魂,行为健康是健康的基石。

1320. 以谨慎之心对待权力,以淡泊之心对待名利,以警惕之心对待诱惑,始终把群众利益放在首位。

1321. 不断地调整心态,保持一颗平常心;不断地超越自我,保持一颗进取心;不断地换位思考,保持一颗宽容心;不断地完善自我,保持一颗自信心;不断地慎独律己,保持一颗廉洁心。

1322. 要有信心并且懂得运用信心。

1323. 不乱饮食,不乱看病,相信自己能健康长寿。

1324. 心不死,就有成功的希望。

1325. 拥有热情就等于拥有成就。

1326. 不要把胜败当作负担。

1327. 头脑既要紧张又要冷静。

1328. 学会生活，一是要当凡人，不当"神人"；二是要有爱好，要有情趣。

1329. 善于丢掉无谓的烦恼。

1330. 事业是一世，名号只是虚声。

1331. 用宽广之心处理嶙峋之事。

1332. 面对自己：我是最棒的。

1333. 没有什么比得上你自己。

1334. 幸运躲在感恩的背后。

1335. 没有宽恕就没有未来。

1336. 侥幸是犯错误的偶然，犯错误是侥幸的必然；侥幸一时，有可能不幸一生。

1337. 人可以失去一切，不能失去希望。

1338. 心弱则志衰，志衰则不达。

1339. 决心成功便已成功一半，担心失败则失去了一半成功的可能。

1340. 获得成功，不要以为自己就很完美取得成就，不要以为自己就功高盖世；有点名声，不要以为自己就名震寰宇；身居高位，不要以为自己就不可一世。

1341. 学会为自己颁奖。

1342. 态度成就人，态度也毁灭人。

1343. 增强自信心,强化事业心,常怀宽容心,恪守廉洁心,保持平常心。

1344. 能上能下、能进能出、能官能民;要破除"上荣下辱"的旧思想,树立干部的"升、降、去、留"都是事业需要的观念。

1345. 有预想不到的名誉,也有因为过分追求完美而受到的非难,应以一颗平常心去对待荣辱毁誉。

1346. 及时清扫情绪垃圾。

1347. 不要让依赖成为生命的束缚。

1348. 不要因为红眼病看不清差距。

1349. 永远不要忘乎所以,它会使拥有变成失去。

1350. 没有耐心等待成功,就会一辈子忍耐失败。

1351. 有多大的心胸,便能做多大的事情;有多大的心胸,便有多大的人格魅力。

1352. 有了快乐的思想和行为,才能真正感到快乐。

1353. 身体健康最幸福,心理健康最快乐。

1354. 心由境造,境由心生。

1355. 心有多大,心中的世界才会有多大。

1356. 没有良好的心理素质,很难有高的成就。

1357. 虚荣是成功的克星。

1358. 人是活在希望之中的。

1359. 与其使人同情,不如使人羡慕;与其使人羡慕,不如自己内心踏实。

1360. 烦恼皆因强出头,退后一步自然宽。

1361. 不应变为失败的奴隶,而应成为驾驭失败的主人。

1362. 无休止地介意别人,迎战庸俗,只会使自己劳累不堪,心灵疲倦。

1363. 一切的成就,一切的财富,都始于一个意念。

1364. 每逢大事有静气;没事才是大本事,从容才是真本事。

1365. 处世不可太偏执,太偏执就容易被孤立。

1366. 面子不能不要,又不能太要;不要是无赖,太要便是虚伪。

1367. 百川纳于胸,万物收于眼。

1368. 告别烦恼,走向快乐。

1369. 一年今天最辉煌,一生今年最辉煌。

1370. 心忧天下,敢为天下先。

1371. 失败也是一所最好的学校。

1372. 心安则静,心乱则躁。

1373. 始终为自己亮一盏灯。

1374. 不急不骄,不止不弃。

1375. 靠天靠地不如依靠自己的真本事。

1376. 对职务可淡泊如水,对职责要耿耿于怀。

1377. 成功始于觉醒,心态决定命运。

1378. 无事不要心空,有事不要心乱。

1379. 信念如灯,信心贵如金。

1380. 天塌不下来,没有过不了的坎。

1381. 凡事顺其自然；遇事处之泰然；得意淡然；艰难险阻必然；历尽艰辛悟然。

1382. 快乐来源于简单生活。

1383. 心态顺，做事顺。

1384. 摆正心态，完善性格，掌控命运。

1385. 精神是生命的舵轮。

1386. 做自己的心理医生。

1387. 注意及时整理自己的思绪，求得精神的平衡，每天应为自己争取片刻的安宁。

1388. 减少俗务，寻求安宁。

1389. 消除忧虑的最好办法，就是要让自己忙起来，做一些有用的事情。

1390. 欲望越小，人生就越幸福。

1391. 建立自我，追求无我。

1392. 有了感恩的心，才会更好地做到对工作勤奋、对单位敬业、对领导忠诚、对自己自信。

1393. 心存感恩的人，才会朝气蓬勃、豁达睿智、远离烦恼。

1394. 感激养育自己的人，因为他使自己体验生命；感激教育自己的人，因为他丰富了自己的心灵；感激抚养自己的人，因为他教会了自己付出；感激鼓励自己的人，因为他给了自己力量；感激启迪自己的人，因为他提升了自己的智慧；感激伤害自己的人，因为他磨炼了自己的心智；感激欺诈过自己的人，因为他增进了自己的智慧；感激中伤过自己的人，因为他砥砺了自己的人格；感激打压过自己的人，因为他激发了自己的斗志；感激绊倒过自己的人，因为他强化了自己的双腿；感激藐视自己的人，因为他觉醒了自己的自尊；感激遗弃自己的人，因为他教会了自己独立；感激嘲笑自己的人，因为他坚定了自己的信念；感激嫉妒自己的人，因为他肯定了自己的成就。

1395. 宽心以待其人，清心以淡其利，静心以蓄其能，养心以修其德，用心以尽其责。

1396. 受宠勿惊须自信，受宠勿媚须自强，受宠勿骄须自知。

1397. 常怀恐慌之心、畏惧之心、愧疚之心、谨慎之心。

1398. 欲除烦恼须无我，历尽艰难好做人。

1399. 忧患不等于悲观，乐观而不满足，视困难为常规，以付出为快乐。

1400. 与其愁眉苦脸地解决，倒不如乐观地面对。

1401. 知羞而学，知错而改。

1402. 福生于隐患而祸生于得意。

1403. 只要自己头脑清醒，站稳脚跟，自信而不自矜，自豪而不自满，就能做到"打不倒、苦不倒、难不倒、骂不倒、夸不倒"。

1404. 既然未来难以预测，那么以积极的心态面对它能让我们在当下更有行动力。

1405. 只要默默地积蓄活力、提高魅力、积攒张力，生命总有一天会给你一个美好的回报。

1406. 没有人是天生的成功者，成功的根本原因之一是开发了人的无穷无尽的潜能。

1407. 改变自己，实质就是改变自己对世界的看法；改变世界，实质就是改变世界对自己的评价。

1408. 自己是自己命运的设计师和建筑师。

1409. 人类社会里所有美好的事情，都是因爱而生；人类社会里所有丑陋的事情，都是因无爱而出现。

1410. 信念是建立在目标基础之上，愿景可以产生强大的驱动力。

1411. 多一个气场，就多一分能量；多一个气场，就多一分自信。

1412. 民意合理则需顺应，民意不合理则不能顺应。

1413. 在人民群众面前，领导干部永远只是一个考生，随时要接受人民的考验。

1414. 记性，就是记忆力；悟性，就是理解力。

1415. 水不激不扬，人不激不奋。

1416. 大其心，容天下之物；虚其心，受天下之善；平其心，论天下之事；潜其心，观天下之理；定其心，应天下之变。

1417. 船的力量在帆上，人的力量在心上。

1418. 民族的团结重在交心，要将心比心、以心换心。

1419. 伟大不囿于一己之私利，不留恋于小我之满足，而是廓然大公，是民胞物与，情顺万物而没有自己的私情，心普万物而没有自己的私心，以其"无我"始能成就"大我"。

1420. 伟大不是因循守旧，不是做历史的尾巴，跟在历史后面跑，而是引领历史发展趋势与潮流，走别人没有走过的路，做前人没有去做的事。

1421. 思考力是万力之源。

1422. 大事难事，看担当；逆境顺境，看胸襟；是喜是怒，看涵养；有舍有得，看智慧；是成是败，看坚持。

1423. 如果我们放弃了"重要感"，就不会鼓起前进的风帆。

1424. 千里之行、始于足下，艰难困苦、玉汝于成。

1425. 没有理想驱动的现实是盲目的，没有现实支撑的理想是虚无的。

1426. 智慧大于一切，一克智慧胜过万吨黄金。

1427. 自命不凡的人大都是凡人。

1428. 自满是勤奋的终结。

1429. 名誉太高是一种负担，弄不好就会身败名裂。

1430. 过去的并不重要，重要的是眼下和将来。

1431. 健康是资本，没病就赚钱。

1432. 实现明天理想的唯一障碍是今天的疑虑。

1433. 改变，永远不嫌晚。

1434. 考虑多了，反而迷茫。

1435. 生是见识，不是活着。

1436. 今日的失败，都由于过去的不努力；今日的努力，必定有将来的大收成。

1437. 只要心是温润的，再遥远的路也会走得安然。

1438. 只有知责任的苦处，才能尽责任的乐趣。

1439. 有自信才能有定力。

1440. 人不自信，谁人信之？

1441. 懂得感恩就懂得快乐。

1442. 内修涵养，外塑形象。

1443. 好情绪就是最好的养生。

1444. 情绪是身体的报警信号；情绪的波动，源于内心的不平衡。

1445. 顺境最易见败行，逆境最可见美德。

1446. 人只要对自己不失望，一切都充满希望。

1447. 世上最大的力量是坚韧。

1448. 信念是奇迹的萌发点。

1449. 得意不足恃，失意不足悲。

1450. 痛苦源于不充实，生活充实就不会胡思乱想，就不会产生负能量。

1451. 在做涉及感情、喜好等主观性特别强的选择时，最好的是聆听内心的声音。

1452. 不要等到条件都完美了才开始行动。

1453. 想法本身不能带来成功。

1454. 用行动来克服恐惧、担心。

1455. 往往不是有兴趣才能做好，而是做好了才有兴趣。

1456. 从容接受自己不能改变的，敢于改变自己可以改变的。

1457. 借口成为习惯，如毒液腐蚀人生。

1458. 克服了懒惰，就成功了一半。

1459. 心不觉得难，事情就不难。

1460. 没有真正的需求，就没有真正的乐趣。

1461. 财富就像是海水，越喝越渴，名望也是这样。

1462. 名声的大小取决于需要克服的困难大小。

1463. 宽容别人，就是肚量；谦卑自己，就是分量；合起来，就是一个人的质量。

1464. 容他人所不能容，方能成他人所不能成。

1465. 量大者成大事，量小者成不了事。

1466. 自爱爱人被人爱，自知知人被人知。

1467. 真诚的嘉许唤醒沉睡的心灵。

1468. 珍惜才能拥有，感恩才能长久。

1469. 吃苦，既是成长的催化剂，也是发展的奠基石。

1470. 成功只有两步：一步开始，一步坚持。

1471. 只有苦练七十二变，才能笑对八十一难。

1472. 死人若不活在人心里，是真死了；书若不在人心里活起来，也是死书。

1473. 一个没有爱好的人，是人世间最没福的人。

1474. 真正明白别人是怎么失败的，才能悟出自己怎样避免失败，然后才能取胜。

1475. 看看别人是怎么翻船的，自己才知道怎样避免自己翻船。

1476. 谦能得人，虚能容人。

1477. 不懂人心，再多激励也无力。

1478. 不自重者，取辱；不自长者，取祸；不自满者，受益；不自足者，博闻。

1479. 学起于思，思起于疑。

1480. 大疑则大悟，小疑则小悟，不疑则不悟。

1481. 求知若饥，虚心如愚。

1482. 好奇心是人类进步的源泉。

1483. 爱才最高无名时。

1484. 保持清醒是一切实践的前提。

1485. 有时需要站住，找到信心再往前走。

1486. 问题不在于有没有机会，而在于机会来的时候准备好了没有。

1487. 最可怕的是该听的意见没听，不该听的意见却影响了你。

1488. 站不起来的人，都是自己把自己搞趴下了。

1489. 交往的质量在于距离。

1490. 独处是灵魂生长的必要空间，独处让内心真正充实起来。

1491. 没有伟大的品格，就没有伟大的人。

1492. 美好属于自信的人，机会属于开拓的人，奇迹属于执着的人。

1493. 用加法爱人，用减法怨恨，用乘法感恩，用除法解忧。

1494. 话语说得动听，不如行动赢得人心。

1495. 不伪装、不敷衍、不欺骗，就是一个人的真；懂宽容、懂尊重、懂体谅，就是一个人的善。

1496. 顺意时低头，会走得更远；逆况中抬头，自信最为可贵。

1497. 做事要低头，沉得下多少心思，受得了多少忍耐，决定你能做何事；做人要抬头，承得住多少目光，抗得住多少压力，决定能成为何人。

1498. 做人，要以真诚为先；心灵，要以善良为本。

1499. 信任，才能拉近距离；真诚，才能走进心里。

1500. 正直，永远最可贵；善良，永远不过期。

1501. 谦虚需要真诚，否则比不谦虚还糟；谦虚需要有度，过分将变成虚伪。

1502. 身安，不如心安；屋宽，不如心宽。

1503. 经过的，即使再美好，终究只能是一种记忆；得到的，就该好好珍惜，然后在失去时坦然地告别。

1504. 凡事找方法去解决的，一定是成功者；凡事找借口推脱的，必定是失败者。

1505. 人可以有个性，但不要成个别；人可以很自信，但不要只信自己。

1506. 真正的强者，不是嘴有多狠，事有多绝，而是面对波澜而不惊，面对赞美而不傲，面对挫折而不馁。

1507. 肯为别人打伞，才是一生最大的财富。

1508. 在人生的种种境遇中，最糟糕的不是贫穷，也不是挫折，而是心灵的疲惫。

1509. 委曲多了才知道修炼的可贵。

1510. 矛盾多了才知道胸怀的可贵。

1511. 恭维多了才知道真诚的可贵。

1512. 心静则智生，心乱则愚起。

1513. 越是讲排场，越证明你心虚。

1514. 众叛亲离从疑心开始。

1515. 耍小聪明只能赢得庸才。

1516. 感情不应左右规则，人情不能混淆公私。

1517. 勤奋是通往荣誉的必经之路。

1518. 不要用愿望代替趋势，不能用情绪代替思考。

1519. 群居守口，独居守心；慎独则心泰，主敬则身强；求仁则人悦，思诚则神钦。

1520. 求教乃一时之羞，不问乃永世之耻。

1521. 当众亲吻自己的仇人，实属心胸宽广。

1522. 应努力把看不顺的人看顺，把看不起的人看起，把不想做的事做好，把想不通的事想通，把快骂出的话收回，把咽不下的气咽下。

1523. 少听溢美之词，多听有益建议。

1524. 快乐是身心的愉悦，是情绪的欢畅，是生活中最美的享受。

1525. 爱而知其恶，憎而知其善。

1526. 如果真正想寻求理解，就一定要丢掉诡计和伪善。

1527. 卓越不是一时的行为，而是习惯。

1528. 和内在力量相比，身外之物显得微不足道。

1529. 专注于当前的工作，不为下一次任务或者晋升瞎担心。

1530. 多给自己积极的心理暗示。

1531. 非暴力沟通是打开爱和理解的密码。

1532. 安于本分则会吉祥，如有它求则不得安宁。

1533. 人生的幸运在于能够"用正确的方式做正确的事"。

1534. 欲望的阀门一旦打开，就很难收拢，欲望所掀起的激浪往往会破坝决堤，一发而不可收。

1535. 工作上走心，才能认真不浮躁；生活上走心，才能有趣有温度。

1536. 欲望是健康的最大负担。

1537. 不怕念起，就怕觉迟。

1538. 知识是学来的，能力是练出来的，胸怀是修来的。

1539. 别人身上的不足，就是自己存在的价值。

1540. 了解别人是精明，了解自己才是智慧。

1541. 一个人心态要是不好的话，就容易聪明反被聪明误。

1542. 不要活在对过去的追悔中，不要活在对未来的担忧中。

1543. 放心才能承担，舍弃才能获得。

1544. 看别人不顺眼，是自己的修养不够。

1545. 保持积极阳光的心态，仰首挺胸，目视远方，不以物喜，不以己悲，人生之路才会越走越宽。

1546. 用勇气改变可以改变的事情，用胸怀接受不能改变的事情，用智慧分辨两者的不同。

1547. 环境可以乱，心灵不能乱；做事可以赶，心不可以急。

1548. 不感恩，就不顺利；不承担责任，就不成长；不付出，就得不到；没有爱，就得不到别人的爱。

1549. 逆境时抬头是一种勇气和信心，顺境时低头是一种冷静和低调。

1550. 莫虑冬枯愁与悲，只思春荣乐又喜。

1551. 凡事不可盲目乐观，否则要导致失败。

1552. 生活是一种信念，什么样的心态收获什么样的世界。

1553. 万物都在说法，看你如何着眼；事事都是考验，试你如何用心。

1554. 生气是用别人的错误来惩罚自己，宽容是用别人的成绩来激励自己。

1555. 必须拥有的四样东西：扬在脸上的自信、长在心底的善良、融进血液的骨气、刻在生命的坚强。

1556. 再难也要坚持，再好也要淡泊，再差也要自信，再多也要节省，再冷也要热情。

1557. 荣誉记录过去，奋进创造未来。

1558. 人有多大包容，就有多大的事业。

1559. 以平常心看待荣誉，以进取心再创佳绩。

1560. 沉稳的心态是成功的一半。

1561. 勇敢，事情再难能变易；怯懦，事情再易仍是难。

1562. 谦虚是自重，自重则人重。

1563. 心里有规矩，路就走得直。

1564. 一个人最大的破产是绝望，一个人最大的资产是希望。

第四辑　领导作风篇

1565. 不看远处模糊事，力做手边清楚事。
1566. 效果是硬道理。
1567. 特色是鲜亮的招牌。
1568. 现实问题敢于重视，更大问题敢于拍板，棘手问题敢于较真，原则问题敢于坚持，潜在问题敢于指出，发生问题敢于负责，汇报问题敢于直言。
1569. 想好了再说，干完了再歇。
1570. 立足于此时此地的人生，干好正在干的活，是真正的智慧人生。
1571. 如果偏离实际跟风赶浪，结果必然是下雨天背稻草，越背越重。
1572. 要结果但不能忽视过程。
1573. 作风建设只有进行时没有完成时。
1574. 万丈高楼平地起，英雄不怕出身低。

1575. 事前控制比事中控制好，事中控制比事后控制好，事后控制成本最高、危险最大。

1576. 散漫就是虚弱，专注就是力量。

1577. 有事则应。

1578. 有效果比有道理更重要，行动比理论更重要。

1579. 没有执行力就没有竞争力。

1580. 一天做一件实事，一月做一件新事，一年做一件大事，一生做一件有意义的事。

1581. 既要反对和克服形式主义，又要防止对必要的形式采取虚无主义的态度。

1582. 细节铸就伟业。

1583. 细节积淀成功。

1584. 去贪求廉，去庸求进，去懒求勤，去信求雅。

1585. 坚持原则，不急不躁，循序渐进，水到渠成。

1586. 作风霸道不能等同于工作魄力，家长作风不能等同于组织能力。

1587. 热情地想象，冷静地实施。

1588. 要想说得好，就得想得好；只有想得好，才能说得好。

1589. 广告好不如绩效好。

1590. 进取心的核心是主动。

1591. 责任心的核心是敢担当。

1592. 伟大来自对细节的注意。

1593. 执行力的核心是速度和质量。

1594. 细节成就完美，细节使人进步。

1595. 接地气才能正作风。

1596. 树正气才能去私欲。

1597. 提精气才能成事业。

1598. 人不能事事顺心，但能事事尽心。

1599. 行动比语言更响亮。

1600. 务实就是能力，落实就是水平。

1601. 哪里有勇敢的创造，哪里就有幸福的留步；哪里有艰苦的奋斗，哪里就有幸福的永驻。

1602. 唯有埋头，才能出头。

1603. 饭要一口口地吃，书要一本本地读，文章要一篇篇地写，事情要一桩桩地做。

1604. 守住了廉洁，就守住了良知和清白；守住了忠诚和刚正，就守住了家庭的平安和幸福。

1605. 难易相对，难易改变，事在人为，关键在干。

1606. 思想上不僵化，政治上不蜕化，工作上不弱化，作风上不腐化。

1607. 接触群众多了，官德主义就会减少；深入基层多了，主观主义就会减少；了解民情多了，形式主义就会减少；掌握实际多了，决策的盲目性就会减少。

1608. 在感情上与群众相融，在思想上与群众共鸣，在行动上与群众合拍。

1609. 莲，因洁而尊；官，因廉而正。

1610. 处事公平平似水,为官廉洁洁如冰。

1611. 少计较,多感恩,保持满足感;少应酬,多学习,获取充实感;少抱怨,多作为,增强荣誉感。

1612. 敬业才能成就事业,尽责才能赢得尊严。

1613. 政党的兴衰存亡取决于民众的支持。

1614. 担子越重,脚印越深;脚印越深,步子越稳。

1615. 眼见也未必为实。

1616. 简练是才能的姐妹,冗长是精彩的克星。

1617. 决策科学要懂,思想观念要新,情况问题要明,分析思考要全,不同意见要听,各方关系要顺,歪风邪气要顶,个人得失要轻。

1618. 因循误英雄,守旧招后悔。

1619. 任何成功都不会自动达成,而只能通过变革现状和突破今天的创新来实现。

1620. 做事不作秀,为人不为名。

1621. 想干事、会干事,是成就事业的基础和前提;干成事是德才素质的外在表现。

1622. 不提超越现实的高指标,不喊哗众取宠的空口号,不搞只顾眼前好看的虚假繁荣,不求劳民伤财的虚假政绩。

1623. 计划周全方能办大事,胡言乱说必致败亡。

1624. 深入实际,调查研究,透过纷繁复杂的现象,抓住事物的本质,找出它的内在规律,这是领导干部必须具有的能力。

1625. 不是每一次努力都有收获,但是每一次收获都必须努力。

1626. 静能制动,沉能制浮,宽能制偏,缓能制急。

1627. 风险在安宁中积累。

1628. 当机应立断,遇乱须慎行。

1629. 举止终如一,立言必有行。

1630. 谋定而后动,百虑始远行。

1631. 如果行动不到,任何计划都作废。

1632. 遇事想到三步之外就能避免许多祸害。

1633. 用心计,只能让人相信你一阵子;用心,则可以让人相信你一辈子。

1634. 脱离群众是干部成长进步的最大危险。

1635. 要称职和优秀,须先改掉四种缺点:盛气凌人、妄自尊大、趾高气扬、好大喜功。

1636. 认认真真办事,堂堂正正做人,清清白白为廉,勤勤恳恳为民。

1637. 上级正则下级清,官风廉则民风洁。

1638. 喊破嗓子几人听,做出样子众人跟。

1639. 治天下必尚行,为国者当务实。

1640. 自律而廉政福民,严己而服人率人。

1641. 不为模糊不清的未来担忧,只为清清楚楚的现在努力。

1642. 知是行的主意,行是知的工夫。

1643. 不会踏步就不会进步。

1644. 不接地气就没有底气。

1645. 实践中感悟，历练中成长。

1646. 干事要热，遇事要冷，处事要公。

1647. 学习要恒，谋略要深，为政要勤，律己要严。

1648. 真诚做人，激情做事。

1649. 干啥是啥，干啥像啥。

1650. 心浮则气躁，气躁则神难凝。

1651. 耳闻不如眼见，眼见不如实践。

1652. 作风深入才能体察民心民情。

1653. 每一次差错皆因准备不足，每一项成功皆因准备充足。

1654. 持之以恒才能成就事业。

1655. 行动是取得成功的唯一手段。

1656. 要么不做，要做，就要下定决心，全力以赴，不给自己找失败的借口和理由。

1657. 宁要微词，不要危机。

1658. 不怕怒目金刚，只怕眯眼菩萨。

1659. 千学不如一看，千看不如一练。

1660. 信仰不等于实践，实践也不等于成功。

1661. 做好本职工作，便是顾全大局。

1662. 工作要认真，生活要天真。

1663. 主动、认真和坚持是领导成功的三部曲。

1664. 别让自己迷失在细节中。

1665. 把好事做好,把好话说好。

1666. 懒惰是生命的锈,懒惰让人远离成功。

1667. 思想因适时解放而不朽。

1668. 真理就在思想与实践交汇处。

1669. 凡事深思熟虑,谋定而后动。

1670. 做足准备,机会来临时一击即中。

1671. 美丽属于自信者,从容属于有备者,奇迹属于执著者,成功属于坚韧者。

1672. 自律以服人,示范以带人。

1673. 廉不言苦,个人名利淡如水;勤不言苦,人民利益重如山。

1674. 为政重在廉,做人重在诚;说话重在信,办事重在实。

1675. 改革创新有风险,不改革创新就有危险。

1676. 责任胜于能力。

1677. 宁可少讲话,不要讲空话。

1678. 对待工作,要以热情接受,以激情实施,以活力执行;对待问题,要快速反应,快速处理,快速解决。

1679. 创新是原动力,只有创新才有竞争力。

1680. 把问题想复杂,把事情做简单。

1681. 调查不够不决策,条件不备不行动。

1682. 敬业才会乐业。

1683. 勤奋是永不过时的工作精神。

1684. 结果落地才是"责"。

1685. 做人以诚为本，做事以实为本，做官以民为本。

1686. 没有责任感就意味着没有担当。

1687. 能行能言，能言能行。

1688. 大患成于细，大错成于渐。

1689. 言欲有效先须少，文欲有效筹须早。

1690. 事前要小心，临事要胆大。

1691. 大事不可小视，但应小做；难事不可易视，但应易做。

1692. 小事不小，小事连着大事，是成就大事的基础。

1693. 读书防迷，做事防深，前进防颠，退则防馁。

1694. 做人做事不必面面俱到。

1695. 凡是有利的事情，一定要注意分配；凡是有名的事情，一定要注意分享。

1696. 无耻者下贱，知耻者高贵。

1697. 人生就像一张有去无回的单程车票，没有彩排，每场都是现场直播，把握每次演出便是对人生最好的珍惜。

1698. 无事深忧，有事不惧。

1699. 有一份光荣就有一份责任，有一份信任就有一份担当。

1700. 从容而不浮躁，充实而不空虚，真诚而不虚荣。

1701. 既要在"求真"上下功夫，更要在"务实"上做文章。

1702. 没有一种根基，比扎根于人民更坚实；没有一种力量，比从群众中汲取更强大；没有一种执政之基，比赢得民意更珍贵持久。

1703. 失言不如无言。

1704. 不解决问题，就是最大的形式主义，不化解矛盾，就是最大的官僚主义。

1705. 守土有责，守土负责，守土尽责。

1706. 布置工作不加落实等于零。

1707. 最大的风险是不敢冒风险，最大的错误是不敢犯错。

1708. 一次只解决一个问题，一次只做一件事。

1709. 抓工作，一具体就能深入，一深入就好落实。

1710. 认真是成功的秘诀，粗心是失败的伴侣。

1711. 简洁是智慧的真谛。

1712. 百代兴盛依清正，千秋基业仗民心。

1713. 成大事者从小事做起。

1714. 不在创新中繁荣，就在守旧中灭亡。

1715. 成功的诀窍是做事比别人快半步。

1716. 好形象是事业成功的通行证。

1717. 掌权民为本，位尊国更重。

1718. 言有物，行有格，能肃静，不轻佻，不苟且，不散漫。

1719. 要想从不喜欢的工作中找到乐趣，最基本的就是投入，用最大的热情去投入。

1720. 没有埋头，哪有出头。

1721. 为政之要，在于兴国，在于富民，贵在廉洁。

1722. 党风正则干群和，干群和则社会稳。

1723. 最好的落实是一抓到底，最好的肯定是群众认可。

1724. 与人当宽，自处当严。

1725. 事来则应，过去不留。

1726. 官德正则民风淳，官德毁则民风降。

1727. 不仅要讲"艰苦"，更要讲"奋斗"。

1728. 对待群众：有呼必应，有难必帮。

1729. 要有"功成不必在我任"的宽阔胸襟和长远眼光，多做打基础、利长远的事情。

1730. 讲纯洁一尘不染，讲廉政两袖清风。

1731. 品位是实干出来的，而不是表演出来的。

1732. 把责任举过头顶，把名利踩在脚下，把百姓装在心中，把本色进行到底。

1733. 与其乱发展，不如"不发展"。

1734. 产品不是精品就是废品，工作不是一流就是失职。

1735. 为之于未有，理之于未乱。

1736. 一切难题，只有在实干中才能解决；一切机遇，只有在实干中才能把握；一切愿景，只有在实干中才能实现。

1737. 力戒形式主义和官僚主义，不搞脱离实际的高指标，不喊哗众取宠的空口号，不摆不切实际的花架子。

1738. 用心把握，用心工作，用心落实。

1739. 离开理论的实践，是盲目的实践；离开实践的理论，是空洞的理论。

1740. 气场强大者一定是立即行动者。

1741. 思想解放无止境,理论创新不停步。

1742. 一个成功的人最主要的优点就是在于高效行动。

1743. 一个人要想爬上高山之巅领略别样的风景,就要一步一步地从山脚爬起;一个人要想自己拥有渊博的知识,就要一本本地读书;一个人要想成功,就得一步一步地向成功迈进。

1744. 有落实没完成等于零。

1745. 成功没有理由,只需要行动,只有行动才是达到目标的唯一途径。

1746. 顶尖的人创造机会,优秀的人抓住机会,普通的人坐等机会。

1747. 莫把希望当现实。

1748. 风形于上,信成于下。

1749. 谋定后动,审定而行。

1750. 未曾同甘共苦,很难血肉相连。

1751. 尊重人民主体地位,尊重人民首创精神,拜人民为师。

1752. 党性纯洁则作风端正,党性不纯则作风不正。

1753. 工作中勇于开拓创新和反对冒险蛮干,学习上不甘平庸和学以致用,生活上知足常乐和情趣高尚。

1754. 时刻把群众需要视为第一责任,把群众满意视为第一追求,把群众情绪视为第一信号,把改善群众生活视为第一要事。

1755. 上帝不会轻视奋发的灵魂。

1756. 把认准的事情做到底。

1757. 科学发展战略要落地,科学发展意识应生根。

1758. 多一些实事求是之心,少一些哗众取宠之意。

1759. 落实的根本靠本性,落实的核心是能力,落实的关键看效果。

1760. 干好干不好不是问题,但是干不干就是大问题。

1761. 不知道干什么的人,什么也干不了。

1762. 目标不见得越大越好,主要是适合自己。

1763. 忽略小事的人是不会成功的。

1764. 没有理论的实践是盲目的实践,没有实践的理论是空洞的理论。

1765. 成功者付诸行动,失败者总在空想。

1766. 讲话和写文稿都应反对"长、空、假",提倡"短、实、新"。

1767. 多一些学习,少一些应酬;多一些思考,少一些娱乐;多一些静气,少一些浮躁;多一些情趣,少一些俗气。

1768. 即使是不成熟的尝试,也胜于胎死腹中的策略。

1769. 九十九度加一度才会沸腾。

1770. 以等不起的紧迫感、慢不得的危机感、坐不住的责任感来做好领导工作。

1771. 只要一身正气,便能两袖清风。

1772. 工作如果没有远景就会枯燥乏味,有远景而没有实干只是个空想。

1773. 哗众取宠、表演作秀可以哄人于一时，但换不到真正的信任和爱戴。

1774. 一步一个脚印，一拳一个窟窿。

1775. 以严肃认真态度律己，以互助合作精神相待。

1776. 政之所兴在顺民心，政之所废在逆民心。

1777. 不仅"天线"要架得好，还要"地气"接得足；"地气"不足，"底气"就不足。

1778. 只有行动才能使世界有所改变。

1779. 知道的不等于能做到，身教永远胜于言教。

1780. 成功是一连串的奋斗。

1781. 用语言证明自己，不如用行动证明自己。

1782. 核心竞争就是所谓的执行力，没有执行力就没有核心竞争力。

1783. 最重要的自我激励的语句是："立即行动"。

1784. 成功是渐进的、艰辛的过程。

1785. 想好的事，说干就干；担责的事，该扛则扛；冒险的事，能为则为。

1786. 坚持实事求是，就是坚持真理。

1787. 克勤克俭，无怠无荒。

1788. 成功的秘诀无他，就是：吃必要的苦，耐必要的劳。

1789. 民生连着民心，民心凝聚民力。

1790. 离开不断变化的实际空谈马克思主义，没有任何意义；把马克思主义教条化、凝固化，没有不犯错误的。

1791. 宁肯在思考上费尽力气，也不能不加思考地去随意行事。

1792. 做人做事切忌急功近利。

1793. 想做的事情很多，能做的事情有限。

1794. 思路需要实践来体现，口号需要工作来验证。

1795. 始终具有一种"不到长城非好汉"的进取精神、"欲与天公试比高"的挑战精神、"而今迈步从头越"的超越精神。

1796. 远离被动的习惯，学会从小事做起。

1797. 等待是毒药，命运靠行动，养成"马上就做"的工作习惯。

1798. 每天成功一点点、快乐一点点。

1799. 想长远、重现实，着手眼前、干好正在干的活。

1800. 弄虚作假是事业的大敌。

1801. 许多事不是能不能的问题，而是敢不敢的问题。

1802. 关键细节决定成败，没有调查就没有拍板权。

1803. 掀开被窝就起床。

1804. 说话要实、工作要实、做人要实。

1805. 心思用在发展上，力气使在落实上。

1806. 不躲事，不避事，新官要理旧账。

1807. 迟疑是大敌，决定快、行动快、解决快是赢得竞争的三大要素，任何时候都应比别人先走一步。

1808. 说一尺不如行一寸；不实干，半点马克思主义也没有。

1809. 凡事没有最好，只有更好。

1810. 执行没有借口。

1811. 既要雷厉风行，又要严谨细致。

1812. 吃饭的时候吃饭，睡觉的时候睡觉，工作的时候工作。

1813. 心明才能眼亮，心安才能体健，心愉才能身悦，心旷才能神怡。

1814. 看起来很困难的事，只要认真对待并不难解决。

1815. 理论不联系实际就会失之于空，学问没有致用就会失之于虚。

1816. 有样子，没架子。

1817. 所作所为一定要经得起群众、实践、历史的检验。

1818. 缩短理想与现实的距离，切实可靠的一条就是努力。

1819. 金杯银杯不如老百姓的口碑，金奖银奖不如老百姓的夸奖。

1820. 勇于变革、勇于创新，永不僵化、永不停滞。

1821. 坚持人民是历史创造者的马克思主义根本观点不能变；始终拜群众为师、向群众学习的谦虚态度不能变；关心群众疾苦、倾力为群众排忧解难的真挚感情不能变，与人民群众同呼吸、共命运。

1822. 既要艰苦更要奋斗，人生终将辉煌。

1823. 事非经过不知难。

1824. 实际行动一步，胜过纲领一打。

1825. 一个决策、一项工作能不能收到预期效果，重在落实。

1826. 讲原则而不空泛，讲具体而不琐碎。

1827. 形式是内容的载体，讲究一定的形式是必要的，但形式主义却是必须坚决反对的。

1828. 喊破嗓子不如做出样子。

1829. 设身处地，但不以己度人。

1830. 目标往上看，做事朝下看。

1831. 当日事应当当日毕。

1832. 双鸟在林，不如一鸟在手。

1833. 工作之中无小事。

1834. 一勤天下无难事。

1835. 无论是大事小事都努力做到极致；落实工作任务应当追求"零错误"。

1836. 不求绝对完美，但求尽力而为。

1837. 干一行，爱一行，通一行。

1838. 理想的翅膀应插在现实的身上，离开了现实的躯体，理想只是一堆零乱的羽毛。

1839. 行动胜过一切"吹、拉、弹、唱"。

1840. 一定要放弃不切实际的想象。

1841. 俭朴是一生平安的护身符。

1842. 多琢磨事，抓具体事，办实在事，善总结事。

1843. 不生搬硬套，不自以为是，不安于现状，不坐而论道。

1844. 要求别人做到的，自己首先做到；要求别人不做的，自己首先不做；要求别人做好的，自己首先做好。

1845. 戒浮躁，行朴实；戒奢靡，行节俭；戒骄逸，行慎独；戒玩物，行诚信；戒庸俗，行文明。

1846. 祛除官气、奢气、暮气、怨气。

1847. 不讲无中心内容的话，不讲没有经过自己消化的话，不讲无针对性的话，不讲无准备的话。

1848. 潜下心来学理论，一以贯之讲政治，加强锻炼增才干，顾全大局促团结，转变作风为群众，勤政廉洁严律己，埋头苦干抓落实。

1849. 当机立断，临难不慌。

第五辑　领导方法篇

1850. 牵一发而动全身，动一子而活全盘。
1851. 知其事，而不度其时则败。
1852. 妄动易坏事，百忍能成金。
1853. 循序渐进，稳中求胜。
1854. 有机会抓住机会，没有机会等待机会。
1855. 领导行为四句话：先领后导，少领多导，又领又导，重点在导。
1856. 要把劲用在关键处，节约一切可以节约的资源。
1857. 只有按计划办事，才能让一切掌握在自己的手中。
1858. 接受下属的成绩，也要接纳他的错误。
1859. 给下属面子，下属才会对工作更加积极。
1860. 用温和的方式指出下属的错误，比疾言厉色更有效。
1861. 压力能让潜能得到更好的激发。
1862. 窥一斑而知全豹。

1863. 只有关心人，才能团结人。

1864. 马上行动，习惯于拖延则是缺乏格局意识的体现。

1865. 说话算数，绝对不打折扣，这是领导者威信及组织纪律的保证。

1866. 实话实说，问题才容易解决。

1867. 请君入瓮：以其人之道，还治其人之身。

1868. 当错误出现时，想办法弥补比想办法逃避更急迫。

1869. 善于用新视角分析工作、用新观念谋划工作、用新举措推进工作。

1870. 指标没有目标重要，目标没有目的重要；技术没有战术重要，战术没有战略重要。

1871. 总揽权纲，量时度力，举无过事。

1872. 利居从后，责在人先。

1873. 细节没有环节重要。

1874. 防为上，救次之，戒为下。

1875. 愚者谙于成事，智者见于未萌。

1876. 每一次危机本身既包含导致失败的根源，也孕育着成功的种子。

1877. 有美好梦想和冲天干劲，但不知底线和风险在哪里，有可能莽撞冒进；有守住底线的谨慎，却没有敢闯敢试的行动，就是消极保守。

1878. 关键位置上的人必须控制住。

1879. 大处着眼，小处下手。

1880. 要有面对逆境的准备。

1881. 不要被表面现象所蒙蔽。

1882. 有思路,更要有眼界。

1883. 降低身份能够抬高身价。

1884. "近利"当前,更需"远虑"。

1885. 主动示弱,墙矮无人推。

1886. 有功归上,有过归己。

1887. 循序渐进,待时而发。

1888. 以不变应万变,万变不离其宗。

1889. 该出手时就要果断出击。

1890. 弦外之音要会听。

1891. 谨慎"收声",适时"出声"。

1892. 懂得迂回之道,兼顾灵活性和原则性。

1893. 精明过头,就是智慧不足。

1894. 适度妥协是一种智慧。

1895. "无为者"无所不为。

1896. 圆通而不圆滑。

1897. 取舍要干脆,进退要利索。

1898. 强在弱中取,进在退中求。

1899. 适当的放弃反而是赢家。

1900. 后退有时是向前。

1901. 适时而止才能前进不停。

1902. 出头后还应赶紧低头。

1903. 替别人着想，就是替自己打算。
1904. 最大的危机往往是最大的转机。
1905. 面子舍得给，才会赢得多。
1906. 便宜好占，麻烦难收。
1907. 有柔有刚，不可偏执一端。
1908. 宽容小失，着眼大局。
1909. 早结网才能捕好鱼。
1910. 少个冤家多条路。
1911. 能造势还要会顺势。
1912. 无"法"不"威"，新官上任要立威。
1913. 相互帮衬才能做大"势"。
1914. 容人之过，得人之心。
1915. 打击敌人不如争取敌人。
1916. 及时向帮助你的人表达感谢。
1917. 卧薪尝胆只为日后扬眉吐气。
1918. 牛气不如争气，翻脸不如翻身。
1919. 不张扬的才华才是真才华。
1920. 动辄赌气无疑是自毁前程。
1921. 不言大功，更受器重。
1922. 认错才能"无错"。
1923. "柔"但不能"软"。
1924. 有时也需"独断专行"。
1925. 收放自如，张弛有道。

1926. 得理饶人更易征服人。

1927. 情绪要发泄但不可乱发泄。

1928. 读不懂人心处不了世。

1929. 劝人要切中要害。

1930. 赏罚要分明。

1931. 有时一定要做铁腕人物。

1932. 纲举目张,抓大而放小。

1933. 低姿态的领导更受欢迎。

1934. 小人得志不可轻。

1935. 凭专业谋事,按规矩办事。

1936. 讲专业才能善谋事,懂专业才能会干事;有规矩才能干成事,守规矩才能不出事。

1937. 医国如医身,治党如治人:上下同治,殊病分治;内外共治,官民并治;标本兼治,未病防治;急病先治,老病综治。

1938. 有病不治就会使小病拖成大病,顽症恶化为绝症。

1939. 新问题就得用新办法来解决。

1940. 如无必要,勿增实体。

1941. 把工作做到位的秘籍:汇报工作说结果;请示工作说方案;总结工作说流程;布置工作说标准;关心下级问过程;交代工作讲道德;回忆工作说感受。

1942. 忙中不说错话,乱局不看错人,复杂不走错路。

1943. 想尽一切办法不与上司磕磕绊绊。

1944. 总与人较劲，等于给自己留后患。

1945. 小合作要放下态度，彼此尊重；大合作要放下利益，彼此平衡。

1946. 善于观察，慎于选择，敢于出手。

1947. 开局到位，就不会在中盘气喘吁吁，就会减少收局阶段受人控制的可能性。

1948. 工作中的"八戒"：一戒忧虑过度；二戒高兴过度；三戒悲伤过度；四戒猜疑过度；五戒过度愤怒；六戒过度消极；七戒过度焦躁；八戒过度计较。

1949. 重症须用猛药，乱局要用重典。

1950. 遇到急、难、险、重的工作，既要挂得帅又要出得征。

1951. 细节上不舍尺寸之功，成功才不会失之于空。

1952. 伟人改变环境，能人利用环境，凡人适应环境，庸人埋怨环境。

1953. 麻绳最容易从细处断，堤坝最容易从蚁穴溃，工作最容易从薄弱环节上出问题。

1954. 事物都是由局部构成整体、由细节构成过程的；局部出现弱项，细节出现软肋，都会对整体和过程带来危害。

1955. 没有分类指导，就没有针对性；没有统筹协调，就没有整体性。

1956. 点是面的细胞，没有面，点就无所依存；面是点的集合，没有点，面就无以支撑。

1957. 看似寻常最奇崛，成如容易却艰辛。

1958. 认识差之毫厘，行动谬以千里。

1959. 有眼界才有境界，有实力才有魅力，有思路才有出路，有作为才有地位。

1960. 书，看了就是知识，没看就是废纸；理想，努力了才叫梦想，放弃了那只是妄想。

1961. 努力，虽然未必会收获，但放弃就一定一无所获。

1962. 在工作上，能力不敌态度；在成功上，才华不敌韧度；在知识上，广博不敌深度；在思想上，敏锐不敌高度；在做人上，精明不敌气度；在做事上，速度不敌精度；在看人上，外貌不敌风度；在写作上，文采不敌角度；在方法上，创意不敌适度。

1963. 成功没有奇迹，只有轨迹。

1964. 流言是写在水上的字，注定不持久，但是又传得飞快。

1965. 战胜对手善于以柔克刚；待人处世贵有宽柔之心。

1966. 方向错了，前进一步等于后退一步，而后退一步，亦等于前进一步。

1967. 想干事，是状态，是激情，是责任；会干事，是能力，是水平，是胆识；干成事，是追求，是效益，是目的；好共事，是团结，是合作，是包容；不出事，是底线，是红线，是高压线。

1968. 政治是一种科学，是一种艺术。

1969. 暴得者必暴亡，强取者必后无功。

1970. 观其虚则进，见其实则止。

1971. 善防川者，决之使导。

1972. 圣人千虑，必有一失；愚人千虑，必有一得。

1973. 言者无罪闻者戒，下流上通上下泰。

1974. 不入虎穴，不得虎子。

1975. 举事以为人者，众助之；举事以自为者，众去之。

1976. 见善则迁，有过则改。

1977. 谋先事则昌，事先谋则亡。

1978. 谋者谋于未兆，慎者慎于未成。

1979. 为一身谋则愚，而为天下谋则智。

1980. 要跳得更远，必须先退后一步。

1981. 有志者自有千方百计，无志者只感千难万难。

1982. 让别人来称赞比自己称赞好。

1983. 明者远见于未萌，而智者避免于无形；祸因多藏于急微，而发于人之所忽。

1984. 遇事做最坏的打算的人，是具有最高智慧的人。

1985. 智慧的标志是审时度势之后再择机行事。

1986. 智慧有三果：一是思考周到，二是语言得当，三是行为公正。

1987. 什么钥匙开什么锁。

1988. 熟能生巧，巧能生妙。

1989. 追逐双兔两落空。

1990. 运气通常照顾深思熟虑者。

1991. 只有愚者才等待机会，而智者则造就机会。

1992. 入境而问禁，入国而问俗，入门而问讳。

1993. 被克服的困难就是胜利的契机。

1994. 大有大的难处，小有小的难处。

1995. 擒龙要下海，打虎要上山。

1996. 怕走崎岖路，莫想登高峰。

1997. 壮志和毅力是事业的双翼。

1998. 本来无望的事，大胆尝试，往往能成功。

1999. 错一遍，精一遍。

2000. 用时不爱惜，就要损失；做时不慎重，就要失败。

2001. 小心无大错。

2002. 少命令，多商量。

2003. 胆大心细有作为。

2004. 囫囵吞枣，食而不知其味；一目十行，虽看不知精神。

2005. 麻绳爱从细处断，漏洞多自粗心来。

2006. 小事细心，大事当真。

2007. 意粗性躁，一事无成。

2008. 只有大意吃亏，没有小心上当。

2009. 差错发生在细节，成功取决于系统。

2010. 成功是细节之子。

2011. 小事成就大事，细节成就完美。

2012. 视困难为考验，把挑战当机遇。

2013. 要想面貌大变样，对照差距学榜样。

2014. 要重视原则性,也要重视灵活性。

2015. 切莫在情绪低落时作重要的决定。

2016. 用微笑去面对嘲笑。

2017. 该低头时且低头,别拿鸡蛋去碰石头。

2018. 遇到危险,沉着应对可化险为夷;面对意外,冷静处理能够转危为安。

2019. 少从外在方面找借口,多从自身方面找出路。

2020. 注重从变化的形势中捕捉难得的发展机遇,善于从逆境中发现和培育有利因素。

2021. 文以简为精,话以简为当,事以简为上。

2022. 急躁办不好事,浮躁办不成事,暴躁办不了事。

2023. 信息不能代替事实,信心不能代替实干,信任不能代替监督。

2024. 功者难成而易败,时者难得而易失,势者难兴而易衰。

2025. 尊重自然不违背规律,顺应自然不头脑发热,保护自然不破坏生态。

2026. 放手不放纵,统揽不包揽,主见不主观。

2027. 把真理的力量用活,把人格的力量用足,把权力的力量用好。

2028. 缓事宜急干,敏则有功;急事宜缓办,忙则多错。

2029. 亡羊补牢,未为迟也。

2030. 赏善而不罚恶则乱,罚恶而不赏善亦乱。

2031. 赏不遗疏远,罚不阿亲贵,以公平为规矩,以仁义为准绳。

2032. 赏不当功，则不如无赏；罚不当罪，则不如无罚。

2033. 因喜用赏，赏不必当；用怒用罚，罚不必当。

2034. 发号施令，在乎必行；赏德罚罪，在乎不滥。

2035. 善用威者不轻怒，善用恩者不妄施。

2036. 积力之所举，即无不胜也；众智之所为，即无不成也。

2037. 天下凡百事，独力难成，众擎易举。

2038. 欲速则不达，见小利则大事不成。

2039. 知其难者始易，视为易者必难。

2040. 不迁怒，不贰过。

2041. 水浊无掉尾之鱼，土确无葳蕤之木，政烦无逸乐之民。

2042. 敬一人，则千万人悦；慢一人，则千万人怨。

2043. 成事需要胆略，用权则需谨慎；"畏则不敢肆而德以成，无畏则从其所欲而及于祸"。

2044. 想干事是态度，干成事是能力，善共事是胸怀，不误事是本分，不坏事是操守，不怕事是担当，不出事是底线。

2045. 致命的失败，决定于微弱的劣势。

2046. 独立独行难用世。

2047. 要把原则性和灵活性有机结合起来，既不能用原则性来束缚灵活性，又不能用灵活性来破坏原则性。

2048. 时来天地皆同力，运去英雄不自由。

2049. 领导活动中权变的是方法和策略，不变的是价值和方向。

2050. 摆正位，说对话，做成事。

2051. 不以事小而不为，不以事杂而乱为，不以事急而盲为，不以事难而怕为。

2052. 荣誉的桂冠是用责任和荆棘纺织而成的。

2053. 时来易失，赴机在速。

2054. 心量有多大成就就有多大。

2055. 成大事者，不恤小耻；立大功者，不拘小谅。

2056. 合军聚众，务在激气。

2057. 沉住气才是一等一的高手。

2058. 机勇者临危不惧、临难不惊、冷静沉着、镇定自如。

2059. 避免失败的最稳当办法，就是下决心获得成功。

2060. 不要急于水落石出，而重于稳操胜券。

2061. 急着争面子，干不了大事情。

2062. 在急处冷静，在忍中谋事；在小处忍让，在大处求胜。

2063. 方为做人之本，是以不变应万变；圆为处世之道，是以万变应不变。

2064. 站在矛盾之上处理矛盾，矛盾变得很小很简单；置身矛盾之中处理矛盾，矛盾变得很复杂。

2065. 沟通是求得思想上的统一，协调是求得行动上的统一。

2066. 面对大势，可顺不可逆；面对机遇，可用不可废。

2067. 言语之恶，莫大于造诬。

2068. 治大者，不可以烦，烦则乱；治小者，不可以急，急则废。

2069. 治政者，不可以骄，骄则败；治事者，不可以惰，惰则慢。

2070. 没有考评就难以鉴别，没有鉴别就难以取舍。

2071. 低调内敛但不能委屈自尊而迁就他人；敬重强势者但不可摧眉折腰而谄谀奉承；服从领导但不能毫无原则而丧失底线。

2072. 成功是成功之母，有了小成功，才有中成功；有了中成功，才有大成功。

2073. 应用最大精力做最重要的事情，真正抓住牵一发而动全身的关键问题，把工作忙到点子上。

2074. 存者非存，在于虑亡；乐者非乐，在于虑殃。

2075. 思难而难不至，忘患而患发生。

2076. 处广以思狭，则广可长广；居治而忘危，则治无长治。

2077. 协同是推动工作的"润滑剂"。

2078. 参天之本，必有其根；怀山之水，必有其源。

2079. 世异则事异，事异则备变。

2080. 天与不取，反受其咎；时至不迎，反受其殃。

2081. 先发制人，后发制于人。

2082. 快刀斩乱麻。

2083. 机不可失，时不再来。

2084. 宜未雨而绸缪，毋临渴而掘井。

2085. 偏听生奸，独任成乱。

2086. 开敢谏之路，纳逆己之言。

2087. 智者取其谋，愚者取其力，勇者取其威，怯者取其慎，无智勇怯，兼而用之。

2088. 誉人不增其美，毁人不益其恶。

2089. 宽容用来调节严厉，严厉用来调节宽容，政事因此而和谐。

2090. 表扬批评不可以远离事实，奖赏惩罚不可以失之公正。

2091. 要避免批评上级放"礼炮"，批评同级放"哑炮"，批评下级放"空炮"。

2092. 厚道，是聚集人脉的"吸铁石"，是获得机会的"资格证"。

2093. 敢于道歉，才不会错过问题修正的机会。

2094. 工作宜赶不宜急。

2095. 有时速度比完美更重要。

2096. 灯不拨不明，话不讲不透。

2097. 喋喋不休让人生厌。

2098. 不漏小事，方能抓住大事。

2099. 给人一个台阶"下"，自己会得到一个台阶"上"。

2100. 律己宜带秋风，处事宜带春风。

2101. 三思而后言，三思而后定，三思而后行。

2102. 假话骗人，套话误人。

2103. 交浅言勿深，利微情勿淡。

2104. 说谎的人最累，诚实的人最轻松。

2105. 兴衰在一念，成败在一言。

2106. 知耻雪耻，前途无比；知错犯错，必招灾祸。

2107. 错误并不可怕，可怕的是死不认错和一错再错。

2108. 经验可用，但不是任何时候都可用。

2109. 不能忍辱负重的人永远做不成大事。

2110. 冷静是恩师，冲动是魔鬼。

2111. 死要面子，结果一定是没面子。

2112. 无容人雅量，难成就辉煌。

2113. 急处站稳，高处看清，险处留神。

2114. 小胜靠智，大成靠德，德品为基，成功之源。

2115. 居上不逼，居下不馁，待上以敬，待下以宽。

2116. 仁者不忧，智者不惑，善者不恶，勇者不惧。

2117. 智者创机遇，强者握机遇；弱者等机遇，愚者失机遇。

2118. 话多不如话少，话少不如话好；静坐常思己过，闲谈莫论人非。

2119. 具有怎样态度，就有怎样未来；具有怎样性格，就有怎样人生。

2120. 该低头时就低头，该挺胸时就挺胸；该出手时就出手，该亮剑时就亮剑。

2121. 远见比资产重要，能力比知识重要；健康比金钱重要，生命比智慧重要。

2122. 心装理解多矛盾则少，心装宽容多计较便少。

2123. 成功是优点之发挥，失败是缺点之累积。

2124. 勤能补拙，拙能促奋；奋能催志，志能壮胆。

2125. 机会太多没机会，主张太多没主张；朋友太多没朋友，最好状态是正常。

2126. 完美之成功来自充分之准备，充分之准备来自深思之熟虑。

2127. 懈怠畏缩，一切都不可能；奋发图强，一切都有可能。

2128. 忍一时之气，免百日之忧。

2129. 看淡结果，会更容易成功。

2130. 方向永远比速度重要。

2131. 平庸的人关心怎样耗费时间，有才能的人竭力利用时间。

2132. 抓大则百事兴，抓小则百事荒；纲举才目张。

2133. 薄弱环节，是失败缝隙。

2134. 言多变则不信，令频改则难从。

2135. 测浅者不可以图深，见小者不可以虑大。

2136. 细节在于观察，成功在于积累。

2137. 居上位而不骄，在下位而不忧。

2138. 因众者可以显立功，忘己者可以广得贤。

2139. 敬于言则不妄，敬于事则有成。

2140. 前事不忘，后事之师；前车之覆，后车之鉴。

2141. 心思要缜密，不可琐屑；操守要严明，不可激烈。

2142. 做事刚开始，要稳重；过程中，要耐心；收获时，要沉着。

2143. 大怒时容易做错事，与其事后后悔，不如事前自制。

2144. 计疑无定事，事疑无成功。

2145. 审时度势，虑定而动，天下无不可为之事。

2146. 智谋出于急难，巧计出于临危。

2147. 成功的秘诀，在于随时随地把握时机。

2148. 先忧事者后乐，先傲事者后忧。

2149. 先事虑事谓之捷，捷则事优成；先患虑患谓之预，预则祸不生。

2150. 先谋后事者逸，先事后图者失。

2151. 处事贵熟思缓处，熟思则得其情，缓处则得其当。

2152. 将治大者不治细，成大功者不成小。

2153. 量力而行则不竭，量智而谋则不困。

2154. 利可共而不可独，谋可寡而不可众。

2155. 智者顺时而谋，愚者逆理而动。

2156. 过柔则弱，过刚则折，过严则怒，过宽则肆。

2157. 矫枉过正，古今同之。

2158. 爬得高，摔得重。

2159. 逆水行舟，一篙不可放缓；滴水穿石，一滴不可弃滞。

2160. 决胜千里之外，离不开运筹帷幄；实现宏伟目标，重点在战略谋划。

2161. 定谋贵决，机事贵密。

2162. 忍耐才有可能成功，忍耐才能反败为胜。

2163. 小事不糊涂之谓能，大事不糊涂之谓才。

2164. 耳宜聪，话宜慢，怒宜缓。

2165. 谨慎的沉默是处世之道的至圣名言。

2166. 天才和毅力分不开，成功与坚韧分不开。

2167. 成功的秘密在于对目标的执着追求。

2168. 勤奋克服困难，懒惰制造困难。

2169. 成功属于勇敢和行动的人，不属于顾虑后果的怯懦者。

2170. 陷入不如意的境地时，万不可忘记要忍耐和勇气。

2171. 考虑要谨慎，行动则要有决心；让步要宽厚，反对则要坚定。

2172. 思考宜缓慢，行动要果断。

2173. 凡是做过的事情，已是木已成舟；凡是过去的事情，永远不会回头。

2174. 过于自信像过度忧虑一样有害。

2175. 种子放在水泥地板上会被晒死，种子放在水里会被淹死，种子放到肥沃的土壤里会生根发芽结果；选择决定命运，环境造就人生。

2176. 给人金钱是下策，给人能力是中策，给人观念是上策。

2177. 从肯定开始，必将以问题告终；如果从问题开始，必将以肯定结束。

2178. 遇事虚怀观一是，与人和气察群言。

2179. 工作就是面对矛盾和解决矛盾的过程。

2180. 辩证思考是正确认识事物的方法。

2181. 谨慎是成功的第一要素。

2182. 当局者迷，旁观者清。

2183. 不应为而为则败，应为而不为则殆。

2184. 失败时，不垂头丧气；得意时，不快乐忘形，临阵时才能勇往直前。

2185. 明智地克制自己就是有力量的表现。

2186. 逆境中要切记头脑冷静。

2187. 思危所以求安，虑退所以能进。

2188. 无事莫教心空，有事莫教心乱。

2189. 无事作有事时警惕，有事如无事时镇定。

2190. 怕狗被狗欺，怕鬼着鬼迷。

2191. 记人之功，忘人之过。

2192. 不敬他人，是自不敬也。

2193. 举事可以移风俗，而教导可以施于百姓。

2194. 凡教化之不立，而万民不正也。

2195. 为上能自爱，群属必畏钳。

2196. 善为政者，看人设教。

2197. 去就有序，变化因时。

2198. 喜以赏，怒以杀，怨乃起，令乃废。

2199. 不因喜而加赏，不因怒而加罚。

2200. 用赏贵信，用刑贵正。

2201. 信赏以劝能，刑罚以惩恶。

2202. 举一纲而万目张，解一卷而众篇明。

2203. 营大者不计小名，图远者弗拘近利。

2204. 愚者惑于小利而忘其大害。

2205. 策大功者，不为其速；图实利者，不居其名。

2206. 不固在豫慎，见祸在未形。

2207. 明者销祸于未萌。

2208. 水行莫如用舟，而陆行莫如用车。

2209. 多算胜，少算不胜。

2210. 前虑不定，后有大患。

2211. 速成则疾亡，晚就则善终。

2212. 遇事宁缓详勿急遽，宁忍耐无发泄，万事俱从忙里错。

2213. 审而后发，犹未为晚。

2214. 无事常如有事提防，才可以弥意外之变；有事常如无事时镇定，方可以消除局中之危。

2215. 众心成城，众口铄金。

2216. 天道酬勤，地道酬善，人道酬诚，商道酬信，业道酬精。

2217. 胸怀要大度，说话要适度，读书要有厚度，视野要有宽度，理论要有深度，工作要有力度，事业要有高度，寿命要有长度。

2218. 让从容成为应对危机的"稳压器"。

2219. 上不失天时，下不失地利。

2220. 运筹帷幄之中，决胜千里之外。

2221. 急事缓不得，缓事急不得。

2222. 知己知彼，百战不殆。

2223. 时移而治不易者乱。

2224. 做工作、办事情都必须要有好的心态，才能不急不躁、稳稳当当。

2225. 批评应对事不对人，且注意点住穴位。

2226. 表扬需多用及时式表扬、发现式表扬、背后式赞扬。

2227. 领导力有多大成就就有多大。

2228. 做任何一件工作，都要比一般人想得周密，做到有条理。

2229. 能从全局看问题，从小处着手，一步一个脚印地解决问题。

2230. 用正确手段，指导大家的工作方法；以人性为本，激励大家的工作热情。

2231. 通过自己努力工作树立榜样，为下属树立高标准的学习榜样。

2232. 指责或批评别人的时候，不能把个人因素掺和进去。

2233. 说话必须一诺千金，说到做到。

2234. 做明白人，学会全方位看问题；懂得该做什么、不该做什么。

2235. 遇事当机立断。

2236. 决策后坚持到底。

2237. 集中注意力听别人的讲话。

2238. 言谈举止要通情达理。

2239. 善于发现别人的优点，称赞别人的长处。

2240. 当自己做错时能很真诚地承认自己的过错。
2241. 敢于尝试一些自己从未尝试过的新事物。
2242. 对琐碎繁杂的事务有耐心。
2243. 不为一件小事大发雷霆。
2244. 对很多事情不心存疑虑。
2245. 不参与暴力和阴谋。
2246. 牢骚可以有,但别随便发。
2247. 口无遮拦难成大事。
2248. 借势发挥,使自己更强大。
2249. 巧于"借力",是成功的一大诀窍。
2250. 进取心是永不停息的自我推动力。
2251. 蒙混过不了关,没有不透风的墙。
2252. 虚情假意,只会看到无果之花。
2253. 许诺如负债,到时必须还。
2254. 别人前人后太过圆滑,逢迎拍马受人鄙视。
2255. 圆通是大智慧,圆滑是小聪明。
2256. 别城府过深精于心计,多点成熟少点世故。
2257. 用出世的心态,做入世的事情。
2258. 知世故而不世故,才是真成熟。
2259. 妄求完美,往往得不偿失。
2260. 勇于舍弃则精明,善于舍弃是高明。
2261. 别揭人伤疤戳人痛处,嘲讽他人曝短自己。
2262. 适可而止,玩笑不能伤人自尊。

2263. 别见风使舵没有立场，墙头草最先被拔掉。

2264. 做人要不失本色，不可盲目迎合。

2265. 别自作聪明想走捷径，聪明反被聪明误。

2266. 做人要精明，但不能耍小聪明。

2267. 即使揣着明白，有时也要装糊涂。

2268. 大事不能糊涂，小事别总聪明。

2269. 聪明外露，容易弄巧成拙。

2270. 占理也要气和，得理更要饶人。

2271. 主动示好，化干戈为玉帛。

2272. 将内心用爱填满，仇恨就会被赶出。

2273. 硬权力管人，软实力服人。

2274. 心胸宽广才有凝聚力。

2275. 喜怒不要太过外露。

2276. 面临太多选择时请相信直觉。

2277. 制度是危机管理的关键。

2278. 人际关系是潜在的黄金。

2279. 处理事情应有充分的准备，并掌握时效。

2280. 具有幽默并知如何适时运用，懂得适度自嘲。

2281. 不因自己的过失而责怪他人。

2282. 重视自己的每一次讲话。

2283. 对失败不要过多忧虑。

2284. 失败往往不是因为缺少解决问题的智慧，而是因为缺少直面问题的勇气。

2285. 一个人暮气沉沉,是个人问题;一群人暮气沉沉,则是环境问题。

2286. 事到万难须放胆,宜于两可莫粗心。

2287. 言语知节,则愆尤少。

2288. 面谀之词,有识者未必悦心;背后之议,受憾者常若刻骨。

2289. 是非窝里,人用口,我用耳。

2290. 博采众议而有取裁。

2291. 当你没有借口的那一刻,就是你成功的开始。

2292. 从容安详,为处事第一法。

2293. 希望的种子,只有撒在奋斗的土地上时才可发芽。

2294. 共振才能共鸣,共鸣才能共谋。

2295. 奋斗方能赢得机遇。

2296. 胆大者容易妄为。

2297. 钱财给人的负担很沉重,放下就轻松。

2298. 名利给人的烦恼很痛苦,看破就宁静。

2299. 贪欲给人的折磨很刻毒,断除就幸福。

2300. 邪行给人的污秽很严重,矫正就舒畅。

2301. 傲慢给人的积怨很深厚,谦虚就化解。

2302. 如果你把别人看成天使,你就生活在天堂里。

2303. 当红的时候享受成功,不红的时候享受生活。

2304. 少说话更有威严,不揽权会更有权,无亲疏会更密切,勤交心会更同心。

2305. 不敢生气是懦夫，不去生气的才是智者。

2306. 真坏人并不可怕，可怕的是假好人。

2307. 治事必须通观全局，不可执一而论。

2308. 大事难事看担当，逆境顺境看胸襟，有舍有得看智慧，是成是败看坚持。

2309. 凡事顺其自然，遇之泰然，得之淡然，失之坦然。

2310. 任何难题都可以让时间去解决。

2311. 表扬一个人最好用公文，批评一个人最好用电话。

2312. 偶然的成功比失败更可怕。

2313. 气势如虹，心细如发；行动如风，静思如钟。

2314. 信任是最大的激励。

2315. 正确的决定源于过往的经验，过往的经验中少不了错误的决定。

2316. 平静的大海练不出熟练的水手。

2317. 盲目忙碌等于碌碌无为。

2318. 不分主次，只有苦劳没功劳。

2319. 提升自身能力，在学习知识上勤做加法；激发实干动力，在形式主义上善做减法；凝聚强大合力，在推动工作上巧做乘法；克服工作阻力，在破解难题上敢做除法。

2320. 成就伟业，就必须让每个人坚信和献身于组织的共同愿景。

2321. 激励他人的方法之一是感召他人。

2322. 超凡魅力的本质就是精力充沛和清晰表达。

2323. 挑战是成就卓越的机会。

2324. 任何进展都不会一蹴而就，而是循序渐进的。

2325. 如果不能忍受极端困苦，就不能获得巨大的成功。

2326. 信任是协作团队的命脉。

2327. 人们更需要获得物质和金钱之外的赞赏和奖励。

2328. 多花一点时间对人们努力工作和贡献表示认可是非常值得的。

2329. 短板决定生命的容量。

2330. 不能因喜而轻诺。

2331. 欣赏他人，才能成就自己。

2332. 成熟的心智是磨炼出来的。

2333. 理由是弱者的借口。

2334. 纠结得失是对生命的浪费。

2335. 心态决定你是骑师还是坐骑。

2336. 安于当下，才能笃定未来。

2337. 量力而行才能自在。

2338. 千难万难，有了志向不难；千易万易，没有决心不易。

2339. 明者防祸于未萌，智者图患于将来。

2340. 忍不是弱者，让不是输家。

2341. 接受不可避免的事实。

2342. 让过去的成为过去。

2343. 困境中更要坚持不懈。

2344. 学会在不利中寻找优势。

2345. 时刻准备迎接挑战。

2346. 会休息才能保持清醒。

2347. 大海不择细流，故能成其汪洋；泰山不择尘土，故能成其巍峨。

2348. 态度决定一切，良好的态度是成功的一半。

2349. 谦恭诚善，恒必有果。

2350. 有胆有识就有路。

2351. 深思熟虑以致远。

2352. 要语不烦，字字珠玑，简练有力，能使人不减兴味；冗词赘语，絮语唠叨，不得要领，必令人生厌。

2353. 犯其至难方能图其至远。

2354. 逢辱而不惊，遇屈而不死。

2355. 恩威并重，恩不足则施恩，威不足则加威。

2356. 有势借势，无势造势。

2357. 大柔非柔，至刚无刚。

2358. 圆则圆润通达，方则方正有则。

2359. 事成于和睦，力生于团结。

2360. 被人低看不沮丧，被人高看不自负。

2361. 成功时看得起别人，失败时看得起自己。

2362. 将姿态放低，赢得他人敬重。

2363. 成功随着目标。

2364. 没有专注的精神，就不会有成功的可能。

2365. 没有昨日的一份坚持，就没有今天的成功。

2366. 希望，造就积极心态。

2367. 一诺千金，不要随意许诺。

2368. 一扇门关闭，总有一扇窗开启。

2369. 当机遇来临时，千万不要因为胆怯而放弃。

2370. 说服他人要讲策略，将心比心最能赢得对方的心。

2371. 到什么山上，唱什么歌。

2372. 坐在办公室想想都是困难，到基层看看全是办法。

2373. 幽默是双方都赢了，讽刺则有一方输了。

2374. 合理安排时间，就等于节约时间。

2375. 笑脸是最厉害的武器。

2376. 肯定——批评——鼓励是批评的最佳模式。

2377. 热忱是力量的源泉。

2378. 关键时刻要相信自己的潜力。

2379. 看到自己每天的进步。

2380. 工作千条线，安全穿针眼。

2381. 镇定是渡过难关的最好态度。

2382. 有成功的愿望才有成功的动力。

2383. 局部的挫折与失败并不影响更大的成功。

2384. 严谨的态度是在社会上立足必备的素质。

2385. 生气是在拿别人的错误来惩罚自己。

2386. 用放心的人去抓不放心的事。

2387. 轻诺寡信者，必招致怨恨。

2388. 遇事缓一缓，说话停一停，很多东西便会清晰。

2389. 简单的事不争吵，复杂的事不烦恼，发火时不讲话，生气时不决策。

2390. 宁可保持沉默像傻子，也不要一开口就证明自己是傻瓜。

2391. 沉默是反击无耻的无声风暴，愤怒是抗击外辱的有效"自残"。

2392. 注重科学理论武装人，注重形势任务鼓舞人，注重远景目标激励人，注重科学方法指导人，注重规章制度管理人，注重沟通交流凝聚人，注重丰富活动启迪人，注重优良环境熏陶人，注重典型示范引导人，注重利益机制驱动人。

2393. 事前谨慎研究，实施勇往直前。

2394. 神不至，则事不举。

2395. 自嘲可以化解矛盾。

2396. 该变革时，要及时变革；不该变革时，不能盲目进行变革。

2397. 智者弃短取长，以致其功。

2398. 欲思其利，必虑其害；欲思其成，必虑其败。

2399. 事前加慎，事后不悔。

2400. 绳锯木断，水滴石穿。

2401. 事勿忙，忙多错；勿畏难，勿轻略。

2402. 成远算者不恤近怨，任大事者不顾细谨。

2403. 千淘万漉虽辛苦,吹尽狂沙始到金。

2404. 与同事相处应当:礼而不扰、让而不争、顺而不卑、中而不偏、和而不同、忍而不发、诚而不欺、谨而不拘、达而不妒。

2405. 成功源于修炼,梦想源于把握。

2406. 多谋才能善断,少谋则易于武断。

2407. 人多计谋广,柴多火焰高。

2408. 不怕巨浪高,只怕桨不齐。

2409. 放下身段,不言自高。

2410. 榜样是最好的说服,示范是最好的引领。

2411. 圣人常顺时而动,智者必因机而发。

2412. 小处不妨糊涂,大处必须清醒。

2413. 世上无难事,只要肯攀登。

2414. 体魄和智慧向来都是竞争的利剑。

2415. 劝将不如激将,激将不如逼将。

2416. 未雨绸缪,才能高枕无忧。

2417. 保持谦逊才能邂逅成功。

2418. 善于沟通,事半功倍。

2419. 智慧产生胆识,胆识产生决断。

2420. 生命的意义在于过程,成功的秘诀在于细节。

2421. 恒心架起通天路,勇气打开智慧门。

2422. 对错误的沉默是怯懦,对成绩的沉默是理智。

2423. 求其上,得其中;求其中,得其下。

2424. 意外一旦发生，冷静是避免混乱的唯一办法。

2425. 只是一味埋怨环境和条件的人，永远创造不出有利的环境和条件。

2426. 政治就是相互妥协的艺术。

2427. 共识是共为的前提。

2428. 专业化是科学化的基础。

2429. 专业化才能高效。

2430. 正职是总设计师，副职是工程师；正职抓战略，副职抓战术。

2431. 群众路线可以整合众人的智慧和力量。

2432. 困难是死的，方法是活的。

2433. 可怕的是信息不对称和失真。

2434. 为政之道，在于安民；安民之举，在于富民。

2435. 汇报工作要勤快，请示工作有建议。

2436. 不在状态不好时作决定。

2437. 任何行为都不要无目的地做出。

2438. 领导工作做得好与坏不能够用领导者自己工作的好与坏来评价，只有组织中每个人的作用发挥程度才能够评价领导工作的好与坏。

2439. 没有领导者个人的成就，也就没有组织成就的结果；没有组织这个平台，没有众人的参与，也就没有领导者个人成就实现的基础。

2440. 在战略上要举重若轻，在战术上要举轻若重。

2441. 单一的精神激励是愚民政策，单一的物质激励是害民政策。

2442. 以大手笔开拓，用新思路建功。

2443. 战略预见既是战略运筹的前导，又是战略决策成败的关键。

2444. 宁愿艰难地维护正确的事，也绝不轻易包庇错误。

2445. 规划要集中统一，设计要放开搞活。

2446. 坚持协调渐进，注意整体效应。

2447. 一个好的战略定位，胜过千军万马。

2448. 解决认识差异要善于提取"最大公约数"，制定政策措施要善于寻求"利益共同点"，面对利益矛盾要善于扩大"利益汇集点"。

2449. 急事要稳断，特事要特断，可断可不断的不急于断，但乱事一定要当机立断。

2450. 尊重差异。

2451. 抓能力必须抓方法，抓方法必须抓方法论。

2452. 有些老话要常讲，对新同志来说是新话。

2453. 善于"瞻前"，注意"顾后"。

2454. 先完成，再完美。

2455. 先仿造，再创造。

2456. 远景比管控更重要。

2457. 信念比指标更重要。

2458. 人才比战略更重要。

2459. 团队比个人更重要。

2460. 授权比命令更重要。

2461. 做事有策略，心想事成。

2462. "德治"可先行，"法治"须殿后。

2463. 只有做到广开言路，才不会走向自以为是的深渊。

2464. 只有虚心听取他人的意见，才能真正做成事、做成大事。

2465. 战略决定成败，思路决定出路。

2466. 兼听广纳方可政通人和，从谏如流方可清正为官。

2467. 不论环境如何变化，都应深思熟虑，忠于自己的目标，在变化中对于那些力所能及的事要全力以赴，而对于那些不能控制的事就要顺其自然。

2468. 程序化、规范化是冲破人情壁垒的犀利武器。

2469. 寻求在制度框架内突破。

2470. 想不出新办法，老办法便是好办法。

2471. 综合才能创造，渗透才会突破。

2472. 集中权力，就是集中风险。

2473. 不能把控别人的思想，但可以把控组织的目标。

2474. 请示问题不要带着问题请示，要带着方案请示；叙述工作不要理论性叙述，而要陈述性叙述。

2475. 在多样中求统一，在差异中求和谐。

2476. 事未做好不要向上司汇报。

2477. 变通是走出困境的最好办法。

2478. 逆向思考是正向前进的助推器。

2479. 巧用心思，借力打力最省力。

2480. 管人管事管协调，有德有才有表率。

2481. 总揽全局但不包揽，协调各方但不代替。

2482. 敢抓善管是魄力，是胆识，是方法，是艺术；如果该说的话不说、该干的事不干、该负的责不负，就是失职，就要错失机遇、贻误事业、带坏风气。

2483. 轻者当缓，重者当急。

2484. 不解决方法问题，任务就是瞎说一顿。

2485. 凡有害的，加以限制；凡无害的，加以利用。

2486. 没有战略的团队就像流浪汉一样无家可归。

2487. 标准要高，要求要严，调子要低，工作要实，效果要好。

2488. 靠领导拢"气"，靠问题聚"气"，靠机制强"气"。

2489. 对待工作，要不厌其烦、不厌其细、不厌其啰嗦、不厌其累。

2490. 在成绩面前要找缺点，在困难面前要敢找出路。

2491. 宏观谋划、微观落实是成就事业的重要方法。

2492. 认知是前提，就是学习、了解、掌握理论；认同是关键，就是结合实际思考和消化理论，把科学理论变成理性认识；践行是目的，就是运用理论分析和解决问题。

2493. 务虚是"运筹帷幄之中"的谋划，是要解决干什么和怎么干的问题；务实是"决胜千里之外"的实践，是要解决干的问题。

2494. 善治的基础在于常识。

2495. 转变经济发展方式不转不行，慢转也不行，盲目转更不行。

2496. 彻底解决眼前的问题是成就大事业的前提。

2497. 没有效率的公平是虚伪的公平、暂时的公平，不可能实现真正的公平价值。

2498. 尊重、敬畏、遵守规则，是做好一切事情的前提和根本。

2499. 顺时而动，因机而发。

2500. 智生识，识生断；当断不断，反受其乱。

2501. 有时获得了战术价值，恰恰丧失了战略价值。

2502. 承诺当头，少说多思考。

2503. 按本色做人，按角色办事，按特色定位。

2504. 世上只有制度好，好的制度像块宝。

2505. 机遇永远存在，关键在于认知与把握。

2506. 风险永远存在，关键在于识别与管理。

2507. 困难永远存在，关键在于认识与态度。

2508. 战略永远存在，关键在于方向与执行。

2509. 责任永远存在，关键在于践行与担当。

2510. 一个失败的组织，每个人都争着抬头看路，却没有人埋头拉车；一个卓越的组织，每个人都会抬头看路，也会埋头拉车。

2511. 没有了解，就没有判断；只有了解，才能判断；了解必须在前，判断只能在后。

2512. 用正确的方法做不正确的事，和用不正确的方法做正确的事，结果是一样的。

2513. 机心要放得下，机遇要抓得住。

2514. 多用心去倾听别人怎么说，不要急于表达自己的看法。

2515. 方向不对，努力白费。

2516. 思想是不出声的说话，说话是出声的思想。

2517. 谋定而后动，步步为营，成功在握。

2518. 想问题、说话、干事都应靠谱。

2519. 最有生命力的创新来源于传统，没有传统的创新是无本之木。

2520. 让历史告诉未来，让昨天为今天作证。

2521. 没有创新灵感时，不妨先从模仿开始。

2522. 心中要有目标，行动向着目标，坚持拼搏追求目标，最终才能实现目标。

2523. 出主意、用干部、做表率是领导干部的本分。

2524. 树立问题意识是思考问题的前提，善于思考问题是解决问题的基础，解决问题是基本目的。

2525. 定位要跳到圈外。

2526. 只要方向对，方法就会有。

2527. 决计不虑小疑，处大事不畏谤言。

2528. 人间正道是常识,应当遵循常识、享受常识、敬畏常识。

2529. 办大事以多得助手为要。

2530. 只有认真听取别人意见的人,才能更好地说出自己的意见。

2531. 寻找结合点、契合点,而不是只盯着矛盾分歧。

2532. 激情地工作,理智地决断,热情地想象,冷静地实施。

2533. 集权有道,分权有序,授权有章,用权有度。

2534. 选择大于努力,方向大于方法。

2535. 目标和计划把人引向成功,而缺乏目标和计划则往往导致失败。

2536. 民主是"过滤器",能够减少领导干部自身的局限性;民主是"防火墙",能够提醒领导干部少犯错误;民主是"安全阀",能够促使领导干部洁身自爱,善始善终。

2537. 复杂的事情简单化,简单的事情正确化,正确的事情重复做,重复的事情认真做。

2538. 果断是解决问题的关键。

2539. 虚心听建议,高效做决定。

2540. 越权插手,越俎代庖,不是招人嫉恨,便是多生是非。

2541. 处理大事最重要的是清楚而且能决断;处理难事最重要的是学会变通而不死板。

2542. 力不从心莫勉强,时机不成熟莫勉强,环境不利己莫勉强。

2543. 巧于借力,精于借势。

2544. 产业富国、制度兴国、素质强国为治国理政三方略。

2545. 用权的核心是握权与授权。

2546. 既要勤政合众,又要合众勤政。

2547. 切忌不了解足够的情况就匆匆地做出决定。

2548. 善于自我约束,尽量排除不必要的工作,最大限度地向下级授权。

2549. 执行前,信心第一、成败第二;执行中,速度第一、完美第二;执行后,胜利第一、理由第二。

2550. 没有目标,不可能发生任何事情,也不可能采取任何步骤。

2551. 努力做到"身在事之中,心在事之上",加强预见性,增强敏锐性,真正掌握工作主动权。

2552. 事未至而预图,则处处常有余;事既至而后计,则应之常不足。

2553. 天地人生,有一人当有一人事业;人生在世,生一日当尽一日责任。

2554. 大格局一定来自于开阔的眼界。

2555. 承认变化,而不抱怨变化;顺应变化,而不违逆变化。

2556. 团结能人做大事,团结好人做实事,团结坏人做坏事。

2557. 要有程序意识,严格按程序办事。

2558. 提高两级想问题,靠前一级抓落实。

2559. 发现问题是水平，揭露问题是觉悟，正视问题是胆识，解决问题是能力。

2560. 看得远，才能走得远；想得远，才能做得远。

2561. 过程没有结果重要，成本没有价值重要，目标没有目的重要，管理没有领导重要。

2562. 官位可以增加你的权力，但不一定能增加你的权威；官位可以增加你的能量，但不一定能增加你的能力；官位可以增加你的知名，但不一定能增加你的知识。

2563. 领导关注的事要及时让领导知道进展情况。

2564. 领导交办的事要事事有回音、件件有着落。

2565. 学习、干事、总结是干部和团队不断提高的重要途径。

2566. 只有注意总结经验，才能使感性认识上升到理性认识，从而发现领导工作中的规律性，才能更好地运用客观规律，才能切实提高领导水平。

2567. 时间花在学习上，精力用在事业上，心思放在工作上，智慧投在创新上。

2568. 工作上的事再小也是大，个人的事再大也是小。

2569. 不要等到条件都齐备了才开始行动。

2570. 只有共赢才能真赢。

2571. 沟通与协作是共赢的关键。

2572. 学会运用不断改革造势、选人用人造势、政策激励造势、舆论宣传造势。

2573. 开展工作要有激情，谋划工作要有思路，推进工作要有魄力。

2574. 学会等待和积累。

2575. 要知如何下达命令，必须先学会服从命令。

2576. 预则立、不预则废，倘若没有计划好，就注定要失败。

2577. 学会在研究状态下工作，了解特点、把握规律、牢牢掌握工作主动权。

2578. 善对舆论，善用舆论，善管舆论。

2579. 信息要对称，要见微知著、防微杜渐。

2580. 对工作愈投入，愈不会离心离德。

2581. 不断增强工作的原则性、系统性、预见性和创造性。

2582. 遇事有办法，办事有方法，处事有章法。

2583. 执政不止、知情不止，知情在前、执政在后。

2584. 三分管理，七分领导。

2585. 要领导别人，先学会自我领导。

2586. 辩证法无处不在，领导水平集中体现在辩证法的使用上。

2587. 指挥就是预见，领导就是预测。

2588. 做工作一定要总体把握、分步推进。

2589. 安全工作大如天。

2590. 因势利导，顺势而为。

2591. 凡是重大问题，都要按照集体领导、民主集中、个别酝酿、会议决定的原则，由集体讨论决定，不能由一个人一锤定音。

2592. 想长远发展就多结交社会名流。

2593. 与人交谈,要深入诚恳,要神情专注,要思路敏锐。

2594. 学会让自己的长处更长。

2595. 讲话应言之有理、言之有据、言之有情、言之有爱、言之有趣、言之有法。

2596. 喜欢条理吧,它能保护你的时间和精力。

2597. 对调查材料进行认真研究,去粗取精,去伪存真,由此及彼,由表及里,可防虚求实。

2598. 原则是观察处理问题的准则,不好选择时,坚持原则是唯一正确的选择。

2599. 共赢是职业价值最大化,是互赖互惠,是实现团队目标的基础,是人际关系的最高境界,是成就大事业的前提。

2600. 离开了过程,就不会有结果。

2601. 用沉默化解难堪。

2602. 做任何难事,都必须从容易处下手;做任何大事,都必须从细小处开头。

2603. 上不严,下必怠。

2604. 赞成或反对,都应有原则。

2605. 交换工作就等于休息。

2606. 不唯上、不唯书、只唯实,革命的成功,改革开放的成功,是靠实践、靠实事求是。

2607. 团队若具备有效的纪律,领导人就永远不需要"杀鸡给猴看"。

2608. 官不明则事多欺，事不平则怨难弭，身不清则何以教民。

2609. 不谋全局者不足谋一域，不谋万世者不足谋一时；善于进行战略思维是新的历史条件对各级领导干部的新要求。

2610. 慈不掌兵。

2611. 重视经验，但不能偏信经验。

2612. 记人之长，忘人之短。

2613. 议而能决，决而能行，行而能果。

2614. 上级的权力要靠下级的不走样的贯彻来实现，下级的权力要靠上级的支持才有保证。

2615. 先站住，后推开，再深入，上台阶。

2616. 唯有充分竞争，才有真正繁荣。

2617. 开会是酝造新思想，讲话就是在做工作。

2618. 悟道比知识更重要。

2619. 方法是研究之根。

2620. 见大官小视之，见小官大视之。

2621. 兼听则明偏听暗，深入实际不主观。

2622. 没有遗忘，就没有创新。

2623. 成功的领导，需要依靠周围的环境。

2624. 重病需猛药，治腐用重典；严是爱，松是害；只有奖惩分明，是非分明，党内才会充满正气，充满活力。

2625. 注重抓好战略、基础、弱点、风险的管理。

2626. 无事不惹事，有事不怕事。

2627. 能进则进，不进则守。

2628. 面对嫉妒，要常想起"没有人会踢一只死狗"的名言。

2629. 有事则应，不胆怯，不后悔，总结教训，继续前行。

2630. 政治生命不息，调查研究不止。

2631. 失败者找借口，成功者找方法。

2632. 不必追求每个人的满意。

2633. 一旦卷进冲突，就不能怕付出代价。

2634. 伟大的目的，产生伟大的毅力。

2635. 办事情况要明，决心要大，方法要对。

2636. 百步之内必有香草。

2637. 成绩荣誉不独揽，失误责任多承担。

2638. 为人处世多帮忙，能帮大忙帮大忙，能帮小忙帮小忙，不能帮忙不帮倒忙。

2639. 人贵有自知之明，是什么料就做什么事。

2640. 在任何特定的环境中，人们还有种最后的自由，就是选择自己的态度。

2641. 不仅要能伸能屈，而且要善行善止。

2642. 有大志者，必定要知往昔、察现实、测未来。

2643. 学会选择，积极进行选择实践。

2644. 目标要明确，精力要集中，方法要对头。

2645. 用心工作，乐在其中。

2646. 看得远不致急功近利，善布局才能操纵局面。

2647. 任何时候都要注意把握大局、把握小节、把握分寸、把握时机。

2648. 当身处绝境的时候，慌乱和放弃都不是正确的选择。

2649. 危机的兄弟是机遇。

2650. 一心渴望伟大，伟大往往了无踪影；甘于平淡，认真做好每一件小事，伟大则会不期而至。

2651. 对上对下都不能哄、不能骗。

2652. 有严密可行制度，使人不能贪；有严厉无私的惩罚，使人不敢贪；有相对丰厚的薪酬，使人不必贪；有及时严格的教育，使人不愿贪。

2653. 领导的速度就是团队的速度，一个单位现状其实就是主要负责人的作品。

2654. 掌握时机就胜利，失去时机就失败。

2655. 保持连续就是一种速度，保持稳定就是一种效益。

2656. 工作特色要体现"人无我有、人有我优、人优我精"。

2657. 多主意就是没主意。

2658. 不包揽、不封闭、不霸道、不随意、不急就、不主观、不"忽悠"、不玄虚、不死板、不短视。

2659. 在游泳中学习游泳，在战争中学习战争，在改革开放的伟大实践中要注意总结。

2660. 满招损，谦受益；高调处世，低调做人。

2661. 想中奖就得先买彩票。

2662. 两利相权从其重，两害相权从其轻。

2663. 积累平凡,就是积累卓越。

2664. 力求做到内安外和。

2665. 提高工作效率有诀窍:第一次就把事情做对;今日的事必须今日毕;排定科学的工作次序;有了任务要马上去做;执行时必须专心致志。

2666. 排定科学的工作次序:重要且紧迫的事;重要但不紧迫的事;紧迫但不重要的事;不紧迫也不重要的事。

2667. 遇到事情时,一要面对,二要接受,三要解决,四要放下。

2668. 当一个团体秩序井然的时候,就是其最有战斗力的时候。

2669. 永远不要与事情的形势唱对台戏。

2670. 善于将讨厌的事情趁早做完,尽量缩短使自己心烦的时间。

2671. 不能过于相信自己的记忆,重要的约会、事务应该做笔记,以免误事。

2672. 深思熟虑做出的决定,必须毫不犹豫付诸行动,千万不要因有异议而忐忑不安。

2673. 需要不断创造人脉、维护人脉,凭借人脉轻松走向成功。

2674. 领导的工作不仅是磨炼自己,更重要的是必须将下属也磨炼成才。

2675. 拓宽新视野,研究新情况,注意新动向,解决新问题,树立新形象。

2676. 从问题中发现、从比较中寻找、从动态中捕捉、从转变中抢占领导发展的制高点和创新点。

2677. 聪明使巧不如尽心尽力。

2678. 谋在众，断在独。

2679. 人的生活往往通过两种方式来改变，一是通过自己所交往的人，二是通过自己所读的书。

2680. 倘若没有计划，其实就是正在计划失败。

2681. 操其要于上，而分其详于下。

2682. 忙杂不如忙精，忙繁不如忙简，忙多不如忙准。

2683. 未病先防，既病防变。

2684. 在战略上注重抓住机遇，在战术上注重化解挑战。

2685. 他山之石，可以攻玉。

2686. 不得人心的事不可强为。

2687. 决断领先一步，行动领先十步。

2688. 看菜下饭，量体裁衣，什么山上唱什么歌。

2689. 总结的本质是对真理的追求，总结的土壤是经验，总结的果实是规律和方法。

2690. 化解下属对自己不满三技巧：对讨厌自己者，用示好"融"化其心；对冷淡自己者，用热情"暖"化其心；对戒备自己者，用轻松"软"化其心。

2691. 认识问题讲高度，思考问题讲深度，开展工作讲力度，发言表态讲程度，处理问题讲适度。

2692. 正职领导干部要把方向、顾大局、理思路、抓班子、带队伍、创环境、抓落实。

2693. 新任领导干部到位要快、调兵要缓、烧火要慎、谋事要实、律己要严。

2694. 在职的问题上，要强调一个"准"字；在责的问题上，要注意一个"全"字；在权的问题上，要把握一个"度"字；在利的问题上，要讲究一个"让"字。

2695. "拒绝"十一法：沉默拒绝法、移花接木法、假托直言法、诱导否定法、回忆自解法、回锋逆转法、故作糊涂法、直言相告法、委婉相拒法、隐晦曲折法、避实就虚法。

2696. 赏功罚过，不分亲疏；赏罚及时，不失时机；赏罚有序，不搞随意性；赏罚得当，不感情用事。

2697. 正职领导干部要会谋断、会授权、会教练。

2698. 领导干部在交往中要知己知彼、要胆大心细、要察言观色、要善解人意、要具有耐心、要把握时机。

2699. 新任领导忌急于求成、忌否认前任、忌轻易许愿、忌自负自卑、忌因循守旧。

2700. 往上走，摸摸上级有何新设想、新精神；往下走，听听基层有何新问题、新建议；往外走，看看别人有何新招数、新变化。

2701. 人生应经历四个境界：认识自己、把握自己、提升自己、超越自己。

2702. 当粗则粗，当细则细；粗中有细，细中有粗；上粗下细，疏密有致。

2703. 决断要博采众议，戒主观武断；要顺势而断，戒逆理而为；要是非分明，戒模棱两可；要断之在独，戒疑虑重重；要顾大抓本，不要琐碎过细；要善择时机，戒过迟过缓；要留有余地，戒处置过头。

2704. 心静则明，事缓则圆。

2705. 有积累才有创新。

2706. 为政贵知变。

2707. 表扬要及时、要得体、要公平、要真挚。

2708. 不断强化以人为本意识、科学高效意识、结合创新意识、本领恐慌意识。

2709. 程序化才能合法、规范、权威、安全。

2710. 不谋当谋之事，为官之耻；贪求身外之财，从政之危。

第六辑　领导艺术篇

2711.　威望要持久，必须靠亲情。

2712.　下级抗上，其一旦理亏，会更加敬上。

2713.　国廉则安，家廉则宁。

2714.　不要负面回应批评。

2715.　以平和的心态和领导相处。

2716.　以包容的心态和不智之人相处。

2717.　幽默带来朋友，讽刺制造敌人。

2718.　先要赢得人心，才能赢得支持。

2719.　平衡才能持久。

2720.　亲和力就是影响力。

2721.　发怒可立威。

2722.　成功莫忘形，忘形败涂地。

2723.　对待上级，尊重而不吹捧，请示而不依赖，主动而不越权，支持而不拆台，服从而不盲从。

2724. 独当一面是真本事,合作共事是大智慧。

2725. 沟通才能互相了解,了解才能理解,理解才能谅解,才能互相支持,才能形成合力。

2726. 先求同,再求异。

2727. 先解决心情,再解决事情。

2728. 先交流,再交心。

2729. 恩威并施讲原则,刚柔相济出成效。

2730. 赏罚分明才能调动大家的积极性。

2731. 领导面前不要小聪明才是真正的聪明。

2732. 赢得信任的策略是保持相同的价值观。

2733. 不管什么情况,都不要直面和领导顶撞。

2734. 消除隔阂的有效方法是加强沟通。

2735. 即便对人说不,也还要给人留面子。

2736. 过分地要求别人完美,是不会有人愿意和你相处的。

2737. 对上级的批评要记得住,对平级的意见要听得见,对下级的建议要容得下,对群众的"无理取闹"更要想得开。

2738. 同志之间要多一些信任少一点猜疑,多一些提携少一点妒忌,多一些理解少一点挑剔,多一些原谅少一点结怨。

2739. 功不独居,过不推诿。

2740. 错误的批评方式无疑是打自己的脸。

2741. 退一步能看到别样的风景。

2742. 处理内部冲突有时不妨"和稀泥"。

2743. 善于欣赏是最高明的领导艺术。

2744. 把同级当上级，把下级当同级，把群众当兄弟。

2745. 对待上司，服从而不盲从，尊重而不庸俗，规矩而不拘谨，出力而不越位。

2746. 急事缓处，缓事不拖。

2747. 做人求同，做事求异。

2748. 建设和谐班子重在平等相处、真诚沟通。

2749. 成就下属，才能凝聚人心。

2750. 与同事的优点共同工作，与他们的缺点宽容相处。

2751. 形成认同文化，产生集体力量。

2752. 大事坚持原则，小事学会变通。

2753. 想人之所长，容人之所短，想人之所想，宽人之所过。

2754. 公事论理，私事论情。

2755. 信任是快乐氛围的基石。

2756. 在思考和行动上保持适当平衡的时候，往往是领导艺术趋于炉火纯青的时期。

2757. 多原谅人，不责备人。

2758. 以诚相待，方可赢得人心。

2759. 热情赢得人心，微笑换取真情。

2760. 不与领导争锋，不与同事争宠，不与下级争功。

2761. 聆听比倾诉更重要。

2762. 容忍是最大的智慧。

2763. 沉默是最好的蔑视。

2764. 忍耐加和蔼就是力量。

2765. 不必城府太深，更忌坦率过头。

2766. 想要得到领导的赏识，巴结不如尊重。

2767. 私下提意见叫"补台"，当众提意见叫"拆台"。

2768. 宽容别人，就是爱护自己。

2769. 与其辩护，不如弥补。

2770. 思维换位是化解矛盾的利器。

2771. 不搞人为纷争。

2772. 想得到别人的尊重，就先尊重别人。

2773. 讲平衡而不折中，讲让步而不妥协，讲团结而不圆滑，讲善良而不示弱。

2774. 多算多胜，凡事预而后立。

2775. 赞要真诚得体，讽要一针见血。

2776. 遇事商量比不商量好，多商量比少商量好，早商量比晚商量好。

2777. 团结的面越宽越好，团结的人越多越好。

2778. 常问、常请示、常汇报；不隐瞒、不顶撞、不越权。

2779. 正职领导对待副职领导要放权、要放手、要放心、要支持、要依靠、要揽过、要激励、要关心。

2780. 正职领导要当好"主管"而不"主观"，善于"总揽"而不"独揽"，处事"果断"而不"武断"，宽容"大度"而不"无度"。

2781. 副职领导干部要主动配合，不要喧宾夺主；要献计献策，不要声大压主；要建功立业，不要功高盖主；要勇于负责，不要擅自作主。

2782. 副职领导干部要会揽事，不揽权；会谋事，不谋虚；会干事，不误事；会共事，不捣事。

2783. 副职领导干部工作中要主动而不越位，要辅佐而不离位，要服从而不偏位，要周密而不空位。

2784. 领导干部对身边工作人员要亲近而不亲密，严肃而不冷峻，大度而不大意，严格而不苛刻，爱护而不袒护。

2785. 副职领导之间要积极配合而不越权擅权，见贤思齐而不嫉贤妒能，相互沟通而不怨恨猜忌，求同存异而不斤斤计较，热情帮助而不揽功诿过。

2786. 不要直言不讳，学会旁敲侧击。

2787. 大事讲原则，小事讲风格，无事不生非，有事多商量。

2788. 副职领导干部讲话稍少一点，表态稍缓一点，声音稍轻一点，走路稍后一点，神情稍谦一点，锋芒稍敛一点。

2789. 带班子靠事业带、靠原则带、靠感情带、靠品德带，不存私心杂念，不搞一团和气，不搞庸俗来往，不玩弄权术。

2790. 班子成员之间要提醒，不要指责；要支持，不要拆台；要调查，不要武断；要担责，不要争功；要体谅，不要计较；要关心，不要冷淡。

2791. 班子成员之间多一点尊重，少一点相轻；多一点情义，少一点冷漠；多一点理解，少一点隔阂。

2792. 增进凝聚力有方法：扬善于公堂，规过于暗室；做一个前后行为一致的人；注意别人，也让别人注意你。

2793. 真诚赞美比自己优秀的人是一种睿智，客观赞美和自己比肩的人是一种胸怀，真心赞美不及自己的人是一种美德。

2794. 责人不必苛尽，苛尽则众远。

2795. 敬人不必卑尽，卑尽则少骨。

2796. 高调的批评容易，克制人性的弱点却很难。

2797. 要尊重贵人，不要轻易得罪小人。

2798. 纳百家言，容百样人。

2799. 生活中示弱，可以小忍而不乱大谋；工作中示弱，可以收敛触角并蓄势待发；强者示弱，可以展示博大的胸襟；弱者示弱，可以积累时间渐渐变得强大。

2800. 尊重人理解人，不算计人。

2801. 公德不好要批评，私德有缺要宽容。

2802. 自嘲是一种度量，需要开阔的胸襟；自嘲是一种深度，需要厚重的思想。

2803. 敬君子方显有德，怕小人不算无能。

2804. 要真团结而不是假"客气"，要真和谐而不是和稀泥，要做个好人而不是老好人。

2805. 沉默是对毁谤最好的答复。

2806. 笑容是馈赠别人的见面礼，眼泪是洗涤自我的沐浴露。

2807. 恭敬别人，就是尊重自己。

2808. 成功的人是跟别人学习经验，失败的人只跟自己学习经验。

2809. 凡事要有度，一定要适可而止。

2810. 倾听是学习、接纳和吸取，倾听是完善、提高与升华。

2811. 学会低头，敢于抬头。

2812. 一忍可以制百勇，一静可以制百动。

2813. 先给别人面子自己才有面子。

2814. 不讨厌那些曾经公开地与你争论、批评你的人。

2815. 不随便拒绝人，也不随便答应人。

2816. 不急于表现自己，也不急于纠正旁人，再听一听，再看一看，再琢磨琢磨。

2817. 一般不做自我辩护，但可以澄清一些观点、一些选择、一些是非。

2818. 想要成功，先要学会如何化敌为友。

2819. 难能之理宜停，难处之人宜厚，难处之事宜缓，难成之功宜智。

2820. 以中为度，不可不露，也不可太露。

2821. 真着急假生气，热问题冷处理。

2822. 忍人所不能忍，处人所不能处，便能成人所不能成。

2823. 一面是以理服人，一面是以情感人。

2824. 要有一点霸气，但绝不能霸道。

2825. 有事做，则认真做事；无须多做事，则应潜心读书。

2826. 万事皆有度，失度则失真。

2827. 人前做得出的方可说，人前说得出的方可做。

2828. 适当拒绝，不给苦恼留机会。

2829. 沟通需要尊重，尊重带来高效。

2830. 低调是普通人的处世圣经，是成大事者的行为准则。

2831. 装糊涂只是在表面上，心中却不能糊涂。

2832. 有些事情不该知道的就不要知道，即使知道也要假装不知道。

2833. 一句鼓励的话，可改变一个人的观念与行为，甚至改变一个人的命运；一句负面的话，可刺伤一个人的心灵与身体，甚至毁灭一个人的未来。

2834. 正确变通是为人处世最大的智慧，是智慧中的智慧。

2835. 看破别说破，面子上好过。

2836. 只能随机应变，绝对不要投机取巧。

2837. 威严于表，宽容于里。

2838. 对下属不能不亲，也不能过亲：不亲则无情，无情则会失去吸引力；过亲则无威，无威就会失去控制力。

2839. 手中无股票，心中有股价。

2840. 应容忍别人犯错误，在容忍中引导别人走向正确。

2841. 与君子相处平平淡淡，与小人相处应保持一定距离，与坏人相处应见机行事，想得越周到越好。

2842. 团结干事，和谐共事，按章办事，是"和谐班子"的基本标准。

2843. 示弱不是软弱、懦弱、退缩，而是一种尊重、礼让和宽容。

2844. 宽恕别人，轻松自己。

2845. 留三分余地给别人，就是留三分余地给自己。

2846. 沉着不寡断，自爱不自娇。

2847. 坚定不固执，温和不软弱。

2848. 勇敢不野蛮，自信不自负。

2849. 忍让不迁就，自尊不自傲。

2850. 活泼不轻浮，自强不自骄。

2851. 人生难得同共事，默契配合是境界。

2852. 团结就是沟通，就是体谅，就是力量，就是形象。

2853. 莫让他人难堪就是给自己台阶。

2854. 土帮土成墙，人帮人成王，合作就是力量。

2855. 帮一个人，感动一群人；关心一群人，肯定能感动整个集体。

2856. 不以空话赞誉人。

2857. 没有绝对最好的东西，一切都随条件而定。

2858. 只有真知，才能折人；只有真情，才能感人；只有哲理，才能撼人。

2859. 成全他人，就是成全自己。

2860. 大千世界，万事万物都有一个度，失度不行，过度不可。

2861. 倾听是金，容言是宝。

2862. 善于倾听，善于克制，善于取低调原则，还要善于等待。

2863. 学会必要的深沉，注重培养处变不惊的大气度。

2864. 赞成或反对都要有原则，不可随心所欲。

2865. 有些问题不能太较真。

2866. 不可用假话搪塞上司。

2867. 不要议论上司和同事。

2868. 聪明要让上司显。

2869. 不可图虚名而标新立异。

2870. 学会接纳，接纳比自己高的人；学会宽容，宽容比自己差的人。

2871. 时刻用责任去激励自己。

2872. 万万不可做变脸大师、多面人。

2873. 要随时为领导减轻压力，不要出难题。

2874. 有功劳的时候不伸手，有苦劳的时候不计较，有疲劳的时候不抱怨。

2875. 深知上情，熟知下情，真知行情。

2876. 能硬则硬，能软则软；恩威并重，软硬兼施。

2877. 知行有度，谋而后动。

2878. 最好是得到部属的爱戴，使部属感到畏惧则次之。

2879. 有时候拖延也是一种方法，有些事就是要"不讲效率"。

2880. 讲大局、讲原则是永恒的原则。

2881. 有些事只做不说为好。

2882. 善于弥补他人的不足。

2883. 鼓励什么,往往就会出现什么。

2884. 平时多拉袖,关键时拉领子。

2885. 动中求静,"乱"中求治。

2886. 刚中有柔,柔中有刚,以柔克刚,有柔有刚。

2887. 谋事不谋人、务实少务虚、求效不求名、多干不多说。

2888. 惩罚之弊大于利,万灵之药是奖励。

2889. 犯上不作乱,胆大不妄为。

2890. 复杂问题要简单化,但有的复杂问题不能简单化,更不能把简单问题复杂化。

2891. 聚势是一个过程,乘势而上则是质的飞跃。

2892. 博学多能,以"才"树威;敢抓敢管,以"严"树威;公正廉明,以"德"树威;求真务实,以"实"树威;诚实守信,以"信"树威;严中有爱,以"情"树威;情趣高雅,以"正"树威。

2893. 得人莫大于得心。

2894. 遇事不要强出头,留点神秘为自己。

2895. 上多事则下多态,上烦扰则下不定,上多求则下交争。

2896. 该得的,不要错过;该失的,洒脱地放弃。

2897. 经验太多了,就没了创造;一切都清楚,一切就都糊涂。

2898. 总结过去，珍惜现在，规划未来。

2899. 一生干一件事的人是专家，什么事都干的人是领导。

2900. 当哥们就不能当上级，上下级应保持一定的距离。

2901. 把生人当熟人待，把熟人当生人待，把亲人当外人待，把外人当亲人待。

2902. 争辩不能赢得荣耀。

2903. 既要学会喊叫，也要学会沉默，沉默的时候往往是自己一天中最重要的时间。

2904. 办事靠大家，荣誉给大家。

2905. 懂得分享才能共赢。

2906. 在合作中发展自己。

2907. 最高境界是把敌人变成朋友。

2908. 心随精英而口随大众。

2909. 能干事就拼命，不能干事则读书。

2910. 与恶人共处，需要勇气，需要谋略，需要耐心。

2911. 从现状判断未来，从小事判断大局。

2912. 善于静默和退出都是人生一种伟大的艺术。

2913. 自家的好处，要掩藏几分，这是涵育以养深；别人的不好处，要掩蔽几分，这是浑厚以养大。

2914. 不学会正确的进攻和正确的退却，要取得胜利是不可能的。

2915. 没有什么比沉默寡言更能提高权威。

2916. 缓急相济，有无相通；有往必来，有施必报。

2917. 紧急的事情不一定重要，重要的事情不一定紧急。

2918. 名不正则言不顺，言不顺则实不行。

2919. 谁能把握住每个板块后面的文化底蕴，谁就能把握住竞争的主动权。

2920. 该微笑的时候就微笑才好。

2921. 成方成圆足以成大器。

2922. 深事深谋，浅事浅谋，大事大谋，小事小谋，远事远谋，近事近谋。

2923. 不端庄就不威，不严肃就不威，不庄重就不威，不好学就不威。

2924. 盛时常作衰时想，上场当念下场时。

2925. 行于所当行，止于所不可不止。

2926. 用人不整人，管事不多事，讲话不多话，严格不严厉。

2927. 劳逸结合，忙而不乱。

2928. 有所为，有所不为。

2929. 举大事者必以人为本。

2930. 将军赶路，不赶小兔。

2931. 从坏处着想，向最好处努力。

2932. 卤水点豆腐，一物降一物。

2933. 专注才会成功。

2934. 不战而胜最高明。

2935. "主动趴下，匍匐前进"是一种明智。

2936. 让所有人了解全局，大家才能同舟共济。

2937. 在低潮中看高潮涌动，在高潮时防潮退衰落。

2938. 认识自己，理解他人，和谐共事。

2939. 懂得并能够欣赏别人。

2940. 忍耐与抗争，应当量力而行，不该忍耐而忍耐，是消极无为，不必抗争而抗争，是盲动。

2941. 得饶人处且饶人，该放手时就放手，功高不能震主，权重不能盖世。

2942. 适应是一种觉悟，应付却是一种手段。

2943. 善治的秘诀在于妥协，只退不进是懦者，只进不退是莽汉。

2944. 同心山成玉，协力土变金。

2945. 充分的竞争，才会有真正的繁荣。

2946. 透过现象抓本质，去掉繁琐抓要害，排除干扰抓核心，褪去虚表抓实质，分清主次抓中心，化解疑点抓真谛。

2947. 说话要"要言不烦"，谋略要"举重若轻"，定策要"以少胜多"，实施要"驾轻就熟"。

2948. 能够尝试变化、享受新奇。

2949. 取上得中，取中得下。

2950. 让人自悟为上，引而不发为中，强加于人乃下策。

2951. 过柔即靡，过刚则折。

2952. 该直则直，该婉则婉。

2953. "雪中送炭"永远比"锦上添花"好。

2954. 知止是一种人生智慧。

2955. 欲否定，先商讨；欲拒绝，先支持；欲指责，先自责；欲阻止，先沟通。

2956. 群策之为则无不成，群力之举则无不胜。

2957. 刚而易折，柔则易暗，应刚柔相济；方则显愚，圆则嫌滑，须方则方，须圆则圆，为有方有圆。

2958. 用未来引领今天。

2959. 领导的本质是管理自己，影响别人。

2960. 领导者应有积极热情、为民造福的恒心；应有洞察未来的眼睛，有倾听不同声音的耳朵；应有表达组织意愿与价值追求的嘴巴；应有触发并掌控变化的双手；还应有充满全身的人格力量。

2961. 履不必同，期于适足；治不必同，期于利民。

2962. 仅从理论出发不一定能指导实践，只有在实践中通过思想积累的知识才能指导实践。

2963. 方向要正确，方法要有效。

2964. 总结过去，规范当下，昭示未来。

2965. 有责不担，正气难彰，失责不问，百弊丛生。

2966. 坚忍不拔才能胜利，半途而废必将一事无成。

2967. 勤为政者，贵在养民；善治国者，必先富民。

2968. 尊重规律、遵循规律、顺势而为，按照规律办事，经济社会就能持续健康发展；藐视规律、违背规律、逆势而动，逆规律而上，不仅不会发展，还将受到规律的惩罚，付出沉重的代价。

2969. 问题是时代的声音，人心是最大的政治。

2970. 作风问题抓和不抓大不一样，小抓大抓也大不一样。

2971. 没有小安全，就没有大安全；没有局部安全，就没有国家安全。

2972. 没有小稳定，就没有大稳定；没有局部稳定，就没有全局稳定。

2973. 居高临下才能游刃有余，融会贯通才能深入浅出，丝丝入扣才能引人入胜，烂熟于心才能行云流水。

2974. 做"万金油"，还要有"杀手锏"。

2975. 治理之道，莫要于安民。

2976. 不虑则不生，不务则不成，不傲则不失。

2977. 小信成则大信立。

2978. 昔日之得不足以自矜，今日之成不容以自限。

2979. 稳中求进，稳是进的基础、进是稳的动力，不稳难进，有进才更稳。

2980. 自己学到的知识和掌握了的技能，才是自己拥有的武器。

2981. 治理应有利于激发社会活力，扩大人民民主，实现社会正义。

2982. 整齐划一的形式，往往易于导致僵化。

2983. 理论的力量在于它的彻底。

2984. 规律就是一切从实际出发。

2985. 得人者兴，失人者崩。

2986. 远见才能远行,大智才能大治。

2987. 没有什么比规律更强大。

2988. 廉政不等于勤政,更不等于优政。

2989. 治国有常,利民为本;从政有经,令行为上。

2990. 人心如秤称量谁轻谁重,民意似镜照出孰美孰丑。

2991. 对群众的感情真一分,干部的作风就会好一尺,党的事业就会进一程。

2992. 百姓的口碑就是干部的金杯,群众的意见就是干部的镜鉴。

2993. 少来一点套路,多带一些真诚;少讲几句空话,多办几件实事。

2994. 战争固然是力量的竞争,同时也是智慧的角逐。

2995. 守不忘战,将之任也;训练有备,兵之事也。

2996. 准备打才可能不必打,越不能打越可能挨打。

2997. 严不严,广大群众说了算;实不实,解决实际困难是关键。

2998. 定位准才能方向明。

2999. 安享和平是人民之福,保卫和平是人民军队之责。

3000. 要运用辩证法、坚持两点论,讲成绩不要忘记问题,说问题更要看到取得巨大成绩的背景。

3001. 面对难啃的"硬骨头",如果不能迎难而上,就会一退千里。

3002. 事之难易,不在大小,务在知时。

3003. 凡事要从最坏处着眼，做充分的准备，朝好的方向努力，争取最好的结果。

3004. 离开理论指导的实践是盲目的实践。

3005. 思路决定出路，规划引领发展。

3006. 产业兴，则城市兴；产业强，则城市强。

3007. 正面声音不响亮，各种杂音就甚嚣尘上；党的色彩不鲜明，其他杂色就乱花迷眼。

3008. 党建工作做得好不好，不要向墙上看，要向群众脸上看。

3009. 群众的事情应组织群众多商量，大家的事情组织大家多参与。

3010. 知标本者，万举万当；不知标本者，是谓妄行。

3011. 分则力散，专则力全。

3012. 重复成习惯，习惯成自然，自然成个性，个性成命运。

3013. 政贵有恒，治须有常。

3014. 凡益之道，与时偕行。

3015. 常将有日思无日，莫待无时想有时。

3016. 兵不强则不可以摧敌，国不富则不可以养兵。

3017. 万物并育而不相害，道并行而不相悖。

3018. 系统的结构决定系统的功能，结构的变化决定功能的变化。

3019. 体制活则全盘活，体制新则事业新。

3020. 欲事立，须是心立。

3021. 全面从严治党，既要靠治标，猛药去疴，重典治乱；也要靠治本，正心修身，涵养文化，守住为政之本。

3022. 领导表达应言之有时、言之有序、言之有理、言之有情、言之有味、言之有度。

3023. 每天留出不受任何干扰的一个半小时来学习或工作。

3024. 事前多渗透，事中多沟通，事后必汇报。

3025. 方向比方法重要，选择比努力重要，目的比目标重要，定位比宣传重要，趋势比现在重要。

3026. 工作时专注认真，乐在其中。

3027. 凡事立即行动，坚决不拖拉。

3028. 永远不把练习当练习，要把练习当实践。

3029. 策略、规划第一，绝不盲目行动。

3030. 工作学习时，一定要有时限要求。

3031. 自觉养成整洁条理的习惯，做事要有系统、条理。

3032. 凡事尽可能追求效率，简单化、快捷化。

3033. 不出成效不撒手，不达目标不罢休。

3034. 当一件事，自己不知道怎么做的时候，就直接开始做吧；只有开始了第一步，就会有第二步、第三步。

3035. 技能是学习的终点，信息和知识是迈向这个终点的路与桥。

3036. 掌握了多少知识，并不取决于记忆了多少知识以及知识的关联，而是取决于能调用多少知识和知识关联。

3037. 虽有智慧，不如乘势；虽有镃基，不如待时。

3038. 有事多商量，遇事多商量，做事多商量。

3039. 独行快，众行远。

3040. 求其上，得其中；求其中，得其下；求其下，必败。

3041. 慎学所学，学而必思，融会贯通。

3042. 上下同心，其利断金。

3043. 宽严相济，恩威并用。

3044. 只有知己，方能知人。

3045. 有安全感的领导者才会授权于人。

3046. 引领自己，要用脑；引领别人，要用心。

3047. 完成比完善更靠谱，更重要。

3048. 要管理的不是时间，而是自己。

3049. 学习就是投资回报率最高的行为。

3050. 事辍者无功，耕怠者无获。

3051. 学习不能不思考，思考亦需要学习。

3052. 进退有据，得以两全。

3053. 书怕念得不熟，也怕念得太烂。

3054. 善治病者，必医其受病之处；善救弊者，必塞其起弊之源。

3055. 士有一言中于道，不远千里而求之。

3056. 上不紧，下不忙。

3057. 无法改变风向，可以调整风帆；难以改变事物，可以重塑观念。

3058. 个人可以有不足，但团队不能有短板。

3059. 宽容比严厉更有效，表扬比批评更有效。

3060. 不在生气时做决定，不在高兴时许诺言。

3061. 既要结果，也要过程。

3062. 想好了坚定果断地去做，没想好的坚决不做。

3063. 责任就是方向，经历就是资本，性格就是命运。

3064. 凡事有交代，件件有着落，事事有回音。

3065. 忽略团队力量，注定走下坡路。

3066. 关键的话你说，剩下的让下属说。

3067. 不日新者必日退。

3068. 齐则有序，齐则有效，齐则有力。

3069. 临渊羡鱼不如退而结网，锅内扬汤不如釜底抽薪。

3070. 如果没有竞争，就没有前进的动力。

3071. 读得书多胜大丘，不须耕种自然收。

3072. 会读书，书如甘草；不会读，则书如干草。

3073. 藏书不难，能读为难；能读不难，能记为难；能记不难，能用为难。

3074. 读书切忌心慌忙，久久为功见真章。

3075. 书当读在未用时。

3076. 大事须深思，小事宜多察。

3077. 学问固贵专精，又须博涉以辅之。

3078. 职务变动，笔砚随。

3079. 别人以偏概全时，对自己要有客观认知；别人抹黑诋毁时，也要能保持警觉、不畏亮剑。

3080. 阅读之于大脑正如有氧运动之于身体。

3081. 定义是明晰的伴侣，而明晰是通往既定目标的路标。

3082. 获得好主意的最佳方法就是获得好多主意。

3083. 一旦信任资本透支，危急中的"说服"策略便沦为徒劳的表演。

3084. 百般狡辩诿过，不如诚恳认错。

3085. 珍惜俭朴之益，警惕嗜好陷阱，善于比较权衡，注意防微杜渐。

3086. 昧于比较权衡，轻则身心失衡，重则前途沉沦。

3087. 对于不可成、不可得、不可久或不可复的事物，一定要看透、看轻。

3088. 生活并不能完全被计划，平衡计划和非计划就是在未来视角和现在视角之间找到平衡点。

3089. 审慎、郑重地思考时间对自身的价值并用好它。

3090. 最有效的，是即刻行动。

3091. 工作要快，但生活要慢。

3092. 如果自己找到了一条别人都还没走过的路，只要把这条路走完，就一定会赢。

3093. 绝不苟且，才能做到极致。

3094. 努力不是一场意志力的较量，而是一种需要学习的策略。

3095. 问题的提出，需要基于已有的知识体系，并通过问题将新、旧知识串联起来。

30.96. 只有最后能够作用于现实的学习,才是唯一有效的学习。

30.97. 掌握时机与善用策略同样重要。

30.98. 眼观不能完全代替实践。

30.99. 重要之事绝不可受芝麻绿豆小事牵绊。

31.00. 若要建成大厦,必先绘制蓝图;有什么样的目标,就有什么样的人生。

31.01. 善于为时间立预算、做规划。

31.02. 战战兢兢,即生时不忘地狱;坦坦荡荡,虽逆境亦畅天怀。

31.03. 应该做的事,顶着压力也要干;应该负的责,冒着风险也要担。

31.04. 时止则止,时行则行,动静不失其时,其道光明。

31.05. 普及知识和真理,使之成为人所尽知的常识。

31.06. 有时,问题很复杂,答案却很简单。

31.07. 没有苦难,就没有坚忍,没有积聚;没有胜利,就没有激情,没有尊严。

31.08. 小成功需要朋友,大成功需要敌人。

31.09. 问题是带人走出困境的最好导向,危机是教人进行创造的最好老师。

31.10. 没有哲学思维,心灵难以安稳。

31.11. 必然性是一万,应该顺人;偶然性是万一,应该提防。

31.12. 真正的耳聪是能听到心声,真正的目明是能透视心灵。

3113. 负责精神是个人的品牌，是办事的无形资本。

3114. 不同的高度视野也不同，见识越多的人越能临危不惧。

3115. 不能因现实复杂而放弃梦想，不能因理想遥远而放弃追求。

3116. 方是做人脊梁，圆是处世锦囊。

3117. 过柔则靡，太刚易折。

3118. 舟循川则游速，人顺路则不迷。

3119. 选择应该选择的是勇敢，选择不该选择的是怯懦。

3120. 放弃不该放弃的是愚蠢，放弃应该放弃的是睿智。

3121. 形貌本无事，世人自扰之。

3122. 结果从来都是多方多次较量的结果。

3123. 不求近效，铢积寸累。

3124. 标是现象，本是原因；急则治标，缓则治本。

3125. 利益一来，人头攒动；利益一去，曲尽人散；以利结盟，四面楚歌；平平淡淡，天长地久。

3126. 人的一生就是体道、悟道、最后得道的过程。

3127. 沟通必须从正见、正思维、正语、正精进、正念出发，才能取得一致有效的合作。

3128. 攻坚克难推进到一定阶段，比认识更重要的是决心，比方法更关键的是担当。

3129. 增强洞察力，善于在纷繁复杂的局势中抓住主要矛盾；增强预见力，善于从变化中把握发展趋势；增强决断力，善于在目标任务和利益关切上合理统筹；增强执行力，善于把战略决策和预期目标变为现实结果。

3130. 业余时间能成就一个人，也能毁灭一个人。

3131. 运动使人生理健康，乐观使人心理健康；日行万步路，夜读数页书。

3132. 气不和时少说话，有言必失；心不顺时莫做事，做事必败。

3133. 事莫虚应，应则必办；愿莫轻许，许愿必还。

3134. 水深不语，人稳不言。

3135. 站稳了，你就是精品一件；倒下了，你就是乱石一堆；放弃了，你就是笑话一段；成功了，你就是神话一曲；挺住了，你就是人生最美的风景线。

3136. 弱者，等待机会；智者，创造机会；强者，抢占机会。

3137. 不虑于微，始成大患；不防于小，终亏大德。

3138. 一念之差，人生打岔；一步之遥，人生两样。

3139. 人进步的最好方法，是去接近那些充满正能量的人。

3140. 真金不怕火炼，正义不怕邪恶。

3141. 想得要深要远，干得要实要细，积小成为大成，积跬步至千里。

3142. 宽宏大度思为上，遇事掂量不莽撞。

3143. 谁拿别人当傻瓜，自己才是真傻瓜。

3144. 怀仁多知己，能忍则自安。

3145. 独处常思己过，闲聊莫论人非。

3146. 有理须有礼，众人才服你。

3147. 礼貌是出门办事的介绍信。

3148. 弱者抱怨别人歧视，强者都是自己主动出击。

3149. 拍马奉承令人生厌，颐指气使令人远离，"越位"帮忙适得其反，玩笑无度关系僵化。

3150. 自修之道，莫难于养心；养心之难，又在慎独。

3151. 大是小的累积，只有先把小事做好了，才有可能做成大事。

3152. 要想干成事，不能怕犯错；要想不犯错，除非不干事。

3153. 绳拧一股拉不断，人心分散无力量。

3154. 要少领多导，先领后导；要少决多策，先策后决；要少激多励，先激后励；要少管多理，先理后管。

3155. 只有勇于认账、担责、整改，才能化不利为有利、变被动为主动。

3156. 只有从严要求自己，才有资格要求别人；只有从严管好自己，才有底气从严管好别人。

3157. 既要敢于斗争，又要善于斗争；以斗争促和谐，以斗争求稳定。

3158. 改风俗，知得失。

3159. 抓工作的过程，就是一个解决问题、化解矛盾的过程。

3160. 有爱心必有和气，有和气必有愉色，有愉色必有婉容。

3161. 当严则严、当宽则宽、宽严相济，内因和外因同时发力，才能更加有效地调动和保护干部干事创业的积极性。

3162. 教者，效也；上为之，下效之。

3163. 对标道德高线、突出纪律红线、守住法律底线，做到知行合一、外化于行。

3164. 万物得其本者生，百事得其道者成。

3165. 有治标而无治本，就纤芥之疾而舍心腹之患，势不可长久；重治本而忽治标，求千里之远而无足下之行，亦必困于当前。

3166. 外疾之害、轻于秋毫，人知避之；内疾之害，重于泰山，而莫之避。

3167. 人不率则不从，身不先则不信。

3168. 动脑筋，不疲劳，思睡养心少热闹；有规律，健身好，正常生活要协调。

3169. 给人面子，别让他人下不了台。

3170. 朋友越走越近，良言越说越亲。

3171. 做人低调一点，会一次比一次稳健；做事高调一点，会一次比一次优秀。

3172. 善长一分，恶去一分，善进一尺，恶退一尺。

3173. 长寿之方是科学，长生不老是迷信。

3174. 政策可以灵活机动，但理论需要透彻才能坚定。

3175. 没有坦率的关爱会导致不良的人际关系；而没有关爱的坦率则造成人际关系的疏远。

3176. 贪功之心不可有，揽功之举不可为。

3177. 学习没有终点，只有起点；没有毕业，只有毕生。

3178. 气欲柔不欲强，欲顺不欲逆，欲定不欲乱，欲聚不欲散。

3179. 多思则神怠，多念则神散。

3180. 助人一次，胜似诵经十年。

3181. 很多失败不是因为"不能"，而是源于"不敢"。

3182. 精神愈用则愈出，志气愈提则愈盛。

3183. 伟大首先在于管好自己，而不是领导别人。

3184. 伟大是事后的追溯，不是事先的设计。

3185. 宁打一口井，不挖十个坑。

3186. 心平才能气和，气和才能人顺，人顺才能做事。

3187. 不可常造口业。

3188. 不说人短，不扬己长，不争名利。

3189. 老实而为，就是精进。

3190. 严谨是约束，拘谨是束缚；人需要严谨但不必拘谨。

3191. 执着成就人生，固执困扰人生；人应当执着，但不可固执。

3192. 富要清爽，穷要有志。

3193. 成功不分先后，奋斗就有成就。

3194. 谁能不断充实生命的内容，谁的人生价值才更高。

3195. 榜样是最好的说明，示范是最好的引领。

3196. 文变染乎世情，兴废系乎时序。

3197. 文人之笔，劝善惩恶。

3198. 各民族都是一家人，一家人都要过上好日子。

3199. 体系依托结构,结构决定功能,功能源自需求。

3200. 文运同国运相牵,文脉同国脉相连。

3201. 处事,感情要蕴藏在理智中;处人,感情要表现在理智上。

3202. 努力改变可以改变的一切,尽可能适应不能改变的一切。

3203. 要把我们想说的与干部群众想听的结合起来,把"大水漫灌"与"精确滴灌"结合起来,让马克思说中国话,让基本原理变成生动道理,让根本方法变成管用办法。

3204. 大学乃引人以大道,启人以大智之场所,并非单纯是传授知识的地方;必须把正确的政治方向,价值导向贯穿到其办学、育人育才的全过程,努力培养德才兼备、全面发展的中国特色社会主义合格建设者和可靠接班人。

3205. 守住本心初心,保持本真本源,远离低级趣味,安分守己为党工作。

3206. 美好的未来激励前行,奋进的脚步不容松懈。

3207. 历史是一面镜子,从历史中,我们能够更好看清世界,参透生活,认识自己;历史也是一位智者,同历史对话,我们能够更好认识过去,把握当下,面向未来。

3208. 顺应天地自然规律,无违天时,无背地利。

3209. 用辩证唯物主义和历史唯物主义驾驭现象，以历史、哲学和文化的思考支撑信心。

3210. 一个国家真正的强大，一定是制度的强大、规则的强悍；一个社会真正的混乱，一定是公正的沦丧、规则的践踏。

3211. 严治之军，所向披靡；无治之兵，百万无益。

第七辑　领导用人篇

3212. 干部业绩在实践，干部声名在民间。

3213. 公道正派选人用人，不为人情关系所缚，不为个人得失所困，不为跑官要官者说情打招呼；公道对待干部，公平评价干部，公正使用干部。

3214. 用人导向是最大的导向，用人成功是最大的成功，用人失误是最大的失误。

3215. 急难问题看水平，险重问题看能力。

3216. 最合适的人选，就是最佳人选。

3217. 扬长才能避短，补短才能扬长。

3218. 不要用一把尺子去量所有的人。

3219. 顺境能看出一个人的心志高低，逆境能看出一个人意志的坚强与否。

3220. 以事择人，用当其时，用其所长。

3221. 治党治国之要，首在选人用人。

3222. 小材大用，大材小用，都不是理想的用人。

3223. 选什么人就是风向标，用一贤人群贤毕至，见贤思齐就蔚然成风。

3224. 能否见微知著、防患未然，善于发现问题、正视问题、解决问题，检验着领导干部是否具备担当的能力素质。

3225. 要堵饶舌者之利口，善壮实干家之声色。

3226. 干部好不好，群众是主考。

3227. 上级欣赏、下级佩服的领导干部，其实就是优秀干部。

3228. 不用良才者，必然用奴才；不信忠言者，必然信诡言。

3229. 量才而用，量入而出。

3230. 人尽其用，量才器使。

3231. 在困难逆境中看意志，在挑战考验中看本领。

3232. 好人主义培养不出好干部，要求不严造就不出好人才。

3233. 用人所长，天下无不用之人；用人所短，天下无可用之人。

3234. 先要知己，才能知人。

3235. 用人不能小马拉大车。

3236. 炼成党和人民需要的好干部，离不开好制度的规范，离不开好作风的引领，离不开好环境的熏陶，离不开好榜样的示范，更离不开群众的支持、帮助、监督和评判。

3237. 万物成熟自有规律，揠苗助长则欲速不达。

3238. 看人交友，便知其人"品格"高下；闻其言论，便可断其"趣味"所在。

3239. 听言不如观事，观事不如观行。

3240. 用人必考其终，授任必求其当。

3241. 敢于挑战压力的人才值得培养。

3242. 让奋斗者有舞台，让奉献者得回报，让困难者享关爱，让清廉者受敬重，让违纪者被惩处。

3243. 役其所长，则事无废功；避其所短，则世无弃材。

3244. 观其行看其追求，听其言识其心态，闻其誉察其品行，析其能辨其才华。

3245. "贤者在位，能者在职"，知人善任则兴，知人不任则衰。

3246. 论大功者不录小过，举大美者不疵细瑕。

3247. 长处看七分，短处看三分。

3248. 以德修身，以德服众，以德领才，以德润才，德才兼备。

3249. 对能人第一是要用，第二是要管，第三是要养，这样就能拥有更多的能人。

3250. 要具备敢于和善于使用强者的胆量和能力。

3251. 下属比自己强大并不丢人，因为发现和培育人才是领导的重要职责。

3252. 大道为公，以能而授。

3253. 用贤则理，用愚则乱。

3254. 志大心劳，力小任重，恐终坏事。

3255. 欲当大任，须是笃实。

3256. 对于能力超过自己的人，要热情扶持，大胆使用；用当其时，以用为本。

3257. 用人，存于求其所长，而不存于求其完美。

3258. 有大略者不问其短，有厚德者不问小疵。

3259. 自信是承受大任的第一条件。

3260. 德不优者，不能怀远；才不大者，不能博见。

3261. 德才兼备，提拔重用；有德无才，难当重任；有才无德，以齐其奸。

3262. 生材贵适用，幸勿多苛求。

3263. 有才而性缓，定属大才；有智而气和，斯为大智。

3264. 要使一个人显示他的本质，叫他承担一种责任是最有效的办法。

3265. 创业时重才，守成时重德。

3266. 妒忌心强的人不能委以重任。

3267. 既要有识人的眼光，也要有荐人的担当。

3268. 马行驯而后求良，人先信而后求能。

3269. 无德不贵，无能不官。

3270. 不以人所短弃其所长。

3271. 器必试而后知其利钝，马必驾而知其驽良。

3272. 宝贝放错了地方，就是废物。

3273. 有德无才要误事，有才无德要坏事。

3274. 欲知其人，观其所使。

3275. 路遥知马力，日久见人心。

3276. 尺有所短，寸有所长；物有所不足，智有所不用。

3277. 宰相必起于州部，猛将必发于卒伍。

3278. 国之兴，在于得人；国之亡，在于失人。

3279. 为政之道，任人为先。

3280. 外举不避仇，内举不避亲。

3281. 没有永久的人才，也没有永久的人才观；要适应时代需要选拔人才，选拔时代需要的人才。

3282. 环境好，则人才聚、事业兴；环境不好，则人才散、事业衰。

3283. 有主帅阅历的人掌吏部有助于人才辈出。

3284. 形势变迁看德行，急难险重看才能。

3285. 勇敢的人未必都是能人，但能人必然是勇敢的人。

3286. 内虚者多作势。

3287. 用对一个人，激励一大片；用错一个人，影响一大群。

3288. 作为人，可以对不同的人有好恶，作为领导对组织中人就不能有好恶，要善待每一个人，要理解每一个人，要了解每一个人。

3289. 选择合适的人做合适的工作。

3290. 人才资源是最宝贵的资源，人才优势是最根本的优势。

3291. 多士成大业，群贤济弘绩。

3292. 梧桐广植引金凤，海川深纳育真龙。

3293. 考核任用一个干部，既要看任期内干了多少事情，又要看付出了多大成本；既要看现实取得的显绩，又要看长远发展的潜力；既要看指标数字增长，又要看群众是否满意。

3294. 喜欢的人要看到他的缺点，憎恶的人要看到他的优点。

3295. 群众说好的干部差不到哪去，群众说坏的干部好不到哪去。

3296. 懂人才是大学问，聚人才是大本事，用人才是大智慧。

3297. 要有爱才之心、识才之眼、容才之量、用才之能。

3298. 眼力全在心力。

3299. 恭维你的人是抓住了你的短处，攻击你的人是避开了你的长处。

3300. 自诩有本事实际是暴露了短处掩盖了长处，自谦没本事实际是暴露了长处掩盖了短处。

3301. 欣赏你的人，有些东西你有他没有，不必在意；嫉妒你的人，有些东西你有他也有，务必小心。

3302. 驾驭人才的一个重要策略是给人才提供施展才华的平台。

3303. 意气用事者不可承担重任。

3304. 任人唯贤的关键在于无私，无私是选贤才的前提。

3305. 能职相配，授任必求其当。

3306. 避免用人不当就能防止前功尽弃。

3307. 知人善任是领导工作的重要职责。

3308. 领导是最重要的成长环境。

3309. 凡是喜欢开长会、讲长话的人，大多是不受群众欢迎的人；凡是喜欢讲套话、讲空话的人，讲得越多，威信越低。

3310. 做人是立身之本，识人是立业之本，用人是成事之本。

3311. 无私无畏护良才，不计得失荐贤能。

3312. 小才通技，中才通策，大才通略，超才通道，各种人才都不可或缺，要善于识别和使用。

3313. 越是专才，越是偏才；越是天才，越是怪才。

3314. 适者进步。

3315. 因事选人，视能授权。

3316. 不拘一格选人才，敢为事业用人才。

3317. 为人应表里如一，察人须由表及里。

3318. 忠贤既用，奸邪自息。

3319. 寻觅人才求贤若渴，发现人才如获至宝，举荐人才不拘一格，使用人才各尽其能。

3320. 实践出真知，实践出人才。

3321. 人才资源是第一资源，抓好"第一要务"必须抓住"第一资源"。

3322. 人才投资是赢得未来的投资、效益最大的投资、最可持续的投资。

3323. 人才是人类社会发展的前驱动力；人才是立国之重宝、执政之根基、兴业之栋梁。

3324. 教育是基础，科技是关键，人才是根本。

3325. 科学发展,关键在人;唯才是举,关键在用。

3326. 领导者的任务,简单地说,就是找到合适的人,摆在合适的地方,做合适的事。

3327. 大事难事看担当,顺境逆境看襟度,临喜临怒看涵养,群行群止看识见,取舍进退看气宇,日用常行看胸怀,利害得失看操守,死生灾祸看气节。

3328. 能够大跨度思维的人,才能成为大才。

3329. 领导干部的职责千头万绪,但牵一发而动全身者,首推选人用人。

3330. 用好了人,就能把握现在;选准了人,就赢得了未来。

3331. 只有把人做到位了,事情才能做到位;人做不好,事情也不会做得很好。

3332. 敢为事业用人才。

3333. 用人导向是方向,是标杆,是旗帜;选什么样的人,不选什么样的人,关乎人心向背,影响社会风气,关系事业发展。

3334. 人前若爱争长短,人后必然说是非。

3335. 让实干者吃香、有为者有位。

3336. 用上一个好人,好人就跟着来了;用上一个坏人,也会跟上一堆坏人。

3337. 自觉克服"重学历轻能力,重资历轻业绩,重论文轻贡献,重近期轻远期"倾向,善用有才之士,敢用后起之秀,勇担用才之责。

3338. 拔人于未名之时，济人于艰难之际，量才授职，任其所宜，使野无遗贤，各得其所。

3339. 用好现有人才，稳定关键人才，引进急需人才，造就高层次人才。

3340. 用人要用当其时，用当其位，用当其长，用当其愿。

3341. 没有用不了的人，只有不善于用人的领导。

3342. 人才有用不好用，奴才好用没有用。

3343. 竞争是手段，择优是目的。

3344. 德是才之帅，才是德之资，量才要辩证。

3345. 观景越远越美，看人越近越真。

3346. 一个黑锅也背不起的人只能是弱者。

3347. 过于奉承你的人必有私心。

3348. 好人不一定能做好官，但好官一定是好人。

3349. 聪明人要防止工于心计，厚道人要防止愚笨，正直人要防止偏激，活泼的人要防止轻浮。

3350. 坚持原则是干部德才兼备的基础。

3351. 资历不等于能力，能力不等于威望。

3352. 重大事件考验一个人的能力，细小事件考验一个人的品格。

3353. 治国先治吏，国败吏先衰。

3354. 要识才、爱才、用才，而不能嫉才、贬才、轻才、弃才。

3355. 选贤之要，贵在公道。

3356. 人才在实践中创造业绩,人才的贡献通过实践来检验,人才的价值通过实践来体现。

3357. 有韧劲,体现在对科学发展的信念立场;有思路,体现在实践科学发展的方法路径;有激情,体现在对科学发展的精神状态;有贡献,体现在实践科学发展的成效检验。

3358. 带好队伍也是政绩。

3359. 岗位是最好的培养,实践是最好的锻炼。

3360. 以事业激励人才,以机制激励人才,以政策激励人才。

3361. 既要修己正德,还要识人善任。

3362. 怀才和怀孕一样,时间久了总会被发现。

3363. 干部进退留转:"进"是党的事业发展进步的需要,"退"是党的事业薪火相传的需要,"留"是保持领导班子稳定和工作连续性的需要,"转"是优化干部资源配置、培养锻炼干部的需要。

3364. 用公道之心,树公正之责,选正派之人。

3365. 大材小用固然不好,而小材大用危害更大。

3366. 选什么人、不选什么人,是检验领导干部党性原则的试金石。

3367. 进退处置看人品,患难生死看骨气,利害得失看操守,预事定计看见识。

3368. 为人者不实事求是,就难以取信于人;为政者不实事求是,就难以取信于民。

3369. 谦虚抬高自己，吹嘘自毁形象。

3370. 倘若有人长期不在状态，就要考虑坚决换人。

3371. 努力使部属人岗相适，各得其所。

3372. 要有求才之心、识才之眼、选才之法、用才之胆、爱才之道。

3373. 疑人不用，用人不疑，任用就是信任。

3374. 兵次次一个，将次次一窝。

3375. 马可以貌相，人不可貌相。

3376. 龙多不下雨，人多便扯皮。

3377. 用了坏人伤民心，用了庸人冷民心，用了赃官气民心，用了能人得民心，用了清官喜民心。

3378. 一手难挡四面风，一将难抵四面兵。

3379. 云厚者，雨必猛。

3380. 树高者鸟宿之，德厚者士趋之。

3381. 要信任，不要放任。

3382. 识才未显时，用人争议中。

3383. 公道正派地用人，用公道正派的人。

3384. 鼓励人的策略：荣誉、地位、金钱。

3385. 一个人在一个岗位以四五年为宜，超期了或者转换岗位，或者否定自身，除此之外，没有别的路可走。

3386. 一个烂苹果会让一筐苹果都腐烂。

3387. 权力是责任，权力是服务，权力是奉献。

3388. 英雄莫问出处，奇迹在于人为。

3389. 千人千秉性，万人万脾气。

3390. 一个人如果什么都不怕，那么我们就要怕他。

3391. 人上一百，形形色色。

3392. 要有重才之心、识才之眼、察才之量、举才之德、用才之能、育才之术。

3393. 忌人情选位，忌败将屡任，忌利益诱导，忌拔苗助长，忌放手不管。

3394. 大道大于道理。

3395. 通则观其所礼，贵则观其所进，富则观其所养，听则观其所行，止则观其所好，习则观其所言，穷则观其所不受，贱则观其所不为。

3396. 喜之以验其守，乐之以验其僻，怒之以验其节，惧之以验其持，哀之以验其人，苦之以验其志。

3397. 居视其所亲，富视其所与，达视其所举，穷视其所不为，贫视其所不取。

3398. 问之以是非而观其志，穷之以辞辩而观其变，咨之以计谋而观其识，告之以祸难而观其勇，醉之以酒而观其性，临之以利而观其廉，期之以事而观其信。

3399. 事业留人，感情留人，适当的待遇留人。

3400. 善用靠得住、有本事的人，听招呼、卖力气的人，守规矩、走正路的人，能干事、干成事的人，会共事、不出事的人。

3401. 有德有才，破格重用；有德无才，培养使用；有才无德,限制录用;无德无才,坚决不用。

3402. 让开拓者无悔开拓,让老实人永不吃亏,让实干者无怨实干,让公正者无畏公正。

3403. 以德才论优劣,以实绩论功过,以公认论取舍,以发展论成败。

3404. 公道才能选贤,正派才能服众。

3405. 用人要才位相适、性任相适、能级相适。

3406. 不拘一格,不可无"格"。

3407. 选人用人要破除成见、偏见和短见。

3408. 看业绩还要看品质,看学历还要看能力,看资历还要看实力,看显能还要看潜能,看顺行还要看逆为,看才能还要看志气。

3409. 任而不疑,用而不压,容而不妒,护而不袒,拔而不滞。

3410. 支持认真工作的人,亲近苦干实干的人,关心政绩突出的人,器重改革创新的人,举荐年轻有为的人,培养德才兼备的人,遏制跑官要官的人,疏远弄虚作假的人,冷淡平庸无为的人,监督少廉寡耻的人。

3411. 面对利益,看责任;处理安危,看奉献;平生诺约,看诚信。

3412. 好钢要用在刀刃上。

3413. 抓刀要抓刀柄,制人要拿把柄。

3414. 选人用人导向正确则群贤毕至,选人用人导向不正则源浊流浊。

3415. 物有棱角而露锋芒，人有个性而显特殊；个性不等于缺点，不能因为个性而耽误干部使用。

3416. 干部的业绩出自实践，干部的名声来自民间。

3417. 知人不深、识人不准，往往会出现用人不当、用人失误。

3418. 为职择人则治，为人择职则乱。

3419. 天下没有无用之物，只有用之不当之物；世间没有无用之才，只有用之不当之才。

3420. 既要重政绩又要重政德，既要重能力又要重品行。

3421. 端正用人导向是严肃党内政治生活的治本之策。

3422. 用人导向最重要、最根本、也最管用。

3423. 人才自古不嫌多，其中大半都未识。

3424. 干事是干部的天职，担当是干部的使命。

3425. 合格是要求，优秀是选择。

3426. 治国之要，首在用人；用人之道，重在拴心。

3427. 净化政治生态，重在选人用人。

3428. 一名领导者的成长是主动学习与经验积累的结合体。

3429. 凡是树，就会努力生长；凡是人，就不会无端堕落。

3430. 木秀于林靠固本，人显于众靠自身。

3431. 环境好，则人才聚；环境不好，则人才散、事业衰。

3432. 千秋基业，人才为先；治国之要，首在用人。

3433. 致天下之治在人才，得人才者兴，失人才者衰。

3434. 凤飞千仞,非梧不栖。

3435. 盖有非常之功,必待非常之人。

3436. 震天下者必先震之于声,导人心者必先导之于言。

3437. 选什么人,用什么人,忠诚、能力、形象缺一不可,必须从担当看忠诚,从实绩看能力,从作风看形象。

3438. 用当其时,尽显其才。

3439. 路不险则无以知马之良,任不重则无以知人之德。

3440. 用人者,取人之长,避人之短;教人者,成人之长,去人之短也。

3441. 任能者责成而不劳,任己者事废而无功。

3442. 有德无才难当大任,不可不慎用;有才无德,其才以济其奸,重用了会更危险。

3443. 时穷节乃现,板荡识忠臣。

3444. 行之苟有恒,久久自芬芳。

3445. 率先垂范身为先。

3446. 厚赏重罚是利器。

3447. 有才无德,行而不远。

3448. 治平尚德行,有事赏功能。

3449. 迁善改过,方能成己成人。

3450. 千金易得,一将难求。

3451. 礼贤下士则群贤毕至。

3452. 举贤之道在于公正。

3453. 量才授任,人事相宜。

3454. 政在得人,不在员多。

3455. 越是优秀的人,对自己下手越狠。

3456. 只有专业,才能卓越。

3457. 选人用人不仅要用其所长,而且要看到尺短寸长,善于化短为长。

3458. 事业需要什么人就配什么人,岗位缺什么人就补什么人,做到人事相宜,人岗相适。

3459. 观察干部对重大问题的思考以看其见识见解,观察干部对群众的感情以看其禀性情怀,观察干部对待名利的态度以看其境界格局,观察干部的为人处世方式以看其道德品质,观察干部处理复杂问题的能力以看其综合素质。

3460. 得人之前必先得其心。

3461. 信任是领导力的根基所在。

3462. 仁善厚道之人,有温和柔顺之色;勇敢顽强之人,有激奋亢厉刚毅之色;睿智慧哲之人,有明朗豁达之色。

3463. 刚柔天成,偏才居多,量才适用,有容乃大。

3464. 事之至难,莫如知人。

3465. 失败时看人本领,关键时看人勇气,失意时看人忠诚,危急时看人决断。

3466. 识人贫贱知其志向,识人壮伟知其抱负,识人危难知其韬略。

3467. 人不可无刚,无刚则不能自立,不能自立就不能自强，不能自强也就不能成就一番功业。

3468. 人不可无柔，无柔则不亲和，不亲和就会陷入孤立，自我封闭，拒人于千里之外。

3469. 没有激情的人近乎愚笨。

3470. 识人禀性知其优劣，识人实践知其才能，识人争辩知其才学。

3471. 做事粗莽必半途而废。

3472. 怀才和怀孕是一样的，只要有了，早晚会被看出来；有人怀才不遇，是因为怀得不够大。

3473. 一个境界低的人，讲不出高远的话；一个没有使命感的人，讲不出有责任感的话；一个格局小的人，讲不出大气的话。

3474. 少动多静，以沉稳形象赢得信任；少说多做，以实干作风赢得认可；少聚多独，以独立能干赢得关注；少争多让，以平和心态赢得青睐。

3475. 眼里识得破，肚里忍得过。

3476. 小病常提醒，大病难冒头。

3477. 要有百步穿杨之功，须有良弓在握。

3478. 大事难事看担当，逆境顺境看襟度，临喜临怒看涵养，群行群止看识见。

第八辑　领导鉴戒篇

3479.　把自己看得太重，事业难成。

3480.　良性积累，才能良性转折。

3481.　法律与纪律是一张守株待兔的电网。

3482.　自私是人生的陷阱，傲慢是事业的天敌。

3483.　贪婪是一颗高质量的定时炸弹。

3484.　放开手脚干事，夹着尾巴做人。

3485.　热情和良好愿望不能代替经济规律。

3486.　不受约束的权力是最危险的权力。

3487.　行动是治愈恐惧的良药，而犹豫、拖延将不断滋养恐惧。

3488.　再旺的炉火也需续柴。

3489.　小利可致终生悲。

3490.　一失不复的机遇不可犹豫。

3491.　顾面子轻目的得不偿失。

3492. 形象往往是一百减一等于零。

3493. 腐败是祸事前因，幸福是勤廉结果。

3494. 不义之事千万别想，一步走错难逃法网。

3495. 健康不能等待。

3496. 多言失智慧，卖弄得愚蠢。

3497. 奢侈生虚华，节俭聚美德。

3498. 人生最大的隐患是自私。

3499. 聪明不可以自许，为官不可以入迷，名利不可以用意。

3500. 毁人自毁。

3501. 管住自己的舌头和思维。

3502. 忙碌不堪等于毁灭自我。

3503. 少欲无贪。

3504. 行善有尊严，作恶生耻辱。

3505. 规律不讲情面。

3506. 人情不可代替规则，道德不能代替契约，权力不应代替法律。

3507. 经验服从科学，情感服从法制。

3508. 抵制腐败行为的最大武器是信仰。

3509. 现代化绝对不等于西方化，国际化也绝对不等于美国化。

3510. 放弃对自己控制的时候，别人就要控制你了。

3511. 永远不能将个人表现凌驾于团队结构之上。

3512. 不能种了别人的地荒了自己的田。

3513. 信仰的堤坝一旦溃决，牢房的铁门便会打开。

3514. 商品可以交换，但权力不能交换。

3515. 市场价值取向可以多元，但党的宗旨不可多元。

3516. 市场可以追求最大利益，但共产党只有人民的利益。

3517. 职务可以有高低，但为官做人的底线不能降低。

3518. 市场竞争充分自由，但党纪国法不能自由。

3519. 名为锢身锁，利是焚身火。

3520. 利如昨日之食，食过不见；富如灯中之油，燃尽便灭；贵如橘洲歌舞，曲终人散；色如怒放之花，开过便败。

3521. 理想的动摇是最危险的动摇。

3522. 信念的滑坡是最致命的滑坡。

3523. 立身不忘做人之本，为政不移公仆之心，用权不谋一己之利。

3524. 心存芳香，生活春光无限；心有贪欲，欲火必将自焚。

3525. 德不修则身家败，私不去则公道亡。

3526. 人情不可成为廉政的绊脚石，自律的克星，更不能成为撬动法律的杠杆。

3527. 以德为友，修养身心；以廉为友，拒腐强体；以书为友，一洗尘心；以俭为友，永葆本色；以静为友，抑浮止躁。

3528. "慎权欲"，不滥用权力；"慎钱欲"，不贪意外之财；"慎色欲"，对色不迷恋；"慎名欲"，对名不奢求。

3529. 人无千年之寿，花无百日之红，功名乃瓦上之霜，利禄如花尖之露。

3530. 以德为先，谈钱不乱心；以责为重，见钱不眼开；以廉为道，挣钱不越轨；以纪为绳，用钱守制度；以洁为志，花钱讲气节。

3531. 人生时，"一个碗，一身衣，一张床"；人死后，"一个盒，一张像，一座碑"，生不带来死不带去，千万不可沉迷于金钱。

3532. 道德愈高尚则愈安全，权势愈高大则愈危险。

3533. 志向不可满足，欢娱须有节制。

3534. 不被荣誉所引诱，不因诽谤而恐惧。

3535. 不能饿了才吃，渴了才喝，困了才睡，累了才歇，病了才检查。

3536. 获得原谅容易，但再次得到信任不容易。

3537. 贪为万恶之首，贪是断命根。

3538. 自身失去道德准则，就无法觉察自己的迷惑。

3539. 多一分畏惧，去一分贪念；多一分小心，少一分贪念。

3540. 重信念，轻私利；重实干，轻虚名；重品位，轻职位。

3541. 以廉当福，视贪为祸。

3542. 人最大的缺憾是有缺点没人给你指出，最大的风险是有风险没人给你提醒。

3543. 有时候无知不可怕，不知道自己无知也不可怕，可怕的是没有一个人来提醒自己的无知。

3544. 繁忙中不说错话，乱局中不看错人，复杂时不走错路。
3545. 既要看得清界线，更要守得住底线。
3546. 培养自己的个性，就不会让人牵着鼻子走。
3547. 鼠目寸光必有失，眼光长远能防灾。
3548. 要想获得快乐，必须抵制诱惑。
3549. 确保安全的第一策略是做人清廉。
3550. 孤立无援四面受敌就难有好结局。
3551. 酒后胡言，厄运不会太远。
3552. 风云突变之时，最忌感情用事。
3553. 荣誉就像天上的云，躺上去就会跌下来。
3554. 活在别人的掌声中是经不起考验的。

3555. 聪明人是快乐的，自以为聪明的人常烦恼。
3556. 财贿不以动其心，爵禄不以易其志。
3557. 不义之财不取，不正之风不沾，不法之事不干。
3558. 廉政勤政堂堂正正，秉公为民清清白白。
3559. 权力失去监督必然产生腐败。
3560. 戒"官气"，去俗气，积豪气。
3561. 没有危机是最大的危机，满足现状是最大的陷阱。
3562. 慎终如初。
3563. 天下虽安，忘战必危。
3564. 世界上有一种生意，永远是亏本的，那就是发脾气。
3565. 立身，不忘做人之本；立业，不忘做事之基。
3566. 相信自己，别让自己的自卑情绪毁了自己。

3567. 谁要求过大的独立自由,谁就是在寻求过大的奴役。

3568. 有声有色地工作,有滋有味地生活,有情有义地交往。

3569. 团结是最好的成功之道。

3570. 对一个聪明人来说,不能为昨天发生的事情哭泣。

3571. 小事不纠结,大事有原则。

3572. 不卑不亢做人,不歪不斜立身,不偏不倚办事,不亲不疏交友。

3573. 勤以修身,俭以养廉。

3574. 千腐败、万腐败,都是思想先腐败。

3575. 夏秋防着凉,免得伤胃肠;春冬保身暖,免得伤风寒。

3576. 怒则气上,恐则气下,喜则气缓,悲则气消,思则气结,惊则气乱。

3577. 要活好,心别小;善制怒,寿无数。

3578. 养生四法:寡欲、慎动、宁时、制怒。

3579. 自卑使人气短,奋发使人长寿。

3580. 酒色财气四道墙,只要跳过寿就长。

3581. 失败者之所以失败,最重要的原因就在于缺乏一种激情和韧性。

3582. 人生所缺的不是才干而是志向,不是成功的能力而是勤奋的意志。

3583. 要想振作精神,先要设法强健身体。

3584. 清醒谦虚就兴旺发达,盲目骄傲就没落失败。

3585. 对财,不起心;对色,不动心;对名,不恋心;对食，不贪心。

3586. 不知止则不知福，不知足则易招祸。

3587. 一定要像爱护眼睛一样珍惜公信力。

3588. 知足而不贪，知节而不淫。

3589. 感情不能代替政策。

3590. 不能过度张扬个性。

3591. 因为有明天，今天永远是起跑线。

3592. 摆阔露富会颓废，奢侈浪费是犯罪。

3593. 滴水常击能穿石，贪欲稍纵自毁身。

3594. 底线放松，前途告终；行为放纵，未来断送。

3595. 胆大妄为身败名裂，贪得无厌身陷囹圄。

3596. 一个"廉"字值千金，一个"腐"字臭万年。

3597. 搞一次特殊，就降低一分威信；破一次规矩，就留下一个污点；谋一次私利，就丢掉一片人心；贪一次好处，就失去一世坦然。

3598. 家庭不应是贪污受贿的暗室，亲人莫去当违法犯罪的帮凶。

3599. 酒色财气罪恶之本，骄奢淫逸贪腐之源。

3600. 千条万条，为官清廉第一条；千变万变，心系百姓不能变。

3601. 清廉是福，益国益民益己；腐败是祸，误己误人误国。

3602. 清为至宝一生用，德作良田万世耕。

3603. 不知底的人不交，不明不白的饭不吃，不符合原则的事不做。

3604. 慎权慎微慎独，谨记廉洁为本；自省自警自律，常思贪欲之害。

3605. 视事业重如泰山，看名利淡如清水。

3606. 手中有权诱惑多，难守清贫莫为官。

3607. 思贪欲之害，降非分之想；怀律己之心，修为官之德。

3608. 贪念如火，不遏制则自焚；私欲如水，不遏制而自溺。

3609. 腐败，只能换来片刻安逸；清廉，才能换来永久幸福。

3610. 贪是腐的前提，腐是贪的结果。

3611. 贪心一动，前程自毁。

3612. 贪欲是腐败的温床，自律是廉洁的沃土。

3613. 贪者如履薄冰，度日如年；廉者心无杂念，日夜安然。

3614. 图安逸，意志长堤必垮；守原则，生命之树常青。

3615. 阳光是最好的防腐剂，暗箱是最大的腐朽床。

3616. 一身正气，正己方能正人；两袖清风，清廉永葆清白。

3617. 有掌声的场合容易自满，有权势的时候容易狂傲，有油水的地方容易滑倒，有危险的关头容易溃跑。

3618. 诱惑如饵，贪一时可能悔一生；良言似药，记一句可能益终生。

3619. 约束一放松,前途便告终。

3620. 当干部就不能想发财。

3621. 在对待党和人民的事业上要始终保持进取心,在对待人民赋予的权力上要始终保持敬畏心,在对待人个名利地位上要始终保持平常心。

3622. 成功时不要忘记过去,失败时不要忘记还有明天,还有未来。

3623. 任何时候都应拥有正向的信仰和价值观。

3624. 有病早治,无病早防。

3625. 清心寡欲保延年。

3626. 一个人真正远离了崇高,结果必然是媚俗,甚至是颓废。

3627. 把人当贼,人成贼;把贼当人,贼成人。

3628. 宗旨意识、法律规则、良心底线永不能变。

3629. 慌乱时,从容自如;忧愁时,增添几许欢乐;艰难时,顽强拼搏;得意时,言出如常;胜利时,不醉不昏且有新突破。

3630. 立志不坚,终不济事。

3631. 得意路上易出险。

3632. 为政最怕失信,失信等于自杀。

3633. 身体不得病,精神上不丢人。

3634. 不以私事害公义。

3635. 一错再错不是能力问题,而是态度问题。

3636. 念亲不为亲徇私,念旧不为旧牟利,济亲不为亲撑腰。

3637. 探索不一定会成功,但不探索永远不会成功;改变可能会有风险,但不改变就会有更大的风险。

3638. 获得幸福的不二法门是记住自己所拥有的,遗忘自己所没有的。

3639. 游手好闲会使人心智生锈。

3640. 世界上最累人的事,莫过于虚伪地过日子。

3641. 看不到问题,本身就是问题;认为自己没问题,本身就是最大的问题。

3642. 成就别人就是成就自己,损害别人等于损害自己。

3643. 掌权为公,用权为民,则群众喜、个人荣、众业兴;滥用权力,用权谋私,则群众怨、声名败、众业殁。

3644. 人生观比人生大,活法比活着更好。

3645. 把眼光放远一点,不要给自己制造混乱。

3646. 机会多,诱惑就多;诱惑一多,心就容易乱。

3647. 小不忍则乱大谋,只有忍辱才能负重。

3648. 人类成功最坏的敌人,便是思想的不健康。

3649. 惧法朝朝乐,欺公日日忧。

3650. 举大事者不计小怨。

3651. 生活充实才能长寿。

3652. 败事多因得志时。

3653. 傲骨可长存,傲气可永弃。

3654. 贪婪是恶魔，可使辉煌化乌有。

3655. 权钱交易是一根绞绳。

3656. 仕途太顺容易得意忘形。

3657. 私欲＋贪婪＋侥幸＝万丈深渊。

3658. 从政莫忘治家，廉政必先正家。

3659. 守住底线才能前程无限。

3660. 猎奇和别出心裁的即兴发挥是领导干部之大忌。

3661. 物质欲望越膨胀，思想信仰就越少。

3662. 德兴则业兴，德毁则人亡。

3663. 人无德不立，家无德不和，政无德不牢。

3664. 求名心太盛，容易走歪门。

3665. 顺境虽好易丧志，逆境虽苦益人心。

3666. 和顺生吉祥，暴戾结恶果。

3667. 审时度势，方能进退自如。

3668. 居安思危，方能常得安泰。

3669. 兴须戒躁，衰勿自暴。

3670. 苦干不苦熬。

3671. 善屈者才能而后伸，忍辱者方可成大业。

3672. 做事不能做十分，享福也不要享到十分。

3673. 万事过刚则易折，过柔则难以成形。

3674. 不以小怨小恨树强敌，不因小恩小惠留祸根，不因小得小失动全局。

3675. 在不法之举面前，一定要慎重对待"第一次"，果断拒绝"第一次"。

3676. 任何时候不要企图从权力、地位、名利等身外之物中去寻求快乐。

3677. 紧要关头，只有自己靠得住。

3678. 遵循大道行事，方可得到永久的平安。

3679. 一个人不管有多大的才华，制怒都是重要一课。

3680. 意外常是不遵守规则的结果，对规则的蔑视便是对自己的伤害。

3681. 利人者必得人利，损人者必被人损，叛人者必遭人叛。

3682. 不要轻易显露与炫耀自己的本事，更不要依仗自己的本事恣意妄为。

3683. 金钱腐败导致的损失还可以追回，时间腐败导致的后果无法补偿。

3684. 负责任是自己必须为之付出的努力，是一辈子都不能卸下的任务；无论责任大小，都应该引起自己的高度重视。

3685. 心存侥幸必有不幸。

3686. 自大的人最渺小。

3687. 大医医心，大教教心。

3688. 马在松软的土地上易失蹄，人在甜言蜜语中易摔跤。

3689. 没有正确的政治观点，就等于没有灵魂。

3690. 永远不从个人利害的角度谈论与思考问题。

3691. 一个干部，不干事就是庸官，不干净就是贪官；干净是为政之德，干事是履职之要。

3692. 要想赢得民心，就要不为私欲所动，不为私情所困；立党为公，执政为民。

3693. 为政以德，无欲则刚，无私则直。

3694. 为政者只有"常修为政之德"，坚定"干部之德在为民"，才能始终坚守正确的政绩观；只有符合"政德"的成绩，才会被历史和人民肯定。

3695. 有理想不等于有思想，要防止自我设计理想化；有激情不等于动真情，要防止工作表现情绪化；有潜力不等于有能力，要防止进取意识格式化。

3696. 公道正派是领导干部立身之本、履职之要、正气之源。

3697. 白袍点墨，终不可湔。

3698. 做人不掺假，做事不偷懒，做官不贪功。

3699. 居于优势时，不可作践别人以抬高自己；居于劣势时，不可作践自己以取悦对方。

3700. 做官莫嫌小，求财莫贪多。

3701. 勤奋能弥补笨拙，俭朴可修养廉洁。

3702. 不知道自己的不足是最大的不足。

3703. 万万不可得了位子，而忘了担子。

3704. 立身一败，万事瓦裂。

3705. 凡是规定不准做的事绝对不能做，在任何情况下都要稳得住心神，管得住行为，守得住清白。

3706. 保持清正廉洁，既要靠严守纪律，更要靠内心自觉。

3707. 当今的政治自杀，多半是因为腐败。

3708. 廉者常乐无求，贪者常忧不足。

3709. 共产党人的精神家园，就是对共产主义信仰的执著追求；就是对党的纲领、党的路线、党的指导思想的坚决拥护；就是对党、对祖国、对人民群众的无限忠诚；就是艰苦奋斗，努力工作，淡泊名利，无私奉献，一身正气，清正廉洁。

3710. 官大官小，为民就好；在岗退休，清正廉洁就好；大事小事，务实就好。

3711. 人如果不自私，他离圣人已经不远；人如果太自私，他距魔鬼必定已近。

3712. 人如果没有选择和辨别能力，书读得越多可能越是坏事。

3713. 吹捧要经得起，压制要受得住。

3714. 人生不会总如意，人生亦不会总不如意。

3715. 心有所畏，行有所循；心有所畏，行有所止。

3716. 人正自然千夫敬，官廉才会万人服。

3717. 做人要不怕吃亏，做事要不怕吃苦，做官要不怕吃气。

3718. 静坐常思己过，闲谈莫论人非。

3719. 失去金钱的人损失最少，失去健康的人损失很多，失去勇气的人损失一切。

3720. 寿衣没有装钱的口袋。

3721. 随方就圆可减少阻力。

3722. 卑鄙的朋友远比正直的敌人更可怕。

3723. 非分之事不可为。

3724. 不为名累神，不为利伤脑，不为欲伤身。

3725. 不交无德之人，不交无义之人，不交无耻之人。

3726. 名利上要有满足感，能力上要有危机感。

3727. 金钱损失了还能挽回，一旦失去信誉就很难挽回。

3728. 谁自重，谁就得到尊重；谁放纵，谁就难避伤痛。

3729. 绝望是最大的破产，而希望则是最大的资产。

3730. 自己打败自己是最可悲的失败，自己战胜自己是最可贵的胜利。

3731. 山头主义要不得，团团伙伙靠不住。

3732. 说一次大话，就毁一分形象；搞一次特殊，就损一分威信；破一次规矩，就留一个污点；谋一次私利，就失一片民心。

3733. 为官一任实不易，要留芳名在人间。

3734. 用权不滥，理财不贪，见色不迷。

3735. 功禄名利本过眼烟云，浩然正气乃天地永存。

3736. 清正廉洁严以律己，赤胆忠心鞠躬尽瘁。

3737. 面对诱惑不移为民志，位高不变公仆心。

3738. 牢记宗旨，不负重托，把好廉关，不辱廉誉。

3739. 权力一旦被滥用，接踵而来的便是罪恶。

3740. 挡不住今天的诱惑，将失去明天的幸福。

3741. 反腐换来一方净土，倡廉营造八方富足。

3742. 自律须严格，恶心不可为；警钟要长鸣，反腐可保廉。

3743. 做人无德，什么事都做不成；为官无德，一分威信也不会有。

3744. 党无纪则乱，国无法不立。

3745. 政治底线，用忠诚守卫；思想底线，用信念守卫；道德底线，用良心守卫；生活底线，用健康守卫；法纪底线，用荣誉守卫。

3746. 政绩不是贪婪的借口，功劳不是腐败的资本。

3747. 不懂历史的人没有根，淡忘历史的民族没有魂。

3748. 当一个人飞扬跋扈、不可一世时，这个人离失败不远了。

3749. 才气可恃，勇气可嘉，浮气则力戒。

3750. 人无方向则迷，国无方略则衰。

3751. 从善如登，从恶如崩。

3752. 侥幸、麻痹、漠视三种心态最容易出问题，再三的检查、核对、确认永不过分。

3753. 健康零，一切归零。

3754. 切忌交浅言深。

3755. 防范流言最好的办法是沉默。

3756. 勿以官小而不廉，勿以事小而不清。

3757. 绝对不接受煽动，不接受挑拨，绝对不因煽动而与人为敌。

3758. 在人际关系中永远不考虑从中捞取什么。

3759. 要特别力戒骄横之心、跋扈之气、傲慢之态。

3760. 朽木不可为柱，坏人不可为伍。

3761. 想当官就别想发财，想发财就不要去当官。

3762. 不以奢为乐，不以廉为悲。

3763. 不能制情欲，则为情欲所制。

3764. 廉者为官，一生尽得平安；贪者居吏，永世难求幸福。

3765. 有福不能久享，享福不可无度，求福不可妄得，吃亏便是积福。

3766. 不可思小惠而忘大耻。

3767. 要慎重交友，不能被一些"小"所包围，沉迷于自己的"小圈子"，结交"小兄弟"，放纵"小嗜好"，结果只能是摔跟头。

3768. 戒骄重学习，戒急重平静，戒散重纪律。

3769. 事权财权人权，贪权是腐败之源；公开公正公平，公心乃廉政之基。

3770. 名位利禄皆为身外之物，品格事业才是立身之本。

3771. 为官戒不清，掌权戒不廉；办事戒不公，做人戒不检。

3772. 人生观、价值观、权力观，观观要正确；金钱欲、美色欲、物质欲，欲欲当自律。

3773. 做人做官做事应清清白白，为公为政为民需勤勤恳恳。

3774. 恭维的话就像香水，你可以闻一闻，但千万不要把它吞下去。

3775. 一个没有激情的时代是社会的悲哀，一个没有激情的领导是单位的悲哀。

3776. 懒惰是心灵的腐蚀剂。

3777. 比待遇越比心胸越窄，讲奉献越讲精神越振。

3778. 不搞面子之争，防止伤害感情；不搞意气之争，防止心浮气盛；不搞名利之争，防止患得患失；不搞权势之争，防止擅权专断。

3779. 早学习早进步，晚学习晚进步，不学习不进步。

3780. 一个人如果不肯彻底又真诚地面对及克服自己的缺点，他绝对成不了大事。

3781. 放任与懒惰是人生的天敌。

3782. 感情只应该付出，不要去求回报。

3783. 爱面子不如重廉耻，作威福不如笃诚信，多言语不如慎隐微，博名声不如正心术。

3784. 掌权常忧百姓事，为官固守廉洁心。

3785. 诱惑面前不变质，困难面前不退缩，得失面前不计较。

3786. 民不容贪，法不护腐。

3787. 自信不自欺，自知不自傲，自明不自满，自谦不自功，自勇不自懈。

3788. 唯有清醒才会成熟，唯有坚守才会进步，唯有勤奋才能发展，唯有淡泊才能走远。

3789. 地位越高越要谦恭，权力越大越要抑制私心，俸禄越多越不能贪财。

3790. 政毁于暴，官毁于贪。

3791. 小贿背后常常有大祸。

3792. 不可把场面上的话当真。

3793. 有时候退缩就等于失败。

3794. 要知思、知责、知耻、知惧、知足。

3795. 世上最大的节约是时间的节约，每一分钟都是资源和效益。

3796. 认识到危机，则可避免危机；拥有一种永远的危机感，则可立于不败之地。

3797. 立大志者成大业，常立志者成泡影。

3798. 宁要稳当一些，也不可冒冒失失。

3799. 厌倦自己所从事的工作的人，永远形不成自己的优势和特长。

3800. 靠勇气、智慧和科学方法赢得成功。

3801. 常修为政之德，常思贪欲之害，常怀律己之心。

3802. 在形形色色的诱惑面前稳住神、守住身，永葆公仆本色。

3803. 政治上要把握方向，感情上把握原则，行动上把握分寸，生活上把握小节。

3804. 越位和错位是自我的扩大和扩张，缺位是责任的流失和放弃。

3805. 不为名利失心，不为权欲熏心，不为排场熬心。

3806. 自我失控，腐败必生。

3807. 自觉让权力在阳光下运行。

3808. 堂堂正正做人，踏踏实实做事，清清白白做官。

3809. 天上不会掉下馅饼，天下没有免费的午餐。

3810. 金钱本身不是万恶之源，贪婪的本性才是万恶之源。

3811. 非常的人情后面必有非常的图谋。

3812. 自吹自擂等于自取灭亡。

3813. 贪者自贪，廉者自廉。

3814. 公则民不谩，廉则吏不欺。

3815. 太多的欲望是人生的一杯苦酒。

3816. 己所不欲勿施于人，己所欲也慎施于人。

3817. 铁生锈则坏，人生妒则败。

3818. 官大了不等于本事大，地位高了不等于水平也高。

3819. 害怕前进只能永远停留在原地。

3820. 好人并不是样样都好，坏人也不是什么都坏。

3821. 只有发展才能生存，得过且过必将淘汰。

3822. 成事犹如针挑土，败事犹如水推沙。

3823. 生活上的安逸优越，常常是意志衰退的先导。

3824. 有时自由度太高和信息量太多也是一种祸害。

3825. 真正的领导力的核心，不在于权谋，而在于坦诚。

3826. 人不能太聪明,太聪明就会反被聪明误;人不能太执著,太执著就会陷于功利而忘记了本身的使命。

3827. 如果权力不能得到有效的制约,那么它就有可能趋向腐败。

3828. 偏见是公正与客观判断的最大威胁。

3829. 再苦,也要坚持不懈。

3830. 再忙,也要爱惜身体。

3831. 均衡比魅力更重要。

3832. 理智比激情更重要。

3833. 真诚比体面更重要。

3834. 先成长,再成功。

3835. 有怨气则无斗志,有傲气则必松懈。

3836. 难耐清贫莫为官。

3837. 凡是使人生命扩大,灵魂强健的,便是最美好的;凡是使人生命萎缩,灵魂孱弱的,便是最丑恶的。

3838. 贪婪者多贫穷。

3839. 林子大了,什么样的鸟都有。

3840. 从最近的目标开始,才会一步步走向成功。

3841. 世上无神鬼,尽是人在闹。

3842. 贪官不除,民愤难平,国患难消。

3843. 问题是带人走出困境的最好向导,时机是教人进行创造的最好老师。

3844. "权钱"二字好像是夫妻,生了孩子叫"腐败"。

3845. 历史的讽刺是最辣的讽刺，历史的嘲弄是无情的嘲弄。

3846. 政治上的失误必然影响经济的发展，经济建设必须有政治上的保证。

3847. 人糊涂在一念之间，清醒也在一念之间。

3848. 愚弄别人一次，别人会戒备你一生。

3849. 不学无术加妄自尊大，等于必出洋相。

3850. 最大的危险是政府变成了官有、官治、官享。

3851. 天下本无事，庸人自扰之。

3852. 最贫是无才，最贱是无志。

3853. 学习是陪伴终身的永久性"动力源"。

3854. 人不可随行就市。

3855. 地大的窟窿，天大的补丁。

3856. 发脾气是自己无能的表现。

3857. 自以为了不起的人恰恰是最没有出息的人。

3858. 不尊重自己和他人的人就得不到别人的尊重。

3859. 再大的苦难也要自己承受。

3860. 领导可以偶尔犯错，但决不可不公平。

3861. 从俗不是庸俗，但从俗不可媚俗。

3862. 小人能够得志，好人必定遭殃。

3863. 制度不执行，比没有制度危害还要大。

3864. 历代失败的人，往往都是没有安分守己、贪欲过大的人。

3865. 人可能有霉运，但决不可有霉相！

3866. 人不正，无以为信；心不正，无以成事；品不正，无以服从；业不正，无以为生。

3867. 为政者万万不可参与阴谋和暴力。

3868. 任何游戏都有其相对固定的规则，无论是显规则还是潜规则，只有遵守了，才有可能被其他玩家接纳，否则就会被排挤出局，从而失去施展的机会。

3869. 阳光是最好的防腐剂，权力只有接受监督和制约，增加透明度，才能不被滥用。

3870. 贪廉一念间，荣辱两世界，风正民心顺，家和万事兴。

3871. 不知节俭是贪污的起源。

3872. 为官事大，大至苍生祸福；为官事小，小及身家性命；唯知清、慎、勤三事，方可保禄位、远耻辱。

3873. 在言行上趾高气扬、放浪不羁历来是做人的大忌。

3874. 任何时候都不能让自己四面受敌、孤立无援。

3875. 算好利益账，坚持正确的利益原则；算好法纪账，坚持法纪原则；算好良心账，坚持良知原则。

3876. 莫让经验成拖累，莫让人情绊手脚，莫让浮云遮望眼。

3877. 好人主义不是什么好"主义"。

3878. 忧劳可以兴国，逸豫可以亡身。

3879. 先做人，后做官；宁丢官，不丢人。

3880. 人必自侮，然后人侮之。

3881. 当官不是做买卖，焉能讨价还价？

3882. 良药苦口利于病，忠言逆耳利于行。

3883. 领导干部开展批评应努力寻求恰当的批评方法，善于将"逆耳忠言"变成"顺耳忠言"。

3884. 千万不能对组织的告诫置若罔闻；千万不能因别人的尊重而忘乎所以；千万不能做一失足成千古恨的蠢事；千万不能以为自己是领导就可以为所欲为。

3885. 摆阔斗富，炫耀钱财，绝不会给人带来什么荣光，相反只能显露自身的无知和浅薄。

3886. 不要相信那些一见了你就夸奖歌颂个没完没了的人。

3887. 千万不要以为自己多么能干。

3888. 患生于所忽，祸发于细微。

3889. 无啥别无情，缺啥别缺德。

3890. 待学不能轻视，待人不能轻蔑，待事不能轻浮，待绩不能轻飘。

3891. 小心行得万年船。

3892. 忌优柔寡断，朝令夕改；忌固执己见，独断专行；忌偏听偏信，人云亦云；忌言而无信，处事不公。

3893. 路不可走错，袋不可摸错，床不可上错。

3894. 当官避事平生耻。

3895. 学不可已、钱不可贪、官不可讨、上不可媚、下不可怠、风不可追、民不可欺。

3896. 戒酒戒色戒贪欲，律己律妻律子女。

3897. 反腐莫论事大小，倡廉不在位高低。

3898. 反腐务必先己后人，倡廉还须协力同心。

3899. 铭记"生命线"，分清"是非线"，修筑"防腐线"，不踩"高压线"。

3900. 自古清白无遗祸，从来贪争有后殃。

3901. 蚁穴失察必崩大堤，小贿不拒定成巨贪。

3902. 贪者胆战心惊食无味，廉者胸怀磊落寝自安。

3903. 执政为民，民心所向；掌权为己，自取灭亡。

第九辑　领导技巧篇

3904. 不管大局，最终只有"出局"。

3905. 工作要简化，但不可简单化。

3906. 善于用人之长、避人之短。

3907. 让合适的人做合适的工作。

3908. 授权之后还要避免"反授权"。

3909. 抓大放小，准确而果断地拍板。

3910. 良好的沟通是实现领导管理目标的保证。

3911. 多一些鼓励，少一些批评。

3912. 牢记优先，要事第一。

3913. 人生有尺，做人有度，掌控不了命运，却能掌控自己。

3914. 寓庄于谐，营造和谐愉悦的氛围。

3915. 人以品为重，官以德立身。

3916. 不把喜怒哀乐挂在脸上。

3917. 集权不如放权更有效。

3918. 一手放权，一手监督控制。

3919. 抓住重点，带动一般。

3920. 突破重点，搞活全局。

3921. 不同傻子争辩，否则就搞不清谁是傻子了。

3922. 智者千虑，必有一失；愚者千虑，必有一得。

3923. 千人之诺诺，不如一士之谔谔。

3924. 正确地发现和提出问题，是成功解决问题的一半。

3925. 政党的力量，在于组织系统的力量。

3926. 强大的群体就是强大的工具。

3927. 团队的价值在于互补和合力。

3928. 知识育志，困难励志，能力成志。

3929. 知识使人自觉，强制使人习惯。

3930. 生命在于平衡。

3931. 包容者少怨，少怨者长寿。

3932. 要防止因倡利而生弊。

3933. 价值观驱心，方法论启智。

3934. 世界观和价值观高于方法论。

3935. 唯物论使人脚踏实地，辩证法使人智慧无穷。

3936. 将心比心，做事舒心。

3937. 开辟释放社会情绪的渠道，可以防止社会危机。

3938. 标准化，才能规模化。

3939. 有战略投入，才有战略产出。

3940. 赢得少数必然失去多数。

3941. 理直就要气壮。

3942. 划小圈子，成不了大事业。

3943. 任劳任怨是大器。

3944. 示范，是最好的动员。

3945. 典型，是直观的经验。

3946. 体制机制、发展战略、选人用人是执政的抓手。

3947. 寻找先进的坐标，有助于萌生新思路。

3948. 权谋只能产生威慑力，而形不成向心力。

3949. 慎酒、远色、轻财是官员防祸的基本招数。

3950. 要用反证，分析是否正确。

3951. 战略可以简单，战术必须细化。

3952. 顺势而为，事半功倍。

3953. 方法，一半是智慧，一半是坚韧。

3954. 目标要坚定，方法要辩证。

3955. 职能的错位是最大的浪费。

3956. 多一分集权，少一分动力。

3957. 分层、分解是抓落实的基本方法。

3958. 愉悦的环境和心境，可以让更多的人释放潜能。

3959. 简约才高效。

3960. 先软后硬更主动。

3961. 昏官与奸僚孪生。

3962. 老实人不惹致命的祸。

3963. 正奇互动，创新无穷。

3964. 改革可以掌握主动权。

3965. 智以胆而行，胆以智为根。

3966. 科学加胆量，才能合成大能量。

3967. 性格影响行为，修养影响性格。

3968. 没有清晰的理论，就无法形成共识。

3969. 没有先进的主流意识和政党理念，就无法凝聚全社会大多数人的力量。

3970. 理论的方案需要通过实际经验的大量积累才臻于完善。

3971. 理论由实践赋予活力，由实践来修正，由实践来检验。

3972. 公正廉明。

3973. 自私、自负、自满是前进路上的"绊脚石"。

3974. 虚伪、虚假是进步前行的"障碍物"。

3975. 浮躁、急躁、暴躁是功败垂成的"加速器"。

3976. 斗气、赌气、撒气是英雄气短的"催化剂"。

3977. 放肆、放纵、放任是身败名裂的"致命伤"。

3978. 门客、门臣、门附是为官从政的"绞索架"。

3979. 不知足、不知耻、不知畏是败走麦城的"通行证"。

3980. 自律之要在执政，律己之要在用权。

3981. 政声人去后，口碑胜金杯。

3982. 家是精神的补给站。

3983. 干坏事要下台，不干事要下台，干不好也要下台。

3984. 只有从内心敬畏尊崇法律，才能在行为上尊重和坚守法律。

3985. 本分是做人的根本,本领是做人的资本;守住做人的本分,练出干事的本领。

3986. 善下斯为大,能虚自有容。

3987. 不仁之事不做,不义之财不取,不正之风不沾,不法之事不干。

3988. 严从细中来,实在严中求。

3989. 从正面典型中汲取力量、见贤思齐,从反面典型中汲取教训、引为戒鉴。

3990. 人若不读书,闲来生是非,遇事易浮躁,处逆境不快乐,处顺境也不快乐。

3991. 立志才能定其本,志高才可意致远。

3992. 奉职唯以公正自守,毁誉在所不计。

3993. 做官要躬身,做人应挺腰。

3994. 纪律和规矩既是"紧箍圈"也是"安全带"。

3995. 管住自己才是最好的护身符。

3996. 一个人内心的宽度,是他读过的书一本一本摊开来的;一个人内心的高度,是他读过的书一本一本码起来的。

3997. 霸道是官员腐败的前兆。

3998. 大凡小人居势,则君子不得其位;君子执事,则小人不得逞其奸。

3999. 保持制度自信与改革创新,才是清醒与理性的选择。

4000. 知者行之始,行者知之成。

4001. 思想是本，行动是形，本正则形立。

4002. 为政之道，务于多闻。

4003. 锤炼党性增定力，信念弥坚守忠诚；涵养品格高志趣，终身克己葆干净；胸怀大局务实干，激发锐气强担当。

4004. 治天下者以史为鉴，治郡国者以志为鉴。

4005. 防微杜渐胜过亡羊补牢。

4006. 用当其时，才尽其能；用当其位，才尽其用。

4007. 治国之道，务在举贤。

4008. "落实"是命令，必须坚决执行、坚决照办；"落实"是纪律，必须毫不动摇、一抓到底；"落实"是品格，必须一心一意、全心全意；"落实"是作风，必须求真务实、一丝不苟；"落实"是责任，必须勇于担当、攻难尽职。

4009. 勿轻小事，小隙沉舟；勿轻小物，小虫毒身。

4010. 遇到困难就意志消沉下去，那就等于增加两倍的困难。

4011. 事业大如天，责任重如山。

4012. 一了千明，一迷万惑。

4013. 屈己者能处众，好胜者必遇敌。

4014. 期望就是目标，肯定就是鞭策。

4015. 学然后能行，思然后有得。

4016. 做政治上的明白人，做经济上的干净人，做生活上的正派人。

4017. 用人须审其当，使人须审其能。

4018. 原谅他人，其实是升华自己。

4019. 勤而不廉要出事，廉而不勤要误事，不廉不勤更坏事。

4020. 徒善不足以为政，徒法不足以自行。

4021. 要善于谋势、乐于乘势、勇于造势，更要甘于蓄势。

4022. 明大是，不容大非。

4023. 为官要正其根本，本正则万目俱举；为官要一心为公，为公则不徇私情；为官要平易近民，近民则本固邦宁；为官要敢于担当，担当则政事可成；为官要宽严相济，相济则民众畏服；为官要缓急有序，有序则处事不紊；为官要深入体察，体察则思虑周全；为官要恭谨戒惧，谨戒则心无旁骛；为官要廉勤自守，自守则不起妄念。

4024. 治以道德为上，行以仁义为本。

4025. 德不称其位，其祸必酷；能不称其位，其殃必大。

4026. 大德不至仁，不可以授国柄。

4027. 用宽容的胸怀接受不能改变的事情，用极大的勇气来改变可以改变的事情。

4028. 路不行不到，事不为不成；路由人走出，事靠人做成。

4029. 信心、毅力、勇气三者俱备，则天下没有做不成的事。

4030. 谦虚待人并非真低，自命清高未必真高。

4031. 谦虚源于力量，高傲在于无能。

4032. 无事如有事时警惕，有事如无事时镇定。

4033. 不失足于人，不失色于人，不失信于人。

4034. 有道德规范，才能激发内在自律；有党纪约束，才能明确行为边界。

4035. 严以修身，就是以修身为本；严以用权，就是为天地立心；严以律己，就是要三省吾身；谋事要实，就是诚心诚意谋大事；创业要实，就是要敢于担当；做人要实，就是要忠诚老实。

4036. 舟必漏而后水入，土必湿而后苔生。

4037. 脱贫，必须微观，精准到户到人；致富，只可宏观，针对大环境，搭建好有利于致富的市场平台。

4038. 名誉是表现在外的良心，良心是隐藏在内的名誉。

4039. 善除害者察其本，善理疾者绝其源。

4040. 身教重于言教，行动是无声的命令。

4041. 博得人家信任全凭忠诚，改正自己错误全凭真诚。

4042. 一味走别人的路，必将堵死自己的路。

4043. 治世用文，乱世用武；文武之道，一张一弛。

4044. 有难，则以身先之；有功，则以身后之。

4045. 不知道的事，直接说"不知道"才最轻松。

4046. 急于表达自己否定别人，不是有见地的体现，和谐共存才是生存之道。

4047. 道德使人向善，是纪律的必要前提和基础；纪律用来惩恶，是道德的坚强后盾和保障。

4048. 得而不喜，失而不忧；得意淡然，失意泰然。

4049. 人红是非多,如果斗不过"是非",不如暂时放弃"当红",以退为进。

4050. 放下身份,放开心胸,放眼世界,放眼未来,放开手脚,放手济世。

4051. 办事稳重,从容不迫,泰然处之,喜怒不形于色。

4052. 严则正气充盈,严则内力倍增。

4053. 不急不恼百年不老,不懒不馋益寿延年。

4054. 心存敬畏之心,方能行有所止。

4055. 明制度于前,重威刑于后。

4056. 祸患生于邪心,邪心诱于可欲。

4057. 位高不能擅权,权重不能谋私。

4058. 鼓励胜于批评,关心胜于指责,指导胜于命令。

4059. 没有出色的领导力就没有高效的团队执行力,部下执行不力意味着管理者领导不力。

4060. 没有胸怀哪有平台;没有格局哪有大局;没有大愿哪有大业。

4061. 赏善而不罚恶,则乱;罚恶而不赏善,亦乱。

4062. 1%的错误会带来100%的失败。

4063. 不要相信"布置等于完成"。

4064. 没有科学的理论,就没有科学的实践。

4065. 屹立科学之峰,依靠理论思维。

4066. 权力必须在监督下运行,才能避免滥用和异化。

4067. 要有听得进去的胸怀,要有辨别是非的本领。

4068. 真理是智者智慧的结晶，是实践去粗取精后的升华。

4069. 事实不一定是真理，而真理必须是事实。

4070. 真理面前，谬论站不住脚；阳光之下，阴影停不住身。

4071. 逆耳的真理，胜过顺耳的谎言。

4072. 真理是朴素的，只有谎言才需要伪装。

4073. 在争辩的时候，最难驳倒的观点是沉默。

4074. 点破真理，有一句话就够了；而圆一个谎，有时用上一百句话也遮不住破绽。

4075. 清廉一生平安，实干造福百姓。

4076. 想着自己的人，被尘土埋没；想着百姓的人，威名远扬。

4077. 制度好，坏人难以任意横行；制度不好，难以使人充分做好事，甚至走向反面。

4078. 你的思想境界有多高，那么，你的发展空间才有多大。

4079. 治人之道固然重要，然而为人之道才是根本。

4080. 塑造美誉度应从点滴做起，老百姓是唯一的评判师。

4081. "原则上"，就意味着原则的缺失，给"例外""特殊"留下暗箱操作的空间。

4082. 如果一个领导者被崇拜者围得水泄不通，他就丧失了眺望远方的能力。

4083. 不愿看的人，比瞎子还瞎；不愿听的人，比聋子还聋。

4084. 牢骚不总是正确的，而认真对待牢骚，却是正确的。

4085. 鼓要敲在点上，箫要吹到眼儿上，思想工作要做到心坎上。

4086. 热脑袋和冷心肠解决不了任何问题。

4087. 正确结论来自多元声音,而不是权威的选择。

4088. 政从正来,智从知来,财从才来,位从为来。

4089. 能用人者为能人,能用能人者为高人。

4090. 阿谀奉迎,等于半个辱骂。

4091. 拍马是为了骑马,骑马是为了驭马。

4092. 以奉承为能事者,必为伪善之徒。

4093. 批评和自我批评是精神上的洗澡,而奉承则是用花布蒙你的眼睛。

4094. 只听恭维话,等于只长一只耳朵。

4095. 恭维是有危险的,谁欣然接受恭维,谁就将收获隐患。

4096. 污言秽语可鄙,巧言令色可恶。

4097. 要有一双是非分明的眼睛,先锤炼一颗正直无邪的心。

4098. 伪装的善良比真实的凶残更可怕。

4099. 不为花言巧语所惑,不为污言秽语所惧。

4100. 根深之树不会风折,泉源之水不会涸竭。

4101. 宽容是给他人的最好礼物,如果把它留给自己,便是堕落的开始。

4102. 宽容者让别人愉悦,自己也快乐;刻薄者让别人痛苦,自己也难受。

4103. 忠实,但不愚蠢;忍让,但不软弱。

4104. 偏见有时比无知更可怕。

4105. 欣赏别人是一种境界，善待别人是一种胸怀，关心别人是一种品质，理解别人是一种涵养，帮助别人是一种快乐，学习别人是一种智慧，团结别人是一种能力，借鉴别人是一种收获。

4106. 冷静是智慧的源泉，急躁是无能的表现。

4107. 做人要自信，但不能自信得过于狂妄；做人应低调，但不能低调得失去自信。

4108. 光明磊落胸襟阔，心底无私天地宽。

4109. 知识渊博者往往不显山露水，浅薄者常常夸夸其谈。

4110. 低调做人，会一次比一次稳健；高调做事，会一次比一次优秀。

4111. 向人夸耀自己谦虚，就已经是不谦虚了；喜欢吹捧别人的人，自然也喜欢别人吹捧自己。

4112. 自负像一个泥潭，陷进去就难以自拔。

4113. 喜欢吹嘘的人好像一面鼓，响声大，腹中空。

4114. 自信过头会变成自负，谦虚过分会变成谦卑，果断过头就成了武断，慎重过度就成了慎微。

4115. 知识是一个积累的过程，智慧是一个简约的过程。

4116. 成功不是赢在起点，而是赢在转折点。

4117. 自信，其实并不来自于总是能成功，而是来自不害怕失败。

4118. 沿着"等一等"这条路，便会走进一事无成这间屋。

4119. 勤奋和智慧压缩了时间，却延续了生命。

4120. 成功需要成本，时间也是一种成本；对时间的珍惜，就是对成本的节约。

4121. 化友为敌，是一种愚蠢；化敌为友，是一种智慧。

4122. 一个人如果没有脊梁，就站立不起来；如果没有信仰信念，精神世界就会坍塌。

4123. 凡是有利于党和人民事业的，就坚决干、加油干、一刻不停歇地干；凡是不利于党和人民事业的，就坚决改、彻底改、一刻不耽误地改。

4124. 谦虚能赢得大多数人的尊敬。

4125. 间接赞美可让效果加倍。

4126. 喜怒不形于色。

4127. 抓住机遇才能乘势而上。

4128. 谦卑可化解他人敌意。

4129. 廉能生德，德能生福。

4130. 俭能生廉，廉能生正；正能生静，静能生悟。

4131. 诺事必做，承诺之责；担诺之价，享诺之乐。

4132. 气大伤身，气急智低；气温福至，气和德厚。

4133. 复杂事简单做，简单事认真做；认真事重复做，重复事创新做。

4134. 成功必有方法，失败必有原因；成功始于目标，成功败于放弃。

4135. 遇事不急于下结论，不同角度方案不同；若学会换位思考，万事皆通万事顺。

4136. 冲动之时勿做决定，悲伤之时勿许承诺。

4137. 无危机是最大之危，逸现状是最大之阱；无竞争是最大之惰，无创新是最大之险。

4138. 学得辛苦做得舒服，学得舒服做得辛苦。

4139. 心志要坚，意趣要乐，气度要宏，言语要谨。

4140. 有好想法立即行动，遇好机遇立即抓住。

4141. 把故事变成事故叫失败，把事故变成故事叫成功。

4142. 背后夸你之人珍藏于心，当面夸你之人一笑而过。

4143. 勿忘在困难时拉你之人，勿交在失败时藐视你之人。

4144. 面对失败一笑而过是自信，面对误解一笑而过是宽容。

4145. 面对赞扬一笑而过是清醒，面对烦恼一笑而过是释然。

4146. 用人之长天下无不用之人，用人之短天下无可用之人。

4147. 舍是气度，舍是智慧，舍是境界，有舍有得。

4148. 智能定深度，理念定宽度，思维定广度，速度定效率。

4149. 有力的约束，是守住道德底线的原点。

4150. 当天上掉馅饼时，地上必有陷阱。

4151. 没有能人不成事，能人太多易出事。

4152. 话不能说太满，太满难以圆通。

4153. 感谢曾欺骗你的人，因为你增长了智慧；感谢曾伤害你的人，因为你磨炼了心志。

4154. 因势而谋，应势而动，顺势而为。

4155. 如果从肯定开始，必将以问题告终；如果从问题开始，必将以肯定结束。

4156. 为官不为是官之耻辱,为官有为才是官之本分。

4157. 不"唯上"、不"唯书"、不"唯己",一切从实际出发、实事求是,才能做到务实谋事、踏实创业、老实做人。

4158. 大道至简,有权不可任性,为官理当有为。

4159. 思想灰尘不扫,精神状态难以提振;作风流弊不除,政治生态就无法清朗。

4160. 扶贫先扶智,治穷先治愚。

4161. 律己是人生的"压舱石"。

4162. 终日不见己过,便绝圣贤之路。

4163. 心怀敬畏,手握戒尺,勤于自省,方可保持内心的纯洁,守住心灵的家园。

4164. 要有"窗含西岭千秋雪,门泊东吴万里船"的开阔胸襟;要有"横看成岭侧成峰,远近高低各不同"的多维视角;要有"非淡泊无以明志,非宁静无以致远"的平和心境。

4165. 负能量见光必死,正能量傲然挺立,唯有阳光生活,才能行稳致远。

4166. 看的是书,读的却是世界。

4167. 世上没有悲剧和喜剧之分,如果能从悲剧中走出来,就是喜剧;如果沉湎于喜剧之中,那就是悲剧。

4168. 成功不是击败别人,而是改变自己。

4169. 虚心万事能成,自满十事九空。

4170. 百舸争流，奋楫者先。

4171. 每一个危机不仅代表着危险，也代表着机会。

4172. 被失败击败，才是真正的失败。

4173. 工作专注与事业成功成正比。

4174. 积极万事可为，消极一事无成。

4175. 善于把握人性，才能赢得人心。

4176. 送花的人周围满是鲜花，种刺的人身边满是荆棘。

4177. 适度是药，过度是毒。

4178. 嗜欲深者天机浅。

4179. 善战者，应于不败之地而战。

4180. 缺乏自制力的人，百无一成。

4181. 不能超越自己，便无法超越别人。

4182. 在工作上，态度比能力重要；在成功上，韧度比才华重要；在知识上，深度比广博重要；在思想上，高度比敏锐重要；在做人上，气度比精明重要；在做事上，精度比速度重要。

4183. 和为贵，善为本，诚为先。

4184. 守嘴不惹祸，守心不出错。

4185. 以谦接物者强，以善自卫者良。

4186. 人间有味在书香，书香缭绕贵在"读"。

4187. 居官无官官之事，处事无事事之心。

4188. 经验主义是创新发展之大忌，摆脱羁绊必须超越思维定式。

4189. 抓落实须零延误，彰显忠诚马上办；抓落实须零梗阻，深化改革创新办；抓落实须零距离，关爱民生贴心办。

4190. 靠嘴皮子说不走改革发展中的困难梗阻，掩耳盗铃也无法纾解基层治理中的层层矛盾。

4191. 唯有讲实话重实干，才能在工作中化被动为主动，也唯有实干实行，才能真正建立干群互信，增进社会共识。

4192. 悦纳当下，不徒增心灵的烦恼。

4193. 适时地忘记自己，才能认识自己。

4194. 强大的力量源自内心的和谐。

4195. 不抱怨世界，能够遇见更好的自己。

4196. 没有穷困的世界，只有贫瘠的心灵。

4197. 把真理变成习惯，就能保持最好状态。

4198. 积极的思想就是一切。

4199. 自己对了，整个世界都对了。

4200. 倘若失掉了尊严，做人的价值和乐趣就无从谈起。

4201. 目标大的人，问题就小。

4202. 需要持续不断地给自己积极的暗示。

4203. 失败的人不一定懦弱，而懦弱的人却常常失败。

4204. 对所有人而言，谦逊即安全。

4205. 好说己长便是短，自知己短便是长。

4206. 适当的谨慎是必要的，但谨慎过头就是优柔寡断。

4207. 人性的弱点会在安逸中疯长。

4208. 用恒心与毅力雕琢成功。

4209. 谁敷衍生命,生命就敷衍谁。

4210. 过于安逸,则会堕落;过于忧患,则会虚无。

4211. 官做小了不要紧,人可不能做小了。

4212. 人情不可透支。

4213. 弱小者总想显露自己,强大者总想藏匿自己。

4214. 拙的人成大器,诡的人得小利。

4215. 念人之功,容人之短;用人之长,克己之短。

4216. 不能失去生活的理想,也不能只在理想中生活。

4217. 目标并非都能达到,但它可作为瞄准点。

4218. 乐于去扮演小角色,才能够成就大事业。

4219. 重要的不在于已经得到什么,而在于追求向往什么。

4220. 能忍耻者安,能忍辱者存。

4221. 心理影响生理。

4222. 主动推动矛盾统一是大智。

4223. 辩证才是大智。

4224. 心无私欲,自然会刚;心无邪曲,自然会正。

4225. 理想信念是党性之灵魂,实事求是是党性之生命,为民服务是党性之根本,严格自律是党性之底线。

4226. 索取是卑下的,给予永远高高在上。

4227. 战略根植于战术,战略家首先是战术家。

4228. 最高的技巧是无技巧。

4229. 功高而居之以让，势尊而守之以卑。

4230. 去小智则大智明，去小事则大事明。

4231. 不被私心蒙蔽，超越利害得失，才能一视同仁。

4232. 宽容他人是肚量，谦卑自牧是雅量，脾气洒出叫本能，脾气压回叫本事。

4233. 沟通从读懂人心开始。

4234. 清廉家风是干部的幸福港。

4235. 选择意味着改变，改变意味着行动，行动意味着执行，执行意味着收获结果。

4236. 强效的监督，是防止失序的起始。

4237. "火候"不到莫拍板，以免"拍走板"；该拍板时要拍板，以免"黄了板"；"板"定法随敢"打板"，以免"空拍板"。

4238. 施以一分的宽容，就会得到三分的报答；施以十分的宽容，就会得到十二分的报答。

4239. 恕无定法，恕有条件。

4240. 有志始知蓬莱近，无为总觉咫尺远。

4241. 自持之中能坚守，是一种精神；坚守之中有追求，是一种境界。

4242. 当干部不容易，事业才会有希望。

4243. 论事易，做事难；做事易，成事难。

4244. 世上岂无千里马，人中难得九方皋。

4245. 脚上沾有多少泥土，心中就沉淀多少真情。

4246. 进步如航行,心态如舵仪。

4247. 不采华名、不兴伪事,少放空炮、多干实事,以行动验证表态,以实践兑现承诺。

4248. 有约束才更自由,有纪律才更有力量。

4249. 一心为民用权,这是用权的王道;一心为党用权,这是用权的大道;一心为公用权,这是用权的正道。

4250. 万物得其本者生,百事得其道者成。

4251. 本根不摇,则枝叶茂荣。

4252. 本立而道生。

4253. 心有忠诚强信念,心装群众固根本,心系事业敢担当,心存敬畏守底线。

4254. 一点一滴见精神,一事一情有严实。

4255. 律己核心在于"纪律",要以党纪党规约束行为;律己根本在于"心律",要以党性原则驾驭欲念;律己关键在于"外律",要以外在监督促进自律。

4256. 严把教育关,常念"紧箍咒";严把制度关,筑牢"防火墙";严把监督关,接通"高压线";严把考评关,树好"风向标"。

4257. 权力越大责任越重,责任越重担子越沉。

4258. 事之当革,若畏惧而不为,则失时为害。

4259. 立根固本,方能练就"百毒不侵"之体;落细落小,能避免"积弱沉舟"之患;修枝剪叶,方能收获"纠偏扶正"之效;从谏如流,方能树立"闻过则喜"

之风。

4260. 强化理论武装，在"铸魂"上下功夫；加强道德教育，在"修身"上下功夫；提升能力素质，在"强基"上下功夫；注重作风养成，在"固本"上下功夫。

4261. 对人才最大的关心，是帮助他们施展才华。

4262. 当干部如果脑子里没有"政治弦"，心里没有"压舱石"，就会随波逐流。

4263. 动员千遍，不如问责一次。

4264. 受福则骄奢，骄奢则祸至。

4265. 勿持傲慢，勿尚奢华。

4266. 持心须公正，操守须廉洁。

4267. 恭为德首，慎为行基。

4268. 骄奢倦怠，未有不败。

4269. 知贤而不用，等于不知贤；用贤而不信任，等于不用贤。

4270. 惩罚滥施等于没有惩罚，奖赏不公还不如没有奖赏。

4271. 理想信念坚定，百毒不侵；理想信念动摇，百病丛生。

4272. 领导干部对下讲信仰，自己就要带头真信；对下讲纪律，自己就要带头遵纪；对下讲廉政，自己就要带头清廉；对下讲道德，自己就要带头守德，真正发挥示范引领作用。

4273. 政以得贤为本，国因任能而兴。

4274. 只有自身正、自身净、自身硬，才能开展工作有威信，坚持原则有底气。

4275. 性别平等与妇女发展，是社会文明进步重要的衡量尺度。

4276. 以事择人，人岗相适；正所谓"知农者以为后稷，知工者以为共工"。

4277. 培养不等于照顾，信任不能代替监督。

4278. 思深方益远，谋定而后动。

4279. 约束也是导向，严管方为厚爱。

4280. 简政是一种大道，善治是一种大美。

4281. 勤则难朽，逸则易坏。

4282. 知识改变命运，习惯决定高度。

4283. 如果把自己想得太好，就很容易将别人想得很糟。

4284. 真正危险的事，是没人跟你谈危险。

4285. 开始就明确了界限，最终就不会做出超越界限的事来。

4286. 未听之时不应有成见，既听之后不可无主见。

4287. 不怕开始众说纷纭，只怕最后莫衷一是。

4288. 胜者注视的是问题的答案，而败者只看到答案的问题。

4289. 过分在意别人的眼光，将丧失自我。

4290. 玩人丧德，玩物往往丧志，贪欲难免败身。

4291. 交友是人生重中之重，关乎一生成败。

4292. 反复无常的人，众叛而亲离。

4293. 病非一朝一夕所致，罪从一角一分贪来；大错都从小错积累起来，大问题都由小问题引发。

4294. 权力是把双刃剑，舞得好为民造福，舞得不好为己造墓。

4295. 早熟果子长不大，拔苗助长易夭折。

4296. "贤者之有才，用之而后见"，使用是培养的目的，也是更高层次的培养。

4297. 严以律己要十慎：慎初、慎独、慎微、慎欲、慎权、慎言、慎行、慎情、慎友、慎终。

4298. 肯取势者可为人先，能谋势者必有所成。

4299. 非常之功必待非常之人。

4300. 每一种诱惑都可能导致失败，成功就是要经受住所有的诱惑。

4301. 失败是一切失误的必然结果和应有惩罚，胜利则是正确决策的验证和奖赏。

4302. 不提超越时代的口号，不干超越时代的事情。

4303. 听得懂群众的话，讲群众听得懂的话，用群众能接受的方法做事。

4304. 把心思用在想干事上，把本领使在会干事上，把精力放在多干事上，把目标定在干成事上。

4305. 人在岗上，岗在心上，心思在工作上。

4306. 小总结，小收获；大总结，大收获；不总结，没收获。

4307. 要事情改变，先得改变自己；要把事情做得更好，先得让自己的心态变得更好。

4308. 危险的事，现场办；敏感的事，亲自办；重大的事，带头办；基层的事，认真办。

4309. 形势好，容易产生思想上的麻痹；成绩大，容易带来工作上的松懈。

4310. 多干好事，少干错事，不干坏事；不捅娄子，不添乱子。

4311. 身勤则强，逸则病；家勤则兴，懒则衰；国勤则治，怠则乱；军勤则胜，惰则败。

4312. 万事勤为先，无勤不足立。

4313. 千钧将一羽，轻重在平衡。

4314. 为官先修德，为政先正心。

4315. 唯德唯廉唯实，尽心尽职尽力。

4316. 土能浊河，而不能浊海；风能拔木，而不能拔山。

4317. 逆向思维帮你突破教条，批判思维帮你突破桎梏，联想思维帮你突破常识，换位思维帮你突破主观，系统思维帮你突破僵化，形象思维帮你突破枯燥，逻辑思维帮你突破表象，前瞻思维帮你突破短浅。

4318. 知道不等于悟到，悟到不等于做到，做到不等于得到。

4319. 世无诚信不宁，国无诚信不稳，业无诚信不旺，家无诚信不和，民无诚信不立，官无诚信不忠。

4320. 人才者，求之者愈出，置之则愈匮。

4321. 群臣朋党，则宜有内乱。

4322. 修其心治其身，而后可以为政于天下。

4323. 管好自己，安全无虞；放纵自己，危险在即。

4324. 自励是奋斗不息的动力。

4325. 困难是弹簧，看你强不强，你强它就弱，你弱它就强。

4326. 破旧需要胆量，立新需要智慧。

4327. 谋无主则困，事无备则废。

4328. 安身之本，必资以食；求疾之速，必凭于药。

4329. 思维决定行动，创新决定未来。

4330. 常用"望远镜"视大局、明方向，常用"显微镜"看细节、管小节，常用"穿衣镜"观容颜、正形象，常用"反光镜"察诤言、纳监督。

4331. 时移则事异，事异则备变。

4332. 立身先立德，立德方立业。

4333. 在实践中积累，在担当中锤炼，在奉献中提升。

4334. 把责任看得有多重就有多大的担当，有多大的担当才能成就多大的事业。

4335. 量的积累并不必然引起质变，但打破就是一个新的世界。

4336. 把来访群众当家人，把群众来信当家书，把群众反映的问题当家事，把群众工作当家业来做。

4337. 人不以规矩则废，党不以规矩则乱。

4338. 目标再目标，量化再量化。

4339. 言多必失。

4340. 定力来自底气。

4341. 从政不忘百姓，掌权不忘廉洁，做事不忘公平，为人不忘自重。

4342. 根不深就不会叶茂，没厚积就无法薄发，不深入就难以浅出。

4343. 推动工作要学会弹钢琴，选人用人要学会下象棋。

4344. 越谦虚越伟大，越伟大越谦虚。

4345. 江山是打出来的，事业是干出来的，成就是拼出来的。

4346. 想容人是大智慧，能容人是大本领，真容人是大境界。

4347. 把读书学习当作一种政治要求，坚持学以明志；把读书学习当作一种精神追求，坚持学以立德；把读书学习当作一种工作责任，坚持学以致用；把读书学习当作一种生活态度，坚持终身学习。

4348. 勤学者昌，辍学者亡。

4349. 低调是审时度势后的明智选择。

4350. 自傲是自傲者的坟墓，谦虚是谦虚者的天堂。

4351. 先做适者，再做强者。

4352. 凡事让人一尺，实则敬己一丈。

4353. 越是春风得意，越要反躬自省。

4354. 须知负责任的苦处，才能知道尽责的乐趣。

4355. 一深入就具体，要具体就得深入。

4356. 一个人的心胸能容得下多少人，才能赢得多少人。

4357. 薄礼面前慎微，盛情面前慎软，喜好面前慎馋，"隐贿"面前慎独，"五九"面前慎终。

4358. 沉默比牢骚更有建设性。

4359. 对必然之事,轻快地加以接受。

4360. 危机是化了妆的机会。

4361. 不要为无关痛痒的小事抓狂。

4362. 舍得舍得,有舍才有得。

4363. 帮助别人就是帮助自己。

4364. 智者不舞双刃剑。

4365. 未雨绸缪比临危不惧更聪明。

4366. 不信而任事,则事反;不仁而御众,则众殃。

4367. 干点实事,建点实功,从来毁誉在民心,无须患得患失;做个好官,留个好名,自古善恶有公论,何忧位卑位尊。

4368. 好的领导总有新的目标。

4369. 生产关系越简单,生产力越发展。

4370. 官以公为重,民以利为主。

4371. 脱离理论和经验的创新是盲目的,而缺乏创新的理论和经验不过是一潭死水。

4372. 一个人的力量来自于智慧与能力,组织的力量体现在核心竞争力。

4373. 教训往往比经验更管用。

4374. 得失看淡,尽心随缘,过去放下,展望未来;逆境坚忍,顺境收敛,得意看淡,失意随缘。

4375. 态度谦和,做事犀利;得意时谦卑,失意时自信。

4376. 判断要准,决断要狠。

4377. 因为淡定，所以从容。

4378. 事情来了莫要放在一边，事情过了莫要追问，事情多了莫要害怕。

4379. 对待上级贵在恭敬，不在屈从；对待百姓要用诚信，不能用权术。

4380. 有过不可辞谤，无过不可反谤，共过不可推谤。

4381. 顺境不躁，逆境不烦。

4382. 人心是最大的政治，积怨比贫困更可怕。

4383. 人须在事上磨，方能立得住。

4384. 喜乐的心，乃是良药；忧伤的灵，使骨枯干。

4385. 针对欲壑，懂得挡住；针对烦恼，懂得了结。

4386. 无诚则有失，无信则招祸。

4387. 用人正，则风清气正；用人邪，则乌烟瘴气。

4388. 做人要正，做事要奇。

4389. 若失去耐心，便失去了灵魂。

4390. 放弃是悲观者的墓志铭，坚持是胜利者的勇气勋章。

4391. 凡天下之事，行之要有效，求之要有度。

4392. 没有做不好的工作，只有不负责的人；责任保证一切。

4393. 经一番挫折，长一番见识；容一番横逆，增一番气度。

4394. 勇气是上天的羽翼，怯懦却引人下地狱。

4395. 欣赏他人即庄严自己。

4396. 做人要低姿态，做事要高水平。

4397. 学习是一种信仰。

4398. 忍耐和时间，往往比力量和愤怒更有效。

4399. 工作要赶不要急，身心要松不要紧。

4400. 把财富特别是不义之财传给儿孙是家族败亡之策；把道德、品行、清白、诗书传给儿孙方能百世流芳。

4401. 定力弱者事必衰，定力强者事定成。

4402. 言语是心灵的窗户，话风是作风的影子。

4403. 增强洞察力，善于在纷繁复杂的局势中抓住主要矛盾；增强预见力，善于从变化中把握发展趋势；增强决断力，善于在目标任务和利益关切上合理统筹；增强执行力，善于把战略决策和预期目标变为现实结果。

4404. 格局定荣枯。

4405. 治国之要在定规立矩。

4406. 天欲其亡，必令其狂。

4407. 志大量小，无勋业可为。

4408. 慎，才可立身、立言、立功、立德；不慎，必挫、必输、必败、必毁。

4409. 有节才会源流长久，持制方能时日绵远。

4410. 理论就是对实践工作的总结。

4411. 认识自己，要学会扬长避短；完善自己，要学会化劣为优；积淀自己，要学会厚积薄发。

4412. 政治品德的核心是一个"忠"字，忠于党和人民；职业道德的核心是一个"公"字，公道正派；社会公德的核心是一个"诚"字，诚实守信；家庭美德的核心是一个"爱"字，诚爱和谐；个人品德的核心是一个"正"字，堂堂正正做人。

4413. 当干部，政治上要突出忠诚和坚定；工作上要突出干事和担当；作风上要突出勤奋和亲民；团结上要突出规矩和自觉；方法上要突出大局和重点；廉洁上要突出干净和刚正。

4414. 千般难万般难，畏难就会难上难；千条理万条理，实干才是硬道理。

4415. 当干部，要有守土有责的志气、舍我其谁的豪气、我不入地狱谁入地狱的勇气、功成不必在我的大气。

4416. 审大小而图之，酌缓急而布之。

4417. 干在实处永无止境，走在前列敢谋新篇。

4418. 创新有风险，不创新有危险。

4419. 使命决定了担当与责任，而信任不能代替监督。

4420. 好心情才会有好风景，好眼光才会有好发现，好思考才会有好主意。

4421. 考虑一千次，不如去做一次；犹豫一万次，不如实践一次；华丽的跌倒，胜过无谓的徘徊。

4422. 得人者兴，失人者崩。

4423. 行生于己，名生于人。

4424. 没有意识到风险就是最大的风险。

4425. "领导样"重内不重外，重"神"不重"形"，不在于外在的风度，而在于内在的气度；不在于外表上的派头，而在于内心执着干事的劲头。

4426. 言语亲和，是质朴作风的外露；气度不凡，是修养深厚的折射；运筹帷幄，是勤奋学习的必然。

4427. 虽有智慧，不如乘势。

4428. 穷理以致其知，反躬以践其实。

4429. 功以才成，业由才广。

4430. 权力就是责任，责任必须担当，失责必须追究。

4431. 搞政治就像骑自行车，弯腰但要看前方，保持沉默但要拼命骑踏。

4432. 机会总是留给有准备的人，运气总是留给有勇气的人。

4433. 少说话会更有威严，不揽权会更有权，勤交心会更同心。

4434. 大气之人，智超脱；大气之人，正大光明；大气之人，光而不耀；大气之人，从容果断。

4435. 嫉妒就是承认别人比自己好，而心理却承受不了。

4436. 懒惰就像身体生了锈，懒惰久了身体就垮了。

4437. 人前勿张狂，待人应低调。

4438. 不为模糊不清的未来担忧，只为清清楚楚的现在努力。

4439. 所有的问题都是自己的问题。

4440. 脚下如果不坚实，任何梦想都很飘渺。

4441. 不要的东西，再好也是垃圾。

4442. 让一步换来和气，争一步惹来晦气。

4443. 气度就是风度，不骄不躁才和谐。

4444. 做人要果断,做事要迅速。

4445. 想好了就出手,决不优柔寡断。

4446. 嘴狠,赢一时;心宽,赢一世。

4447. 你若盛开,清风自来;你若慈悲,人心自来。

4448. 有目标的人在奔跑,没目标的人在流浪。

4449. 取众之人之长,才能长于众人。

4450. 聪明是一种天赋,而善良是一种选择,善良比聪明更难。

4451. 能干的人,不在情绪上计较,只在做事上认真;无能的人,不在做事上认真,只在情绪上计较。

4452. 量小失友,度大聚朋。

4453. 世上没有一件工作不辛苦,没有一处人事不复杂。

4454. 时间是治疗心灵创伤的大师,但绝不是解决问题的高手。

4455. 吞下了委屈,喂大了格局。

4456. 真正的累,来自于内心的无知与迷茫。

4457. 心态归零,责任才能归位。

4458. 目中有人才有路,心中有爱才有度。

4459. 懂得尊重别人的人,才能得到别人的尊重。

4460. 人不能霸道,霸道无友;心不能自私,自私则困。

4461. 知人不必言尽,留些口德;责人不必苛尽,留些肚量;得理不必争尽,留些宽容;凡事不必做尽,留些余德。

4462. 熬得住,出众;熬不住,出局。

4463. 只要自己路走得直，无愧于心，完全不必去理会他人的评说。

4464. 低调做人，可以在你周围保持健康的空气；高调做事，可以赢得支持和声誉。

4465. 只有等价的交换，才能得到合理的帮助。

4466. 人脉不在别人的身上，而藏在自己身上；唯有让自己变得强大，你才能获得有用的人脉。

4467. 想不开，就不想；得不到，就不要。

4468. 工作不养闲人，团队不养懒人。

4469. 有些事情，不是看到了希望才去坚持，而是坚持了才有希望。

4470. 学历是铜牌，能力是银牌，人脉是金牌，思维是王牌。

4471. 缘分是本书，翻得不经意会错过，读得太认真会流泪。

4472. 被恨的人没有痛苦，恨人的人却终将遍体鳞伤，所以，决不去恨人。

4473. 自己是梧桐，凤凰才会来栖；自己是大海，百川才来汇聚。

4474. 花香自有蝶飞来。

4475. 从外打破是压力，从内打破是成长。

4476. 改变可以改变的一切，适应不能改变的一切。

4477. 一个不愿付出、不愿冒风险的人，一事无成对他来说是再自然不过的事。

4478. 最不幸的生活是生活在不幸的回忆中，最不科学的生活是生活在不良的习惯里，最不理想的生活是生活在覆辙中，最绝望的生活是亲手埋葬了自己的理想。

4479. 只有先改变自己的工作态度，才能有职业高度。

4480. 不要轻易暴露内心的脆弱，学会承受应该担当的一切；不要轻易述说生活的狼狈，学会面对杂乱无序的现实；不要轻易虚度每一天的光阴，因为那都是你余生中的第一天。

4481. 把自己放得越低，在别人心中的地位才会越高。

4482. 贵而不显，华而不炫，才是人生的至高境界。

4483. 生活累，一小半源于生存，一大半源于攀比。

4484. 知世故而不世故，才是最善良的成熟。

4485. 生命中有很多事情足以把你打倒，但真正打倒你的是自己的心态。

4486. 做官是一种责任，不要把官衔当成桂冠；做官是一时的，不要把官位当成地位；做官是为民的，不要把权力变成自己的。

4487. 感情服从理性，理性服从法纪。

4488. 道德，立身之本；才智，处事之能；机遇，拓展之机。

4489. 吃一堑长一智，经一事长一能，交一友结一缘。

4490. 再强大的个人都不如一个团结的组织。

4491. 不事无巨细，要抓住重点；不随意决策，要深思熟虑；不光计划安排，要检查落实；不做表面文章，要注重实效。

4492. 行动是治愈恐惧的良药，而犹豫、拖延滋养恐惧。

4493. 信任就像一张纸，皱了，即使抚平，也恢复不了原样了。

中编

第一辑　政治智慧
第二辑　决策科学
第三辑　管理学问
第四辑　说话艺术
第五辑　成事之道
第六辑　处世哲学
第七辑　学习要领
第八辑　生活哲理
第九辑　幸福密码

第一辑 政治智慧

4494. 善于用法治思维和法治方式想问题、做决策、干工作，无论深化改革、促进发展，还是化解矛盾、维护稳定；无论从严管党治党，还是深化作风建设，都应自觉坚持依法依规办事，把依法治国、依规治党的要求落到实处。

4495. 必须坚持依法用权、秉公用权、廉洁用权，准确把握权力边界，按照法律法规履行职责，按照权力清单行使权力，坚决防止不作为、乱作为。

4496. 始终牢记法律的天平任何时候不能倾斜，切实做到不因私利抛公义，不因私利废公事。

4497. 任何时候都要自觉接受党和人民的监督，坚持以公开为常态、不公开为例外原则，习惯于在"聚光灯"下开展工作，确保权力在阳光下运行。

4498. 刷新政治生态，既要扬清以彰正气，又要激浊以压邪气。

4499. 人过留名，雁过留声，人的声誉比生命更重要。

4500. 只有政治生态涵养好了，正派的干部才能直得起腰、动得起真、提得起劲。

4501. 刷新吏治，关键是要破除"潜规则"，确立"明规则"，靠科学管用的制度机制把好干部选出来、用起来；必须把"认真"作为重要原则，把"三严三实"要求作为重要标尺。

4502. 责任重于泰山，事业任重道远。

4503. 对马克思主义的信仰，对社会主义和共产主义的信念，是共产党人的政治灵魂，是共产党人经受住任何考验的精神支柱。

4504. 自觉遵守廉政准则，既严于律己，又加强对亲属和身边工作人员的教育和约束，绝不允许以权谋私，绝不允许搞特权。

4505. 改革开放只有进行时没有完成时。

4506. 自觉地恪守宪法原则，弘扬宪法精神，履行宪法使命。

4507. 依法治国，首先是依宪治国；依法执政，关键是依宪执政。

4508. 山无常势、水无常形，世界上并不存在适用一切国家的"普世"治理模式。

4509. "治理体系"与"治理能力"是实现有效国家治理的"硬"件，二者相辅相成，缺一不可。

4510. 历史文化传承、核心价值体系以及国民性格,在国家治理中发挥着"凝神聚气"作用。

4511. 在推行国家治理现代化过程中,独立探索与开放借鉴应互为补充、并行不悖。

4512. 没有重点就没有政策,重点不能泛化。

4513. 没有问责,责任就落实不下去。

4514. 严明政治纪律和政治规矩,绝不容忍结党营私、培植亲信、拉帮结派;对党忠诚,绝不允许自行其是、阳奉阴违;增强组织观念,坚决纠正个人主义、自由主义,严肃查处目无组织、欺骗组织、对抗组织的行为。

4515. 人无德不立,国无德不兴。

4516. 不以利害义,也不因义废利。

4517. 官德隆,民德昌,国家兴;官德毁,民德降,国家衰。

4518. 原则之内讲感情,原则之外讲党性。

4519. 坚持原则不退缩,敢作敢为不推诿,尽心竭力不懈怠。

4520. 信念比黄金重要,立场比方法重要,监督比制度重要,做比说重要,集体比个体重要。

4521. 越是思想活跃,越要旗帜鲜明。

4522. 坚持信仰才能保持自信。

4523. 文化的背后是良心,政绩的背后是政德。

4524. 一个地方发展,最忌讳的是"新官不理旧事",换一个领导换一套思路;最没有出路的是墨守成规,思想保守,不思进取。

4525. 权力对贪婪者是一把自刎的利刀。

4526. 权力是易碎品，不该碰的地方就绝对不能碰。

4527. 权不在大，唯公则灵。

4528. 心正，行必直。

4529. 事事以权谋私，终被所累。

4530. 权力一旦成为利益的靶标，就有被打倒的可能。

4531. 宁可清平自乐，不可浊权多忧。

4532. 权力有多大，风险就有多大。

4533. 官衔是脸上的脂粉，并非自己的真正肤色。

4534. 权力一经典当，即永不能赎回。

4535. 花以芳香为美，权以清廉而贵。

4536. 三思而后行，谋定而后动。

4537. 受贿如同吸毒，绝不能有第一次。

4538. 为腐败最终买单的只能是腐败者自己。

4539. 索贿是向魔鬼借债。

4540. 清廉是对自己负责，不是做给别人看的。

4541. 公为矛，锐不可当；廉为盾，坚不可摧。

4542. 廉则夜夜平安，毫无敲门之惊；贪则日日煎熬，自有指脊之虑。

4543. 有什么信念，就选择什么态度；有什么态度，就会有什么行为；有什么行为，就产生什么结果。

4544. 责任比能力更重要。

4545. 敬业和奉公是领导者责任心的两大基石。

4546. 讲政治人民至上，求真理实践第一。

4547. 与民同乐，民亦乐其乐；与民同忧，民亦忧其忧。

4548. 顺历史而行，个人力量才能激活。

4549. 一切大的政治错误没有不是离开辩证唯物论的。

4550. 信仰和价值观是一个组织的灯塔和灵魂。

4551. 要有党性，也要有个性。

4552. 信念是支撑，方法是生命，团结是力量。

4553. 信念激发潜能，思想创造奇迹。

4554. 一个人有了信念，才有了前进的动力；一个人有了信念，才可以创造出奇迹。

4555. 勤奋是为政之根，付出是成业之本。

4556. 人心如秤，民意如镜。

4557. 国民之魂，文以化之；国家之神，文以铸之。

4558. 政兴在于得民心，政废在于逆民意。

4559. 一身严正，鬼神亦敬。

4560. 制度不能移植，凡是移植的制度都活不了。

4561. 官德从来无根，却可树人；好书并非药品，但能治病。

4562. 入则恳恳以尽忠，出则谦谦以自悔。

4563. 官高不泯公仆心，位显愈添赤子情。

4564. 敬畏权力者则权力敬畏之，亵渎权力者则必为权力所亵渎。

4565. 善于从"包揽一切"向"总揽全局"转变；善于从主

要依靠政策向主要依靠法律转变；善于从经验决策向科学、民主决策转变；善于从依靠硬办法向注重软方法转变。

4566. 关系不能违背原则。

4567. 公则不为私所惑，正则不为邪所媚。

4568. 当官要公廉，亲情第一困难。世间多少仁义家事，看似无情却有真情；世间多少家庭悲剧，看似有情却又显无情。

4569. 适度用权是一种游刃有余的大气，而非捉襟见肘的仓促；是一种从容不迫的成熟，而非急功近利的幼稚；是一种目光远大的驰骋，而非孤注一掷的盲动。

4570. 为谁掌权，怎样认识和使用手中的权力，始终反映一个人的觉悟、品格和精神境界。

4571. 权力一旦与资本相互勾结，必然异化为用本该保护公共资源的"大棒"去攫取"金元"。

4572. 权力来源要有据；权力配置应合理；权力行使须有度；权力运行应有序；权力监督要有力。

4573. 领导干部的权力来源于人民，掌握权力更多是一种责任，而不是一种个人价值的张扬。

4574. 权力必须放在笼子里，必须晒在阳光下。

4575. 为官者既不能把权势作为补偿自己努力和付出的战利品，也不能拿权势当作报怨和报德的工具，更不能因权势而放大自己的心理和人格缺陷。

4576. 只有你把群众当亲人，群众才能把你当亲人；你把群众地位放得有多高，你在群众中的威信就有多高。

4577. 人在干，天在看，老百姓心中有杆秤。

4578. 改革不是改向，变革不是变色。

4579. 保持战略清醒，增强战略实力。

4580. 多接地气，就不会浮躁。

4581. 战场上打不赢，一切都等于零。

4582. 民意如流水，民心大如天。

4583. 为政首要，敬天爱民。

4584. 青年干部要健康成长需以理想指路，以素质强身，以勤奋成业，以修身立世。

4585. 年轻干部既要志存高远，又要面对现实；既要修身立德，又要增长才识；既要务实苦干，又要讲究方法；既要谦虚谨慎，又要大胆工作。

4586. 为政贵简，简在心纯，简在务本，简在尽心。

4587. 着力培养坚定的信念、顽强的意志、理性的态度、豁达的心胸、平民的心态五个方面的良好心理素质。

4588. 树进取之心，立争先豪气；树责任之心，立发展勇气；明是非界限，养浩然正气；存包容胸怀，育仁厚和气。

4589. 坚持正确原则，切忌随波逐流；坚持与时俱进，切忌随遇而安；遵循客观规律，切忌随心所欲；坚守职业操守，切忌随世沉浮。

4590. 得民心的诀窍是敬畏民、忠于民、为民行善、为民去恶。

4591. 良法程序正义能够保护实体正义；恶法借口实体正义破坏程序正义。

4592. 作风实则风气正，风气正则事业兴。

4593. 为官之本在于为官一场、造福一方；为官之理在于讲奉献；为官之德在于清廉；为官之义在于明法。

4594. 从政的扣子从一开始就要扣好。

4595. 当干部就得怀为民之心、弘为民之德、具为民之能。

4596. 歪风压不住，正气就上不来。

4597. 用权不自在，人生方自在。

4598. 两袖清风，心地安然何有敲门之惊；一身正气，胸怀坦荡自无指脊之虑。

4599. 廉洁自律，才能永有"保护伞"；防微杜渐，方可永立"安全岛"。

4600. 贪婪是事业的坟墓，腐败是人生的悲剧。

4601. 廉洁是廉洁者的摇篮，贪婪是贪婪者的坟墓。

4602. 做人旨在问心无愧，做官贵于清正廉洁。

4603. 不勤，无以成就事业；不廉，难以凝聚人心；不正，焉能镇贪腐。

4604. 贪图不义财物之时，葬送美好前程之始。

4605. 安而不忘危，存而不忘亡，治而不忘乱，富而不忘贫，乐而不忘忧，成而不忘败，顺而不忘逆，甘而不忘苦，福而不忘祸。

4606. 用权当如履薄冰，不慎乃殃；纵欲似饮鸩止渴，无节则殇。

4607. 人民的咒骂，较死刑尤为痛苦；人民的歌颂，比金冕更为光荣。

4608. 做事勤为径，做人善为本，做官廉为先。

4609. 廉如清风常拂面，贪似毒药蚀灵魂。

4610. 有权必有责，用权受监督，滥权要追究。

4611. 只有培植科学理论之根，才能强固理想信念之本；只有用科学理论武装头脑，才能在复杂环境中正确把握形势，保持清醒头脑，抵御各种风险。

4612. 漠视问题就是最大的问题，没有忧患就是最大的忧患。

4613. 一个好干部只有明大德、守公德、严私德，才能尽其才。

4614. 深居"庙堂"，难免不知民生疾苦；作风飘浮，难免不悉祸起萧墙；"温室"论道，必然志大才疏。

4615. 天时地利是发展的基础，持续的发展主要靠人和。

4616. 民心所向者，势如破竹；民意所系者，下自成蹊。

4617. 不贪才是宝，唯俭乃能廉。

4618. 事拙全因利，人昏皆为贪。

4619. 有"大德"，走"大道"，干"大事"。

4620. 从来清白无遗祸，自古贪争有后殃。

4621. 干部就是要干，战士就是要战。

4622. 无私才能无弊，无弊才能为政公平。

4623. 一正敌千邪。

4624. 理正不怕官，心正不怕天。

4625. 诚破天下伪，实破天下虚。

4626. 没有发展，稳定难以持久；没有稳定，发展没有前提。

4627. 优点成绩不讲跑不了，缺点错误不讲不得了。

4628. 集体是力量的源泉，众人是智慧的摇篮。

4629. 依靠群众，如鱼得水；脱离群众，如树断根。

4630. 依靠群众是千里眼，脱离群众是睁眼瞎。

4631. 心正路也正，心邪路也斜。

4632. 上梁不正下梁歪，下梁不正塌下来。

4633. 上面糊糊涂涂，下面麻麻杂杂。

4634. 没有干部的清正就没有政府的清廉，没有干部的清正、政府的清廉，就没有社会政治的清明。

4635. 政治要清醒，做人要清白，官德要清澄，目标要清楚，作风要清雅，思路要清晰，关系要清爽，生活要清淡，心理要清静，收入要清澈。

4636. 勤政为要"见事见物"："见事"，就是要落实到一件件具体的事情上；"见物"，就是要体现到人民群众感受到的实惠上。

4637. 腐败是沉重的枷锁。

4638. 官清民自安。

4639. 一正无不正，一邪无不邪。

4640. 上头偏一线，下面歪一片。

4641. 不要见风就是雨，做事还是看民意。

4642. 严是爱，宽是害，放纵不管是祸害。

4643. 清廉无欲威望起。

4644. 志正则众邪不生，心静则众事不躁。

4645. 贿随权生，祸从欲起。

4646. 理想是指路的明星。

4647. 思危才能居安。

4648. 宁肯折断骨头，不能背弃信念。

4649. 上无骄行，下无谄德。

4650. 基础牢则政权稳，基层治则天下安。

4651. 信念失则妄念生，而妄念生则事业损、前程危。

4652. 正以处心，廉以律己。

4653. 明大德，铸牢理想信念；守公德，强化宗旨意识；严私德，锻炼意志品质。

4654. 一代人有一代人的使命，每一任有每一任的职责，担当起该担当的责任。

4655. 为民怎能不作为，务实更该在状态。

4656. 清正廉洁才能刚正不阿，自己行得正才能敢担当。

4657. 党内生活松一寸，党员干部队伍就散一尺。

4658. 对领导干部而言，廉洁自律是"1"，其他是"0"；倘若"1"不存在，其他则均无意义。

4659. 当干部就得勤于谋事、专心做事、大胆干事。

4660. 要有内心深处的政治坚定，始终认定自己是党的人；要有实际工作中的政治坚守，始终从政治上看问题；要有至信至笃的政治坚毅，始终保持政治定力。

4661. 庸政懒政之害，不亚于贪污腐败。

4662. 无功就是过，庸碌就是错。

4663. 从政当忧百姓事，为官避事平生耻。

4664. 权和钱，都含有致癌物。

4665. 有油水的地方，常常是最容易滑倒的地方。

4666. 畏危者安，畏亡者存。

4667. 注重以"战略思维"谋全局，注重以"辩证思维"解忧难，注重以"法治思维"护公正，注重以"底线思维"定边界。

4668. 以"公"为"道"，持"正"为"派"。

4669. 大德之行，必有大治；大德既失，必有大乱。

4670. 官德先于民德，官风决定民风。

4671. 没有德等于没有魂，魂不在，人难立、官难做、业难成。

4672. 本事越大，本领越强，业绩越突出，越要讲党性、重品行、做表率，以德领才、以德润才，努力成为德才兼备的好干部。

4673. 当干部既要守住法纪底线，更要筑牢道德屏障。

4674. 法律是成文的道德，道德是内心的法律；法纪是行为底线，道德是行为高点。

4675. 当干部，不能只有养家糊口、提职升迁的小追求，更要有服务国家、服务人民的大追求；不能纠结于失去一次机会、少拿一项荣誉的小牺牲，更要抱定为理想奋不顾身、为信念抛家舍业、献出自己的全部精力乃至生命的大牺牲；不能只讲工作累一些、收入低一些的小奉献，更要讲为党为民矢志奋斗、奋发有为的大奉献。

4676. 始终要看重自己的气节、人格和名声，敬畏人民、权力和法纪，不可寡廉鲜耻，不可无所顾忌。

4677. 永远要心存敬畏、手握戒尺，在工作上大胆，在用权上谨慎，用金箍棒自己给自己划个圈。

4678. 不弃私心，必废公事。

4679. 为官不易不能为官不为，遵守规矩不能无所作为。

4680. 脱离轨道的卫星容易坠落，失去监督的权力必然走偏。

4681. 小智善于治事，大智善于用人，睿智善于立法。

4682. 名利不争多少，权力不争大小，位置不争先后，荣誉不争高低，待遇不争厚薄。

4683. 要有登高望远的大气，要有既专又博的才气，要有勤思善悟的灵气，要有争先创优的志气，要有攻坚克难的勇气，要有扬善弃恶的正气。

4684. 以权谋私一阵子，蒙羞悔恨一辈子；声色犬马一阵子，声名狼藉一辈子；人生在世一辈子，其实没有几阵子；管好每个一阵子，幸福安康一辈子。

4685. 历史教训不可忘，历史经验可借鉴。

4686. 廉洁有益健康，腐败导致死亡。

4687. 信念来源于实践，存在决定意识。

4688. 为官若一味地弄权、敛财、贪色，必将成为"魔鬼"；若是清廉勤政、无私奉献、心系百姓，必将成为当之无愧的"圣人"。

4689. 真正的勇气来自铁一般的信念。

4690. 信念创造奇迹。

4691. 理想指引人生方向，信念决定事业成败。

4692. 为官当抑欲。

4693. 思想水平在于看透和慎言。

4694. 破一次规矩，就会留下一个污点；搞一次特殊，就会丧失一份威信；谋一次私利，就会失掉一片民心。

4695. 讲党性、重品行是从政之魂；善谋划、敢担当是从政之要；纳群言、聚人心是从政之基。

4696. 成由勤俭败由奢，千年古训；政尚清廉人尚朴，一世良方。

4697. 最可怕的敌人，就是没有坚强的信念。

4698. 一个人的绝对自由是疯狂，一个国家的绝对自由是混乱。

4699. 面对大是大非敢于亮剑，始终保持政治上的清醒，坚守原则，做到"咬定青山不放松，任尔东西南北风"；

面对矛盾敢于迎难而上，敢于涉险滩、破藩篱；面对危机敢于挺身而出，站得出来、豁得出去、顶得上去；面对失误敢于承担责任，"思其过，改其行"；面对歪风邪气敢于坚决斗争，敢抓敢管，不留情面，严厉整治不正之风。

4700. "为大多数人谋幸福"的信仰是一面永不褪色的精神旗帜，是一座抵御诱惑的情感堡垒，更是一种护佑我们到达彼岸的精神力量；坚守信仰，我们将战无不胜。

4701. 整个人生其实就是一幕信仰之剧。

4702. 担当是一种境界追求、一种素质要求、一种人格修养，也是一种责任体现、一种行动自觉，还是一种勇气智慧、一种能力反映，更是一种拼搏意志、一种牺牲奉献。

4703. 百姓口碑，干部金杯；群众意见，干部镜鉴。

4704. 感情真一分，作风好一分。

4705. 架好"天线"，勤观"天气"，坚持与上级组织保持高度一致；架好"地线"，多接"地气"，始终同人民群众保持血肉联系。

4706. 增强"问题意识"是修养之基、成就之要、发展之需，必须以强烈的政治责任感直面问题，以深厚的知识沉淀分析问题，以务实的工作作风解决问题。

4707. 任何时候，都不可闭目塞听而无视问题，也不可偏于一隅而敷衍问题，更不可安逸享乐而放纵问题。

4708. 一个团队,需要主导力的方向掌握,也需要辅导力的众人拾薪。

4709. 负责是一种正视自己的理性,也是敢于担当的勇气。

4710. 作风就是战斗力,作风滋育战斗力。

4711. 脑子里永远有任务,眼睛里永远有问题,肩膀上永远有责任,胸膛里永远有激情。

4712. 只有坚持内心的原则,敢于对一切不良意图说"不",才能保证两袖清风、廉洁奉公,做到真正的问心无愧。

4713. 领导干部务实清廉,就会带动社会风清气朗;领导干部言行一致,就会带动社会诚实守信;领导干部拒斥浮华,就会带动社会不慕虚荣。

4714. 只有制度执行到位,铁规才能发力,禁令才能生成。

4715. 政治生态污浊,从政环境就恶劣;政治生态清明,从政环境就干净。

4716. 权欲如同烈酒和毒药,很容易使人丧失理智。

4717. 责任引领担当,担当支撑责任,责任体现了境界和品格,担当意味着勇气和意志。

4718. 至孝者才能至忠,至孝者才能至善。

4719. 拥有绝对真理,才能做到宽容;拥有绝对真理,精神上才有足够的时间和空间,才有真正的自由。

4720. 令苛则不听,禁多则不行。

4721. 国治则民安,事乱则邦危。

4722. 反腐倡廉人人有责,拒腐防变人人都是剧中人。

4723. 高薪未必能养廉，而低薪未必能保廉。

4724. 人人头上都高悬着一把利剑，那就是公平、正义与法律。

4725. 唯有敢于担当，才能无私无畏。

4726. 历史是最好的教科书，也是最好的清醒剂。

4727. 任何时候都应远离阴谋和暴力。

4728. 从谏兴，从佞亡。

4729. 爱则民心顺，公则民心服。

4730. 没有理想等于没有灵魂。

4731. 领导决策力重在领方向、建愿景、定战略、选目标、明策略、寻路径。

4732. 危急关头，只有领导干部"不急"，干部和群众才能应急。

4733. 以敬畏之心对待群众，以公仆之身融入群众，以先进思想理论教育引导群众、宣传发动群众，以勤政之本造福人民。

4734. 不打破利益固化的制度，就不可能实现社会公平。

4735. 司法如果被权力干扰，会让公平正义很受伤。

4736. 司法理当神圣，但不能神秘，司法越神秘，公平越难寻。

4737. 老虎不打不死，苍蝇不拍不灭，腐败不会自动消失，放任不管只能愈演愈烈。

4738. 反腐败问题上，不能只设"高压线"，关键得"通电"。

4739. 权为民所用，纵然是清风两袖，自当流芳百世传佳话；利为己所谋，即便有众多豪宅，也会遗臭万年遭殃后人。

4740. 坚持绝对忠诚的政治品格，坚持高度自觉的大局意识，坚持极端负责的工作作风，坚持无怨无悔的奉献精神，坚持廉洁自律的道德操守，永葆清正廉洁的政治本色。

4741. 增强精神之"钙"，夯实党性修养之"基"，绷紧纪律之"弦"，清除作风之"弊"，凝聚道德之"魂"，筑牢自律之"堤"，直面监督之"镜"。

4742. 廉贪一念间，荣辱两世界。

4743. 常算"七笔账"。"政治账"：公职没了，党籍没了；"经济账"：想得到更多反而失去更多；"名誉账"：身败名裂，丢人现眼；"家庭账"：幸福的家庭因贪婪而葬送；"亲情账"：众叛亲离，妻离子散或家破人亡；"自由账"：铁窗高墙相伴余生；"健康账"：痛心疾首，身心交瘁。

4744. 为政贵在行，以实则治，以文则不治。

4745. 位高不擅权，权重不谋私，用权不违规。

4746. 警不在言，而在于严、在于行。

4747. 严惩腐败，就是用准绳，使人知平直；用规矩，使人知方圆；用明镜，使人见高低、辨优劣。

4748. 纵一恶则民怨皆沸腾，蔽一贪则生灵遭涂炭，掩一腐则肌体被侵蚀，容一邪则天平将倾斜。

4749. 公道不公道，公开就知道。

4750. 没有公开和透明，光明就会成为黑暗，神奇就会成为腐朽，正义就会成为浮云，承诺就会成为忽悠。

4751. 最铁的是规律，最硬的是法律，最严的是纪律，最管用的是他律，最要紧的是自律。

4752. 廉不言贪，勤不道苦。

4753. 制度管人，文化管心；制度使人不能腐败，文化使人不想腐败。

4754. 居安而念危，则终不危；操治而虑乱，则终不乱。

4755. 没有伟大的信仰就没有远大的追求。

4756. 任何重大的现实问题都深层地蕴含着重大的理论问题，任何重大的理论问题都源于重大的时代性的现实问题。

4757. 胸怀大局，把握大势，着眼大事；因势而谋，应势而动，顺势而为。

4758. 保持战略清醒是增强战略实力的前提，加强战略思维是增强战略实力的保证，提高战略能力是增强战略实力的关键。

4759. 只有具有深邃思想和深刻理论，才会有坚定的理想信念，才会焕发出巨大的精神力量，才会散发出独特的人格魅力。

4760. 廉政是人生航船安全到港的方向标，勤政是人生航船满载到港的动力源。

4761. 政治上跟党走，经济上不伸手，生活上不丢丑。

4762. 社会心态是改革发展的"风向标"、文化建设的"晴雨表"、社会稳定的"安全阀"。

4763. 加强理论修养，真正掌握马克思主义的立场观点方法，坚持以理论联系实际的学风、与时俱进的态度学习和运用马克思主义；加强政治修养，增强政治信念的坚定性、政治立场的原则性、政治鉴别的敏锐性、政治忠诚的可靠性；加强道德修养，不断提高道德认识，陶冶道德情操，锻炼道德意志，提升道德境界；加强纪律修养，增强纪律观念，自觉在思想上、政治上、行动上同党中央保持高度一致；加强作风修养，坚决反对形式主义、官僚主义、享乐主义和奢靡之风，切实做到为民、务实、清廉。

4764. 人才兴则事业兴，人才强则事业强。

4765. 领导干部的政治品德的核心是忠诚，要坚持马克思主义信仰，坚持中国特色社会主义，政治坚定、思想纯洁，大是大非面前旗帜鲜明，与党中央保持高度一致；坚持党性原则，忠于党和人民的事业，高度负责、勇于担当；坚持党的宗旨，自觉联系群众、服务群众；坚持实事求是，讲实情、说实话、干实事、求实效。

4766. 领导干部的职业道德的核心是公道正派，要树立正确的权力观、事业观、政绩观，恪尽职守、爱岗敬业，务实重干；做人公正，处事公平，待人公道；积极进取，锐意改革，勇于创新；秉公用权，严于律己，清正廉洁。

4767. 领导干部的家庭美德的核心是挚爱情真，要善待孝敬老人，夫妻互敬互爱，关爱教育子女，与亲戚保持正常良好关系。

4768. 领导干部的社会公德的核心是诚实守信，守信于心，守信于言，守信于行，言行一致，表里如一；维护社会和谐稳定，助推社会公益事业，勇于同社会不良现象做斗争，邻里之间和睦相处。

4769. 对人民始终要有敬重之心、依恋之心、感恩之心、关爱之心。

4770. 你对群众的感情有多真，你为群众服务就会有多真；群众在你心里有多重，你在群众心里就会有多重。

4771. 权力是把"双刃剑"，为民则利，为己则害。

4772. 既要接"天线"，更要接"地气"。

4773. 腐败根源于人的劣根性，泛滥于权力不受制约。

4774. 守法的政府最有效率，依法的官员才有威望。

4775. 把担当的出发点放到为党尽责、为民造福上，而不是看风向、喊不着边际的空口号上；把担当的落脚点放到每一件小事、每一个具体问题上，而不是追求"规模效应"和"形象工程"上；把担当的着力点放到打基础、利长远、惠子孙上，而不是短期效益和轰动效应上。

4776. 闭目塞听不可能强国富民，妄自尊大算不上雄心壮志。

4777. 行大道，坚持立党为公、执政为民；行公道，坚持秉公用权、公平处事；行正道，坚持一身正气、廉洁清正。

4778. 责任意识以忧患意识为前提，忧患意识激发人们明确自身的责任和担当；忧患意识以责任意识为归宿，忧患意识最终要落实为未雨绸缪、履职尽责的意识和行动。

4779. 做老实人、说老实话、干老实事，严以修身、严以用权、严于律己，让群众信得过、忘不了，让党放心。

4780. 治事先治政，治政先治吏，治吏先治心。

4781. 做官莫贪钱，赚钱莫从政。

4782. 位不在高，有为则名；权不在大，尽责则灵。

4783. 有责要有为，有为才有位。

4784. 干部不远离腐败，腐败便会消除干部。

4785. 心中要确立亲民爱民为民的情怀，手上要慎用国家和百姓赋予的权力，脚下要踏着坚实厚重的大地。

4786. 以心正为根基，以走正路为要旨，以干事担事为前提。

4787. 忠要尽大忠，孝要行大孝。

4788. 心中有公，天高云淡，阴霾遮不住彩虹；品行端正，大智若愚，浮沉闹市一身清风。

4789. 凡事皆须务本，国以人为本，人以衣食为本。

4790. 顺应民心，天下永固；背离民心，江山动摇。

4791. 水清沙自洁，官闲弊自绝。

4792. 官员有任期，事业无止境。

4793. 身上捆着名缰利锁，脑中想着进退离转，眼里盯着功名利禄，迟早会翻船落马。

4794. 一思"为了谁"，增强责任意识，多办实事好事；二思"依靠谁"，增强忧患意识，自觉改进作风；三思"我是谁"，增强宗旨意识，争做人民公仆。

4795. 需思官场吃喝一席宴，必耗民间半年粮。

4796. 思想上松一寸，行动上就会散一尺。

4797. 官清则政善，政善则民安。

4798. 要形式，不是形式主义；要简约，不要繁文缛节；要口碑，不要金杯银杯。

4799. 政贵有恒，弛而不息，久久为功，善做善成。

4800. 人民，是永远的江山；群众，是永恒的考官。

4801. 应当该做什么做什么，不可想做什么做什么。

4802. 以"如履薄冰"的谨慎之心对待小事，以"祸患积微"的忧患之心对待小节，侥幸心理不能有，权力运用不能乱，接受监督不能松。

4803. 居高不移公仆之心，权大不忘责任之重。

4804. 治国先治吏，治吏先治腐，治腐先治心，治心先治欲。

4805. 治人者必先自治。

4806. 政简，才能风清。

4807. 政风朴，民风厚；政风苛，民风争。

4808. 平则虑险，安则虑危。

4809. 屋漏在下，知者在下。

4810. 大纲不正，万目即紊。

4811. 克己以济民，力行而不悔。

4812. 节欲乃修身之要，爱民为永国之方。

4813. 求实效而不为虚语，务力行而不责近功。

4814. 官贪则不能望之以爱民，官愚则不能望之以治事。

4815. 心思用在工作上，情感贴在民心上，作风拧在求是上，荣誉记在集体上。

4816. 私心，让人威信扫地；贪心，让人立场错乱；妒心，让人丧失理智；偏心，使团队内讧；疑心，使同伴离散；粗心，必然功败垂成。

4817. 廉者，民之表也；贪者，民之贼也。

4818. 政绩是最好的"钥匙"，组织是最可靠的"大树"。

4819. 能吏寻常见，公廉第一难。

4820. 行动并不来自于思想，而是来自于愿意承担责任。

4821. 教育是国家的主要防御力量。

4822. 忠诚是政治品格，干净是做人底线，尽责是职业素养。

4823. 勇于创新不停步，行使权力不偏向，遵守纪律不走样。

4824. 不担当，则无经世之事业；不摆脱，则无出世之胸襟。

4825. 职务升迁只是领导干部成长的表象，心灵的转变才是领导干部成长的实质。

4826. 居安思危，危变弱；防患未然，患能除。

4827. 没有理想，就没有坚定的方向；而没有方向，就没有生活。

4828. 腐败之祸猛于虎。

4829. 腐败不但会吞噬改革的成果，而且将瓦解公众对改革的支持，引发激烈的社会冲突，成为终结改革的致命杀手。

4830. 即使环境容易滋生腐败，法律也从来不保护腐败。

4831. 桥归桥，路归路，腐败与政绩不可相抵。

4832. 世界观、人生观、价值观是干好干坏的"总开关"。

4833. 使命感、责任感、紧迫感是干多干少的"动力源"。

4834. 防线、底线、红线是守护前程的"生命线"。

4835. 一把手的"八大忌"：一忌"拉帮结伙"，二忌"揽功诿过"，三忌"表里不一"，四忌"朝令夕改"，五忌"我行我素"，六忌"良莠不分"，七忌"嫌贫爱富"，八忌"欺软怕硬"。

4836. 把岗位当作考场，把行使权力当作考试。

4837. 忧国者不顾其身，爱民者不罔其上。

4838. 人心不摇，邦本自固。

4839. 信仰是石，能敲出生命的火花；信仰是火，能驱散心灵的寒霜；信仰是星，能引领前进的方向；人只要树立起坚定的信仰，人生就会奏响动人的华章。

4840. 以人为本，以财为末；人安则财瞻，本固则邦宁。

4841. 嗜欲之原灾，廉正之心生。

4842. 廉者，政之本也。

4843. 没有对历史的总结归纳，便不能有对未来的把握。

4844. 欲影正者端其表，欲下廉者先立身。

4845. 未雨绸缪才能防患于未然。

4846. 上邪下难正，众枉不可矫。

4847. 上严则下暗，下暗则上聋。

4848. 不深化无以坚持，不坚持无以深化。

4849. 靠实干办好实事，靠实干提升实效，靠实干做出实绩。

4850. 没有崇高的理想就没有伟大的目标。

4851. 无农不稳，无工不富，无商不活，无兵不强。

4852. 做官欲求福，还在清廉中。

4853. 政治上守本分不偏方向，工作上守本分不乱章法，生活上守本分不丢形象。

4854. 在学法上更加全面深入，切实做到先学一步、高出一筹；在尊法上更加坚定自觉，真正内化于心、外化于形；在守法上更加严格自律，时时处处以宪法法律为准绳；在用法上更加积极主动，养成遇事找法、办事依法、解决问题靠法的行为习惯，成为法治型领导干部。

4855. "官""商"交往必须相敬如宾，守住法律、道德的底线。

4856. 大公无私得人心，能避嫌者品自高。

4857. 天下大德，莫过于忠。

4858. 制度是最好的守望者，科学有效的制度，其实就是最稳定、最持久的环境。

4859. 廉字必须内化于心，廉洁必须实化于行，廉政必须固化于制，倡廉必须强化于责。

4860. 信仰富有，才有矜持不苟、舍己为公的洁白朴素；信仰纯洁，方有"只见公仆不见官"的不懈斗志；信仰坚定，方有"富贵不能淫，贫贱不能移，威武不能屈"的浩然之气。

4861. 利诱面前不动摇，金钱面前不动心，贿赂面前不伸手。

4862. 简单做人，简洁为官，简捷行事；一副肝胆，两袖清风。

4863. 增强忧患意识，关键在于培养和运用辩证的思维方式，善于从太平中预见危机，从有利中发现不利，做到见事于初萌、防患于未然；在于始终具有责任意识和进取精神，不因矛盾和困难而怨天尤人、畏缩不前，敢于迎难而上。

4864. 乱世之乱，祸害有时；太平之乱，国无宁日。

4865. 国不富不可以养兵，兵不强不可以摧敌。

4866. 能付爱心就是智，能消除烦恼就是慧。

4867. 家庭和睦则社会安定，家庭幸福则社会祥和，家庭文明则社会文明。

4868. 千家万户都好，国家才能好，民族才能好；国家好，民族好，家庭才能好。

第二辑 决策科学

4869. 急事要稳断,刚事要柔断,特事要特断,可断可不断的不急于断,但乱事一定要当机立断。

4870. 决策前要冷静沉稳,决策后要义无反顾。

4871. 一个成功的决策,等于90%的信息加上10%的直觉。

4872. 果断决策是摆脱纠结的良方。

4873. 做决策,审时度势有真招;用干部,知人善任用实招;转观念,与时俱进出新招;谋全局,运筹帷幄亮高招。

4874. 善于从劣势中看到优势,善于从危机中看到机遇,善于从落后中看到希望,善于从差距中看到潜力。

4875. 遇事冷静,才能做出正确的选择。

4876. 正确的决策来源于丰富的知识和经验,来源于周密的调查研究和准确而有预见的分析判断,来源于健全的心理和决断的胆识和勇气。

4877. 不做决策也是一种决策。

4878. 魄力绝对不是专横跋扈。

4879. 全面掌握信息才能做出正确的决策。

4880. 没有科学的决策,就没有出色的执行。

4881. 决策的质量与信息量成正比。

4882. 群众参与多一点,科学研究足一点,意见征求勤一点,决策失误就会少一点。

4883. 重大决策"从贤不从众"。

4884. 决策如射,射在专一。

4885. 没有预测活动,就没有决策的自由。

4886. 掌握足够的信息是保证决策正确、避免失误的重要条件。

4887. 以科学咨询支持科学决策,以科学决策引领科学发展。

4888. 研究当前的问题,必须服从于长远的发展目标;而研究长远的问题,又必须从现实出发。

4889. 普遍存在的问题在方针政策上找原因,反复出现的问题要从发展规律上找原因。

4890. 搞清楚真相之前,且慢做决定。

4891. 变化的最佳时机是你想变的时候,而不是你不得不变的时候。

4892. 目标具有统领作用。

4893. 属重大事项,必须坚持"四不"决策:事先不充分论证不决策,到会班子成员不足三分之二不决策,会上班子成员不充分发表意见不决策,意见不集中一般不决策。

4894. 没有"反对",就没有决策。

4895. 对已知的环境,做进一步想;对未知的环境,做退一步想。

4896. 既谋一时,也谋万世;既谋一域,又谋全局。

4897. 不怕一万,就怕万一。

4898. 思考要理性,操作要感性。

4899. 智慧愈寡,臆断愈多。

4900. 当断不断,反受其乱。

4901. 百虑而一致,殊途而同归。

4902. 从全局看"形",从长远看"势"。

4903. 相时而动。

4904. 只有看到变化,才能发现契机;只有适应利用变化,才能准确、迅速地完成目标。

4905. 认清现状,有迹可循。

4906. 大目标教人干事业,小目标教人过日子。

4907. 目标太多就等于没有目标。

4908. 如果改变不了不利的大局,洁身自好也是一种不错的选择。

4909. 优柔寡断只会错失机遇。

4910. 越是慌乱越不能胡乱做决定。

4911. 一次关键性的选择比十次努力更重要。

4912. 若要正确地看各种事物,有个唯一的方法,即观察事物的整体。

4913. 回顾得越远,可能前瞻得越远。

4914. 透过现象看本质,研究变化观趋势。

4915. 视野有多宽,站位就有多高,谋事就有多远。

4916. 走一步能看三步,看清三步再走下一步。

4917. 决策事情要统筹全局,实施要沉稳持重。

4918. 谋贵众,断贵独。

4919. 善于舍弃复杂表象,直指问题本质。

4920. 放弃独立思考,是一切不幸的核心。

4921. 抉择一定要放在努力的前面。

4922. 选择比努力更重要。

4923. 俯下身子搞调研,静下心来想问题。

4924. 既要远望千里,又要近看眼前。

4925. 远期目标应高而弥散,近期目标应实而聚焦。

4926. 事前想得清,事中不折腾。

4927. 没有魄力,会优柔寡断;缺少智力,会独断专行。

4928. 众志之多疑,不如一夫之独决。

4929. 领导拍板三策:"火候"不到不拍板,以免"拍走板";该拍板时要拍板,以免"黄了板";"板"定法随敢"打板",以免"空拍板"。

4930. 真理诞生于若干个问号之后。

4931. 形势决定发展任务,问题代表时代声音。

4932. 仅仅是好的选择是不够的,现实需要的是最好的选择。

4933. 创新社会治理，要以最广大人民根本利益为根本。

4934. 发展是安全的基础，安全是发展的条件。

第三辑　管理学问

4935. 必须使人佩服，才能做到说服。

4936. 小胜靠才，中胜靠德，大胜靠道。

4937. 心态乱则方寸乱，方寸乱则一切都乱。

4938. 长计划，短安排；以长定短，以短保长。

4939. 只有接通"地气"，决策和工作才有"底气"。

4940. 管理就是管出道理，道理就是规则规范。

4941. 没有服从就没有指挥，没有指挥就谈不上管理。

4942. 关心是最有效的管理。

4943. 管理效率出自于简单。

4944. 管理讲究精准，精准源于全面。

4945. 管理从尊重人性开始，万万不可高高在上。

4946. 管理就是把复杂的问题简单化，混乱的事情规范化。

4947. 管理的一个重要内容就是对时间的合理利用。

4948. 处理问题，该一刀切时要果断地一刀切，不该一刀切时切忌一律一刀切；要生动活泼，不要机械呆板；要把原则性体现到灵活性之中，这样的原则性更强、更符合实际。

4949. 对复杂的问题，尽量寻求简单的办法去处理；看似简单的问题，千万不可简单从事。

4950. 前怕狼，后怕虎，那就什么事情也做不成。

4951. 自己能解决的问题，不要上交；需要协调解决的，主动去协调各方；自己解决不了的，要提出切实可行的解决方案，请上级帮助解决。

4952. 质量里面有效率，效率里面有质量；没有效率也不会有质量，没有质量更谈不上效率。

4953. 急事要缓办，缓事要急办。

4954. 卓越的管理，没有技术也会获得技术；拙劣的管理，有了技术也会丧失技术。

4955. 不会授权就不会管理。

4956. 一分布置九分落实，不落实就会落空。

4957. 制度的生命力在执行，执行的要害在严格。

4958. 互相补台，好戏连台；互相拆台，一起垮台。

4959. 站得直，走得正，才让众人信服。

4960. 目标就是力量。

4961. 以身作则，才能领导他人。

4962. 以德立威，以廉生威，以才增威，以绩树威，以勤补威，以诚取威，以公助威，以和养威，以情育威。

4963. 专听生奸，专任成乱。

4964. 高度决定速度，角度决定长度。

4965. 给能力强的下属挑战性的工作，使他更加能干，并感激上司对他的信任和重用。

4966. 一旦决定了目标，就应用最大的努力，把百分之五的希望，变为百分之百的现实。

4967. 要有想干的意识、敢干的气魄、真干的功夫、能干的本领。

4968. 凡事都要有度，一切都要适可而止。

4969. 当决定正确的目标之后，就要义无反顾地去做。

4970. 遇事不知变通，最终会陷入困境。

4971. 被教条左右的人，最容易陷入麻木的空间。

4972. 为事应"谦"，处事应"实"，做事应"勤"，看事应"运"，想事应"宽"。

4973. 汇报工作谈结果，请示工作备方案，总结工作讲流程，交接工作不藏私，回忆工作找方法。

4974. 没有足够的器量，便没有做大事的规模。

4975. 敏感地识别事态，镇定地面对事态，有效地处置事态，是处理突发事态的三大要诀。

4976. 认真地操作，积极进取，保持斗志的昂扬；淡泊地了结，宠辱不惊，维护心境的平和。

4977. 善疏则通，能导必安。

4978. 有主见方有魅力，有决断才有魄力。

4979. 如果目标是灯塔,那么计划就是航线。

4980. 重点关注异常,正常事务制度化。

4981. 把事情交给忙碌的人,因为其明白时间的珍贵,所以做什么事情都很利落。

4982. 不能管理时间,便什么也不能管理。

4983. 实干才能脱颖而出。

4984. 急则用威,缓则用德。

4985. 一个人具备多少能力,不只是他一个人的时候能做什么,还要包括他能通过别人做什么。

4986. 不懂得如何让别人做事,等于不懂得如何生存。

4987. 看事情太明白,往往就失去了做事的勇气。

4988. 干一寸胜过说一尺。

4989. 每个人都有人格尊严,管理要从尊重人开始;每个人都有生存和发展的欲望,管理要从满足欲望开始;每个人都有虚荣心理,管理要从引导入手以激发工作热情;每个人都想出人头地,管理要给人以机会和平台。

4990. 善于抓住突出问题,勇于直面敏感问题,认真研究新问题,扎实解决老问题。

4991. 每一件事都要从多方面的角度去看它。

4992. 心态好,行为就好;行为好,结果就好。

4993. 形态好,印象就好;印象好,人缘就好。

4994. 状态好,激情就好;激情好,感染力就好。

4995. 量大好做事,树大好遮荫。

4996. 说过的话不要推翻,做了的事不要中断。

4997. 事前要心细,事中要胆大。

4998. 无事时要提防,有事时要镇定。

4999. 冷静的人大事变小,冲动的人小事变大。

5000. 瓶颈之时要谨慎,艰险之时要坚强。

5001. 开口之前要思考,做事之前要准备。

5002. 看问题要全面看,干工作要认真干。

5003. 小事当作大事做,轻担要当重担挑。

5004. 有心无力事难成,有力无心白折腾。

5005. 事情越紧急,越要沉住气。

5006. 敢闯而不瞎闯,敢干而不盲干。

5007. 避免差错要瞻前顾后,考虑效果要思前想后。

5008. 具体情况具体分析,特殊问题特殊处理。

5009. 智欲圆而行欲方,胆要大而心要细。

5010. 争取时间就是争取一切。

5011. 功不滥赏,罪不滥刑。

5012. 高尚的竞争是一切卓越才能的源泉。

5013. 竞争是一切事物的源流和主宰。

5014. 绝大多数误解是由沟通不够造成的。

5015. 有备则制人,无备则制于人。

5016. 兼听则明,偏听则暗。

5017. 敢干是英雄,能忍是贤哲。

5018. 先理后管,多理少管。

5019. 不干,半点马克思主义都没有。

5020. 抓而不紧、抓而不实、抓而不常,等于白抓。

5021. 简单事不争吵,复杂事不烦恼,发火时不讲话,生气时不决策。

5022. 不忘本来才能开辟未来,善于继承才能更好创新。

5023. 打鼓打到重心处,工作抓到点子上。

5024. 心有多大,世界就有多大。有大心量之人,方能铸造大格局;有大格局者,方能够成就大气候。

5025. 顺理而举,易为力;背时而动,难为功。

5026. 无情的制度,有情的管理,情理交融、刚柔相济,应是领导者追求的境界。

5027. 柔而不弱,刚而不折,方圆并用,刚柔兼备。

5028. 善于把复杂问题简单化,善于把简单问题深刻化。

5029. 不多事,不废事,斯能任事。

5030. 领导水平在于授权和示范。

5031. 办事水平在于稳妥和完美。

5032. 开会水平在于协调和定夺。

5033. 操作水平在于精确和实效。

5034. 不论有多么正当的理由,怒火攻心永远是一种失败的表现,绝对属于消极的精神现象,绝对只能导致丢人现眼的结果。

5035. 提升抓落实的质量,必须搞好整体谋划,着眼解决具体问题,做好结合文章。

5036. 话多了只会招来困窘，默默地做出成绩来最重要。

5037. 要想好好解决问题，就一定要保持镇静。

5038. 哪里有思想，哪里就有威力。

5039. 思虑应周到，语言需得当，行为要公正。

5040. 拖延是最误人的习惯。

5041. 处事最当熟思缓处，熟思则得其情，缓处则行其当。

5042. 虑事周密，处心泰然。

5043. 孤则易折，众则难摧。

5044. 处有事当如无事，处大事当如小事。

5045. 实处落脚，稳处下手。

5046. 勿烦勿乱，和乃自成。

5047. 宽严得宜，恩威并用。

5048. 目标没有目的重要，效率没有效果重要，成本没有价值重要。

5049. 目的决定目标，目标决定途径，途径决定对策。

5050. 沟通是手段，认同是目的，沟通旨在实现干部和群众对决策的理解、认同和支持。

5051. 谋于前才可不惑于后。

5052. 专擅则狭隘，狭隘则离散，离散则困窘；协力则广博，广博则通畅，通畅则能成功。

5053. 登高望远才能心明眼亮。

5054. 哲学虽无小用，但有大用；哲学虽无浅用，但有深用；哲学虽无近用，但有远用。

5055. 哲学是明白学、智慧学，学懂了哲学，脑子就灵，眼睛就亮，办法就多。

5056. 能整合别人，说明你有能力；被别人整合，说明你有价值。

5057. 不变的是原则，万变的是方法；路线只有一条，方法却有百千。

5058. 站在对方角度思考，才能真正沟通。

5059. 打动人心的最佳方法，是谈他最珍贵的东西。

5060. 批评和表扬应结伴而行。

5061. 对事的协调以理为主，对人的协调以情为主；事与人交织，以人为主。

5062. 随方就圆便可减少阻力。

5063. 有才无德的人是最危险的，要警惕有能力而又奉承你的人。

5064. 引而不发最有威力。

5065. 以力服人只能使人慑服，以才服人可以使人折服，而以德服人则使人心服。

5066. 以德服人，以情感人，以智赢人，以形悦人，以己正人。

5067. 掌声、歌颂未必真帮忙，批评、反对不一定都添乱。

5068. 一个人想平凡，阻拦者很少；一个人想出众，阻拦者良多。

5069. 理直才能气壮，正己方能正人。

5070. 以势服人口服，以理服人心服。

5071. 有理不在先后，是非自有公论。

5072. 厚云才能下大雨，真理才能说服人。

5073. 以力服人者霸，以德服人者王。

5074. 在一件事情上负有多大责任，意味着自己在这件事情上有多大的影响力。

5075. 妥协是为了更"妥"。

5076. 没有沟通就没有管理。

5077. 相互尊重、平等相待，是进行沟通的前提；虚心坦诚、开放包容，是深入沟通的根本；达成谅解、凝聚共识，是有效沟通的标志。

5078. 用职权管人不是本事，通过人格服人才是本事；颐指气使不是本事，"不令而从"才是本事；用惩罚使人害怕不是本事，凭魅力赢得追随才是本事；自己有本事不是本事，让有本事的人为己所用才是本事。

5079. 赞美得越具体，效果越显著。

5080. 大权紧抓不放，小权及时分散。

5081. 开局需先圆后方。

5082. 立威需近圆远方。

5083. 处事需方圆兼顾。

5084. 协调需小圆大方。

5085. 定局需上圆下方。

5086. 抓好"大事"则事事都得到治理，事半功倍；样样都管，而事事荒废，事倍功半。

5087. 绝对的信任带来危机；应该在信任的同时，也不忘进行监督。

5088. 不施霹雳手段，难显菩萨心肠。

5089. 目标先于过程，目标重于过程，过程服从目标，目标决定过程。

50.90. 越秀越失败。

50.91. 没有教导就没有创造。

50.92. 喊破嗓子不如做出样子，一打纲领不如一个行动。

50.93. 风清则气正，气正则心齐，心齐则事成。

50.94. 做事不可应付，做人不可对付。

50.95. "出众"才能"服众"。

50.96. 互相批评利于人，检讨错误利于事。

50.97. 同频共振，同质相吸。

50.98. 纳众言方能得人心，得人心方能得人智，得人智方能成大事。

50.99. 只有善于借用下属人员的智能，领导才能织成美丽的锦裳。

5100. 鼓励和赞美能使白痴变为天才，批评与谩骂则可使天才变成白痴。

5101. 每个人都希望得到赞美，哪怕他做得很差。

5102. 有些事再等一等，往往就会柳暗花明。

5103. 积极的期望能催人奋进。

5104. 事愈急，心愈缓；缓制急，静制动。

5105. 听得少，就不可能抓住要领；看得少，就不可能抓住精华。

5106. 齐心合力，则无难不克；集思广益，则无事不成。

5107. 无益的话不如不说，无益的事不如不做。

5108. 成事在理不在势，服人以诚不以言。

5109. 学贵要，虑贵远，信贵笃，行贵果。

5110. 遇人多观察，遇事多动脑，干中多总结，事毕多感悟。

5111. 说话恰到好处，做事于无声处，智慧简捷有效，协调通达有力。

5112. 总是依赖他人，最容易削弱自己潜在的才能。

5113. 凡是推功揽过的人都能有效激励下属，使事业取得成功；而推过揽功的人则会削弱下属的斗志和积极性，必然使事业走向失败。

5114. 授权是分身术，用贤乃成事诀。

5115. 轻财足以聚人，律己足以服人，量宽足以得人，身先足以率人。

5116. 过度的严厉会造成恐惧，过分的温和会有失威严。

5117. 与其做一个忙碌的人，不如做一个有效率的人。

5118. 有所为有所不为，做得多不如做得对。

5119. 要说服别人，先说服自己。

5120. 能容悲愤之事者，必有雄壮之举，必成非常之业。

5121. 面对新生事物、未知领域，应当保持包容开放的心态接纳、尊重。

5122. 善于展示自己的优势和强项。

5123. 专心做好每一件事。

5124. 没有目标和不忠实于目标都是窃取时间的小偷，浪费时间的罪犯。

5125. 既不能权力旁落，也不可大权独揽。

5126. 推功揽过，让自己成为下属心中的守护神。

5127. 让权力与责任"如影随形"。

5128. 管事先管人，管人要管心。

5129. 管人是管理之本，管心是管人之本。

5130. 要看清大势所趋和人心所向。

5131. 事后控制不如事中控制，事中控制不如事前控制。

5132. 赢得人心，仁义比金钱更有效。

5133. 管人要用制度说话，"人治"不如"法治"。

5134. 制度是用来实施的，而不是吓唬人的摆设。

5135. 要想赢得下属的信任，就要一碗水端平。

5136. 荣誉是工作激情的催化剂。

5137. 打造团队正能量，从每一个漏洞抓起。

5138. 惩罚犯错者，可以提高整个团队的士气。

5139. 只奖不罚，只能让更多人不满。

5140. 对上尊敬，对下平和。

5141. 风趣幽默是良好关系的催化剂。

5142. 赞扬使沟通更顺畅。

5143. 偶尔的沉默胜过语言。

5144. 惩罚创新者，等于自毁长城。

5145. 养成"当日事当日毕"的好习惯。

5146. 批评与问责，对事不对人。

5147. 有能力没发挥，一切等于零。

5148. 把恰当的工作分配给恰当的人。

5149. 良好的环境和氛围能稳定人心。

5150. 批评时要力争做到心平气和。

5151. 明大数者得人，审小计者失人。

5152. 办事要快，靠的是抓得紧，而不是揽得宽。

5153. 一张一弛，迭相为用。

5154. 保持自身的个性和尊重别人的个性同样重要。

5155. 不为开会而开会，一定要解决问题。

5156. 把握工作变化的细节，在紧要关头亮出"变招"。

5157. 心中有气度的人，才有共赢的心态；以尊重为出发点的人，才可能实现共赢；而对外在环境和他人的体谅则是共赢的表现方式。

5158. 多点看问题，就不会有死路。

5159. 精通三法：善于观察，慎于选择，敢于出手。

5160. 目标要具体，操作要专业。

5161. 谋事、谋道、谋略是高人一筹的"杀手锏"。

5162. 只要稍稍地转变一下角度，事情就会有所不同。

5163. 适当施压，有助于团队成员的成长与发展。

5164. 早虑则不困,早豫则不穷。

5165. 轻忽细事,必有重忧。

5166. 有了成绩不邀功,荣誉面前不伸手,受到委屈不抱怨,责任面前不推诿。

5167. 天下之事,急之则丧,缓之则得,而过缓则无及。

5168. 认真省力气,弄巧费工夫。

5169. 计胜怒则强,怒胜计则亡。

5170. 急来缓就,高来低接。

5171. 文无定法,事有定规。

5172. 做事要针针见血,走路要步步留印。

5173. 赏于无功则众离,罚加无罪则众怒。

5174. 大事要清楚,小事要糊涂。

5175. 不要吝啬自己的掌声。

5176. 尊重是沟通的基础。

5177. 记住人家的名字,而且很轻易地叫出来,等于给别人一个巧妙而有效的赞美。

5178. 勿传不经之谈,勿听毁誉之语。

5179. 轻诺不寡信,多易必多难。

5180. 人性深处,无不渴望被赞赏。

5181. 上下同欲者胜。

5182. 伟大,首先在于管理自己,而不是领导别人。

5183. 发现长处,理解难处,不忘好处。

5184. 近则庸,疏则威,距离产生威严。

5185. 想问题从未来开始,做事情从今天着手。

5186. 集大智必谦,成大事必宽。

5187. 良好的态度是事业增值的资本。

第四辑　说话艺术

5188. 别让舌头超出思想。

5189. 在恰当的时间，于恰当的场合，对恰当的对象，说恰当的话，哪个环节都不要出岔子。

51.90. 话多不如话少，话少不如话好，多言不如多知，即使千言万语，也不如一件事实留下的印象深刻。

51.91. 对不方便回应的问题，或者避而不答，或者答非所问，总之就是不接招。

51.92. 说话简明，才能语惊四座。

51.93. 赞扬的话说到人心底才有效。

51.94. 不可受挫之后说胡话、嫉妒别人说闲话、被忽略时说怨话、被肯定时说狂话。

51.95. 不同场合要讲究说话的分寸：急事，慢慢地说；大事，清楚地说；小事，幽默地说；没有把握的事，谨慎地说；没有发生的事，不要胡说；做不到的事，别乱说；自己的事，听听自己的心再说；别人的事，小心说；开心的事，看场合说；伤心的事，不要见人就说；现在的事，做好再说；伤害人的事，不能说；讨厌的事，对事不对人地说。

5196. 背后说人不如明面指出。

5197. 与人交往切不可夸夸其谈。

5198. 话不说满，别自己把路封死。

5199. 说话讲究分寸，开口分清场合。

5200. 在交际中说好该说的"场面话"。

5201. 喜时说尽知心，到失欢须防发泄；恼时说尽伤心，恐再好自觉羞惭。

5202. 对痴人莫说梦话，防所误也；见短人莫说矮话，避所忌也。

5203. 蛇要打在七寸处，话要说在点子上。

5204. 要说谦话，不要说满话。

5205. 话要想好后再说，因为说话前你是话的主人，话说过后便成为话的奴隶。

5206. 多说好话，少说直话，不出恶语。

5207. 说话时应讲究平易、和善，多一些关爱、谦虚和随和，少一些教训、责难和讥讽。

5208. 说，是一种能力；不说，是一种智慧。

5209. 水深则流缓，语迟则人贵。

5210. 没有了爱的语言，所有的文字都是乏味的。

5211. 一个人说出的话必须是真的,但是没必要把知道的都说出来。

5212. 言过其实,终害自身。

5213. 会说话走遍天下,不会说话寸步难行。

5214. 言不乱发,笔不乱动。

5215. 说话不在多和少,说到当处就是好。

5216. 长会短开,长话短说。

5217. 说话到位就能起好的沟通作用。

5218. 赞美的话可以让别人拥有未来,伤人的话则可能让人失去未来。

5219. 言不在多,达意则灵。

5220. 该说话时说话是一种水平,不该说话时不说话是一种聪明。

5221. 言之有理,言之有礼。

5222. 与智者谈话,要以渊博为原则;与拙者说话,要以强辩为原则;与善辩的人谈话,要以简要为原则;与高贵的人谈话,要以鼓吹气势为原则;与卑贱者谈话,要以谦恭为原则;与勇敢的人谈话,要以果敢为原则;与上进者谈话,要以锐意进取为原则。

5223. 越是简洁的话语,越是掷地有声。

5224. 少打官腔,越平实的话越有穿透力。

5225. 花言巧语的人会贪得无厌,妄言乱语的人会扰乱是非,多言多语的人会欺诈寡信。

5226. 言之无文，行之不远。

5227. 文章是流出来的，写不出时千万不要硬写。

5228. 讲话水平在于到位和精辟。

5229. 言之要有物、有序、有理、有礼、有文、有情、有趣。

5230. 言词不要锐利，头脑不要纷杂。

5231. 话不用多，意思到了，就要停；事不用繁，可以成了，就罢手。

5232. 有了共识好说话、好做事；共识虽难，但要用心培养。

5233. 说话不考虑，等于射击不瞄准。

5234. 正面说话，让人心暖；负面说话，使人心寒。

5235. 赠人以言，重如珠玉；伤人以言，甚于剑戟。

5236. 喜时之言多失信，怒时之言多失礼。

5237. 讲话应当长则长、当短则短，努力做到意尽言止、言之管用。

5238. 文章当合时，立言宜为事。

5239. 傻瓜用嘴讲话，聪明的人用脑袋讲话，智慧的人用心讲话。

5240. 多讲言之有物、入情入理的"家常话"，少讲人人皆知、没错没味的"大道理"。

5241. 怒多横语，喜多狂言。

5242. 谬论不足以解惑，真言却可以解忧。

5243. 勇于说实话，乐于听真话，拒绝讲假话。

5244. 任何时候绝不说不该说的话。

5245. 多讲些贴近实际、贴近基层、贴近群众的话,让话语接地气、有底气;多讲些真话、实话、心里话,让话语还原本色、回归本色;多讲些简洁明了、通俗易懂的"大白话",让话语生动活泼、鲜活有趣;多讲些针对问题、直面矛盾、尖锐逆耳、敢于担当的话,让话语掷地有声、铿锵有力;多讲些有根有据、有血有肉的话,让话语立得住、站得稳、攻不破;多讲些与当下话语体系对接的新话,让话语始终与时代发展同步、与社会节奏合拍;多讲些信息量大、"含金量"高的话,让话语内涵丰富、有效管用;多讲些动之以情、示之以行的话,让话语更富人情味、更具公信力和可信度。

5246. 要学会"用笔领导",就得善于调研和积累,做一个有心的人;就得善于学习和思考,做一个有思想厚重感的人;就得善于养成好的习惯和兴趣,做一个有激情的人。

5247. 明者慎言,故无失言;暗者轻言,自致害灭。

5248. 不懂别乱说,懂了别多说。

5249. 过头饭不可吃,过头话不可讲。

5250. 说话要用脑子,做事要考虑后果。

5251. 幽默来自智慧,恶语来自无能。

5252. 有所不言言必当,有所不为为必成。

5253. 急事,慢慢地说;大事,清楚地说;小事,幽默地说;

没有把握的事，谨慎地说；没有见证的事，不要胡说；做不到的事，别乱说；伤害人的事，不能说；讨厌的事，对事不对人地说；开心的事，看场合说；伤心的事，不要见人就说；别人的事，小心地说；自己的事，听自己的心怎么说；现在的事，做了再说；未来的事，未来再说。

第五辑　成事之道

5254. 正视失败才能超越自我。

5255. 自卑是成功的劲敌。

5256. 谨言慎行，成功者的行为准则。

5257. 成功者之所以成功，取决于他愿意去做一些失败者不愿意做的事情；反过来也一样，失败者之所以失败，在于他一直做着成功者不愿意做的事。

5258. 心胜则兴，心败则衰。

5259. 没有胆量做不成大事，光有胆量没有智慧也做不成大事。

5260. 取百家之长补己之短，汇涓涓细流以成小溪，人的成功在于扬长避短。

5261. 今天的态度决定明天的结果。

5262. 自强不息成就大业，贪图安逸平庸无为。

5263. 能在困难面前站起来的人才有资格说成功。

5264. 勿忘昨天的苦难与辉煌，无愧今天的责任与使命。

5265. 不负明天的梦想与追求，不忘当前的恪尽职守、实干兴邦。

5266. 每个终点都是起点。

5267. 不在精神空间里积累垃圾。

5268. 教训比经验更管用。

5269. 失败，只要一个理由就足够；但要成功，千万种努力都不一定够。

5270. 求知欲会让人年轻。

5271. 木不钻不透，话不说不明，火不拨不旺，理不讲不通。

5272. 事来莫放，事难莫怕，事过莫悔，迎难而上，事无不成。

5273. 面对逆境不可轻言放弃，成功往往只在于再坚持一下。

5274. 只有不断追求，才能有新建树。

5275. 投机靠运气，冒险靠智慧。

5276. 做什么事都过分小心的人，成不了大器。

5277. 胆要大，心要热，头要冷。

5278. 舞台再大，戏完人散，宴席再盛，只求尽心。

5279. 人生喻长跑，意志之比拼，毅力之比较，耐力之较量。

5280. 苦境锻造刚毅性，绝地方显英雄色。

5281. 脾气大体越差，脾气温福越深，性子急智慧低，性子稳睿智高。

5282. 垫脚尖站不久，跨大步走不远。

5283. 胜敌人需一时,胜自己需一生。

5284. 具体的赞美,让人感到真心和诚意。

5285. 成功是优点的发挥,失败则是缺点的累积。

5286. 路必须去走方能到达,事必须去做才能完成,而苦必须去受才可消除。

5287. 人生有度,误在失度,坏在过度,好在适度。

5288. 没有本事会误事,不守本分会出事,有本事又守本分才能成大事。

5289. 生命之灯因热情而点燃,生命之舟因拼搏而前行。

5290. 善于借助外力,事业才有支点。

5291. 用坚持把信念变钻石。

5292. 有恒为成功之本。

5293. 成功的唯一阻碍是自己。

5294. 行动谨慎的人很少跌跤。

5295. 有非常之人,然后有非常之事;有非常之事,然后有非常之功。

5296. 正确的选择是成功的一半。

5297. 领导者和跟风者的区别就在于创新。

5298. 处处是创造之地,天天是创造之时,人人是创造之人。

5299. 执行到位,就能消灭隐患。

5300. 雄心的一半是忍耐,成功的一半是等待。

5301. 再长的路,一步步也能走完;再短的路,不迈开双脚也无法到达。

5302. 积极的人在每一次忧患中都看到一个机会,而消极的人则在每个机会看到某种忧患。

5303. 勇于开始,才能找到成功的路。

5304. 之所以能,是相信能。

5305. 思虑熟则得事理,得事理则必成功。

5306. 山再高,往上攀,总能登顶;路再长,走下去,就能到达。

5307. 一个真正的人应该具有冒险的基本精神,勇敢的尝试是成功的一半。

5308. 无热情成就不了伟业,成功的秘诀在于持之以恒。

5309. 准备不足或者无力改变时才会担忧,前者需要行动,后者需要放下。

5310. 事成于恒而败于懈,贵于专而毁于随。

5311. 做得多不如做得对。

5312. 凡夫迷失于当下,后悔于过去;圣人觉悟于当下,解脱于未来。

5313. 放弃不该放弃的是无能,不放弃该放弃的是无知。

5314. 没有努力,就没有成功;没有付出,就没有回报。

5315. 畏惧苦难的人终会一事无成而抱憾终生,厌恶苦难的人只能是庸庸碌碌地度过一生,感谢苦难的人才是真正高尚的集大成者。

5316. 一懒天下成难事,再易因懒也会难。

5317. 要成功,必须有机遇;要抓住机遇,就必须有所准备。

5318. 没有勇气经受苦难，就不会成为真正的英雄。

5319. 有了明确的目标，人生之路才不会走得那么沉重。

5320. 欲速则不达，急于求成不可取。

5321. 再大的志向，不敢面对现实都是空谈。

5322. 简单的事重复做，可以成为专家；重复的事用心做，可以成为赢家。

5323. 成功的人不是赢在起点，而是赢在转折点。

5324. 胜出者靠的往往不是能力而是观念。

5325. 最大的风险是等待，最稳妥的办法是干起来。

5326. 命，乃失败者借口；运，乃成功者的谦词。

5327. 谦虚是开启成功之门的金钥匙。

5328. 害怕失败，就等于拒绝成功。

5329. 明智的放弃胜于盲目的执著。

5330. 策略绝妙，不如执行有效。

5331. 培养逻辑思维，才能真正解决问题。

5332. 既要埋头拉车，更要抬头看路。

5333. 要想有出路，就必须有新的思路。

5334. 做事要全力以赴，99%也是不合格。

5335. 成功有三个秘诀：比别人知道的多，比别人做的多，比别人期望的少。

5336. 忙于工作而无暇寻找成功的人，最容易成功。

5337. 人生的悲剧不在于没达到目标，而在于心中没有目标。

5338. 成功的秘密就是做你能做的事情，并且把它做好。

5339. 没有探索就没有创新,没有创新就不会有成就。

5340. 宽容大度成就伟大事业。

5341. 细心程度决定成败与否。

5342. 合作是成功的金钥匙。

5343. 激情成就事业。

5344. 高昂的激情,来自崇高的理想,来自强烈的责任心,来自兴趣。

5345. 激情是吹动船帆的风,没有风帆船就不能行驶;激情是成功的动力,没有动力工作和事业就难有起色;激情是创新的源泉,没有激情就没有创新的灵感和冲动。

5346. 关键不在于事情本身,而在于我们对待事情的态度。

5347. 敢战,才能言和;要和,更需备战。

5348. 知识就是力量,坚持就是胜利。

5349. 大事要敢想,小事要一点点做。

5350. 自信产生奇迹。

5351. 开阔的思想能让自己思路大开,受限的思想则会禁锢自己的行为。

5352. 人生没有目标,就像一艘没有航行路线的航船一样,不管航行了多久,始终无法到达彼岸。

5353. 没有比脚更长的路,也没有比行动更坚韧的东西;只要行动起来,许多原来看似不可能完成的事情也会做到。

5354. 一个人成就的大小,与其内在的热忱成正比。

5355. 只想不做的人只能生产思想垃圾。

5356. 人生若想有所作为,就必须战胜自卑。

5357. 工作是磨刀石,刀越磨越锋利;实践是经验之源,实践越多经验越丰富。

5358. 视野所及,心之所止。

5359. 任何成功都离不开不断的努力,勤奋从来就是一切成功者共同的品格。

5360. 快乐是追求成功的最佳情绪。

5361. 没有信心,就会失去生存的勇气;充满信心,就会开创属于自己的奇迹。

5362. 只有把握好今天,才能走出昨天、开创明天。

5363. 择言而后言,择行而后行。

5364. 成功的秘诀很简单,那就是不怕失败和不忘失败。

5365. 命运不是天能注定的,命运是依人奋斗的程度,由人自己来决定的。

5366. 成功六大要素:正确的思想,不懈的行动,伟大的性格,娴熟的技能,天赐的机会,宝贵的健康。

5367. 坚持才有希望,争取才有机会,付出了才会拥有,承担了才会成长,挑战了才会突破。

5368. 非豪情无以做大事,非宁静无以至千里。

5369. 勤学善研——提高认知能力;深谋远虑——提高策划能力;突重破难——提高推进能力;见微知著——提

高校正能力。

5370. 只要有信心，人永远不会挫败。

5371. 该做的事一定要做，要做就一定做好。

5372. 如果一个人不把现在当回事，也就不要指望他有什么未来。

5373. 成功需要100%的努力，失败只需1%的破绽。

5374. 千里之堤需处处牢固，毁则只要一处蚁穴。

5375. 不实在于轻发。

5376. 最惬意的时候，往往是失败的开始。

5377. 底蕴的厚度决定事业的高度。

5378. 小错不纠成大错，小恶不止酿大灾。

5379. 成功，关键在于选择。

5380. 为理想做事，能够耐风寒；为兴趣做事，则永倦息。

5381. 要成功，就要把希望放在明天，把计划放在今天，把行动放在现在。

5382. 没有谨慎的态度，智慧再多也无济于事。

5383. 小心天下去得，大意寸步难行。

5384. 错误是不可避免的，但是不可重复错误。

5385. 心恒搭起通天路，志坚敲开智慧门。

5386. 意志坚决像只船，稳坐稳航不畏难。

5387. 天下事，无难易，无志者难，有志者易。

5388. 挑了重担走路踏实，有了目标干事扎实。

5389. 天下无易成之物，世上无易处之事。

5390. 路在人走，事在人为。

5391. 路是走熟的，事是做顺的。

5392. 粗心大意会导致失败，深思熟虑能使人成功。

5393. 胆大鲁莽会败事，胆大心细会成事。

5394. 成事都由多思考，败事都由少思量。

5395. 希望大了，勇气就大。

5396. 远大的希望造就伟大的人物。

5397. 成功是理想和奋斗的结合。

5398. 耐性与勇敢可以克服万难。

5399. 毅力胜于才能。

5400. 无畏的人面前才有路。

5401. 懦夫无宁日。

5402. 果敢无战不胜，刚毅无征不服。

5403. 你不怕困难，困难就怕你。

5404. 谨慎是安全之本。

5405. 祸常生于不测。

5406. 过虑的人，成就无多。

5407. 信心是命运的主宰。

5408. 虚谈废务，浮文妨要。

5409. 心不清则无以见道，志不确则无以立功。

5410. 事以密成，语以泄败。

5411. 激情是事业成功的助推器。

5412. 内心强大者胜。

5413. 一切愿望，只在手中；一切道路，只在脚下。

5414. 成功时多总结外部条件，失败时多总结内部原因。

5415. 拥有志存高远的视野、不畏艰险的勇气、乐观豁达的心态。

5416. 事业常青，实践常新。

5417. 千难万难，畏难才真难。

5418. 好事要往坏处想，坏事要往好处想。

5419. 隔行如隔山，隔行不隔理。

5420. 你对时间越吝啬，时间对你就越慷慨。

5421. 机会就像快速旋转的门，当空档转到你眼前时，你必须迅速挤进去。

5422. 奋斗成就伟业。

5423. 失败者任其失败，成功者创造成功。

5424. 努力是成功之母。

5425. 自我激励是一个人迈向成功的引擎。

5426. 唯有付出才可能杰出。

5427. 只有深刻地认识历史，才能更好地把握未来。

5428. 小事不做，大事难成。

5429. 快乐工作的人最有前途。

5430. 百闻不如一见，百见不如一干。

5431. 干一行，就要吃透一行。

5432. 靠读书与实践积累成功的资本。

5433. 人的耐心有多大，成功的几率就有多大。

5434. 只有迟来的成功，没有永恒的失败。

5435. 只要卷起袖子，困难就会躲在一边。

5436. 有了伟大的热情，才有伟大的行动。

5437. 要想收获就得去播种。

5438. 机遇不仅要及时抓住，还要及时应用。

5439. 从大局出发把得住，从小处着手抓得稳。

5440. 不管幸与不幸，都应奋发有为。

5441. 畏难苟安则难，知难而上则易。

5442. 具有做小事的精神，就能产生做大事的气魄。

5443. 善始善终才能成大事。

5444. 说谎者永远不能成功。

5445. 意志是击破一切困难的武器。

5446. 只有沉住气，才能成大器。

5447. 与其在等待中枯萎，不如在行动中绽放。

5448. 只有把抱怨环境的心情，化为上进的力量，才是成功的保证。

5449. 弱者坐待时机，强者制造时机。

5450. 不实心不成事，不虚心不知事。

5451. 事之成败，必由小生。

5452. 慎重则必成，轻发则多败。

5453. 百虑输一忘，百巧输一诚。

5454. 任何梦想的实现都是相信并坚持的结果。

5455. 坚持别人不能坚持的，才能拥有别人不能拥有的。

5456. 水滴石穿揭示成功的秘密。

5457. 成功是对辛劳的奖赏。

5458. 失败就是成功的首付,半途而废就连首付也将付之东流。

5459. 豪言壮语并不可靠,可靠的是内心深处坚定的信念。

5460. 男人成功是责任,女人成功是价值。

5461. 自己不扬帆,没人帮你启航;自己不坚强,没人替你坚强。

5462. 心甘情愿吃亏的人,终究吃不了亏;爱占便宜的人,终究占不了便宜。

5463. 不奋斗就是每天都很容易,可一年一年越来越难。

5464. 要想成功,一定要给自己时间。

5465. 执着是开启成功大门的钥匙。

5466. 敢于冒险,但不要盲目冒险。

5467. 冒险是成功的开始,雄心是成功的动力。

5468. 没有大格局,不可能成就大事业。

5469. 天下事,以难而废者十之一,以惰而废者十之九。

5470. 噩运有时会导致成功,佳运有时会导致失败。

5471. 不作无补之功,不为无益之事。

5472. 倘若没有抽象概括的能力,没有归纳演绎的能力,没有想象连篇的能力,没有灵感、直觉爆发的能力,就无法卓有成效地开展工作。

5473. 追求高素养,不能没有哲学;要做大事业,不能没有哲学；学哲学、用哲学，是成功领导者的共同经验。

5474. 只有思维创新才能发现前人没有发现的新事物，解决前人无法解决的问题；也只有做到思维创新，才能更好地认识世界，解决横亘在人类社会面前的新问题。

5475. 收敛思维和发散思维有助于领导者在工作中实现原则性和灵活性结合，充分发挥聪明才智，使问题解决得更圆满。

5476. 工作靠实，事业靠干。

5477. 激情是生命和事业的张力。

5478. 人有自信才能减少怨气，有好的预期才会干劲十足。

5479. 最伟大的事都是从最小的地方累积而成。

5480. 繁忙是对事业的一番耕耘，成功是对事业的一季收获。

5481. 世事如棋局，善弈者谋势。

5482. 成功的秘诀是"失败了不灰心"。

5483. 正心以为本，修身以为基。

5484. 自知便是真正的进步。

5485. 最大的过失，便是不知有错。

5486. 不耻"言过"，勤于"自省"，保持自知之明。

5487. 内省不疚，无恶于志。

5488. 欲信人，必先自信；欲知人，必先自知。

5489. 判断自己以诚，判断别人以仁。

5490. 尽其可能宽谅别人，尽其可能苛待自己。

5491. 失败是一种教训，它是情况好转的第一步。

5492. 错误与失败是前进所不可缺的训练课程。

5493. 过错往往是最好的教师。

5494. 每一次的失败，是走上成功的一阶。

5495. 失败是一座学府，在其中真理常变得强烈。

5496. 大事不含糊，小事多"糊涂"。

5497. 察势者智，顺势者赢，驭势者独步天下。

5498. 天下之事，虑之贵祥，行之贵力。

5499. 一定意义上，意志比手段更重要。

5500. 成大器的人一定是在磨难之中学会坚毅的人。

5501. 坚强的意志是最真诚的智慧。

5502. 与其担忧，不如行动起来。

5503. 持久的意志力越强，成功的几率就越大。

5504. 智商再高，情商不高，不一定能成功，也不一定能持续地成功；智商不太高，但情商较高，成功概率大。

5505. 好的开始，未必就有好结果；但坏的开始，结果往往会更糟。

5506. 正视错误，才能迎接成功。

5507. 改变现实的前提是接受现实。

5508. 欣赏引导成功，抱怨只会导致失败。

5509. 着眼于长远的同时，更要立足于当前。

5510. 错误是成功的垫脚石。

5511. 盲从乃最大的迷失。

5512. 行动徘徊不定，必将一事无成；遇事优柔寡断，难以成就大事。

5513. 锲而舍之，朽木不折；锲而不舍，金石可镂。

5514. 凿不休则沟深，斧不止则薪多。

5515. 事情是一步步做出来的，未来是一步步走出来的。

5516. 成功是经验的积累。

5517. 心在哪里，成功就在哪里。

5518. 宁可做过，不可错过。

5519. 时时早，事事早；早做准备，才能事半功倍。

5520. 精神爽奋，则百废俱兴；肢体怠驰，则百兴俱废。

5521. 信心与能力通常是齐头并进的。

5522. 力量存在镇定中。

5523. 一个崇高的目标，只要不渝地追求就会成为壮举。

5524. 没有伟大的意志力，就不可能有雄才大略。

5525. 贵在坚持，难在坚持，成在坚持。

5526. 耐心和持久胜过激烈和狂热。

5527. 没有行动的绝望是对义务的遗忘和违规。

5528. 为者常成，行者常至。

5529. 行动是成功的一半。

5530. 随机应变是才智的试金石。

5531. 想好了就不再犹豫。

5532. 失败可能是变相的胜利，最低潮往往是高潮的开始。

5533. 忍耐是对付一切困难的最好药物。

5534. 要想工作不走样，先得头脑不走神。

5535. 不患无策，只怕无责。

5536. 失去勇气则失去了一切。

5537. 设立目标，实现目标，再设立新目标，这是成功最快速的方法。

5538. 目标渺小则成就渺小，目标远大则成就远大。

5539. 成功不是快乐的关键，快乐才是成功的关键，如果热爱自己所做的事情，将会成为一位成功者。

5540. 行动才是果实，言辞不过是树叶。

5541. 有所尝试就有作为。

5542. 成功就是好好工作而不计较名利。

5543. 意志、工作和等待是成功的金字塔的基石。

5544. 机会只眷顾有准备的人。

5545. 不用等待特别的机会，抓住一般的时机并使它伟大。

5546. 没有磨难，何来荣耀？没有挫折，何来辉煌？

5547. 可以为时不想为，想要为时已经不可为。

5548. 利用时间的一个重要诀窍是必须迅速投入工作。

5549. 把小事做好，大事也能做好。

5550. 无败者无成，心败则败；尽力者尽心，心尽则成。

5551. 善于发现机遇，紧紧抓住机遇的手臂。

5552. 希望是奋斗过程中的原动力。

5553. 机会需要把握住，也需要自己去创造。

5554. 成功的捷径就是脚踏实地地反复实践。

5555. 有时候谨小慎微会失去很好的机会。

5556. 思路决定出路，眼光决定未来。

5557. 勤奋是成功的根源，坚持是成功的保障。

5558. 多付出一分，就意味着多显露一分才华；多付出一分，就意味着多闪现一分美德；多付出一分，就意味着多获取一分成功。

5559. 目标指引前进的方向。

5560. 事业上得寸进尺，生活中不论短长，何愁事业无成。

5561. 成功始于想法。

5562. 美好属于自信者，机会属于开拓者，奇迹属于执着者。

5563. 若不想做，总会找到借口；若想做，总会找到方法；若用心做，总会有好结果。

5564. 一种方法往往对应一种结果，要改变结果就得主动改变方法。

5565. 眼力、魄力、毅力是实现梦想的"硬翅膀"。

5566. 学识、见识、胆识是成大器的"好法宝"。

5567. 造势、借势、顺势是干成事业的"金钥匙"。

5568. 自信、自主、自强是乘风破浪的"定神针"。

5569. 争先、抢先、占先是快人一步的"勇字诀"。

5570. 高人、贵人、家人是爬坡过坎的"助推器"。

5571. 大事件、大舞台、大考验是成大业者的"龙门跃"。

5572. 伎工于习，事成于勉。

5573. 心存疑虑，做事难成。

5574. 奋斗改变命运。

5575. 成功＝明确的目标＋切实可行的方案＋坚持不懈的行动。

5576. 在岗不爱岗的人，总有一天会下岗。

5577. 量力而行胜过自不量力，恰到好处胜过过犹不及。

5578. 功夫在功夫之外，成功在成功之前。

5579. 干任何事情只要选准了目标，内心怀着一份强烈的渴望，就没有干不成的事。

5580. 成功绝非偶然，需要比别人多走一步。

5581. 只有不倒下，才有取胜的可能。

5582. 多数人没有达成目标，就在于不能坚持。

5583. 失败一次，就是向成功靠近了一步。

5584. 专注于自己真正想要的东西，最终才会得到它。

5585. 成就每一天就是在成就自己的未来。

5586. 没有任何一件伟大的事业不是因为热忱而成功的。

5587. 因为相信，所以成功。

5588. 自信多一分，成功就可以多十分。

5589. 立刻行动是成功的法则。

5590. 一个把握眼前机会的人，十有八九可以成功。

5591. 善于识别与把握时机极为重要。

5592. 成就事业，不仅需要乘势，更需要等待时机。

5593. 适时调整航向，才能顺利抵达彼岸。

5594. 有所失才会有所得，有所弃才能有所取。

5595. 忍耐枯燥与痛苦是成功的必经之路。

5596. 凡事从好的方面想,才会有好的结果。

5597. 准备赢得一切。

5598. 心境不同,结果不同。

5599. 沉着冷静,心急解决不了问题。

5600. 脚踏实地是最好的选择。

5601. 方法总比困难多一个。

5602. 平常心做卓越事。

5603. 不打无准备之仗。

5604. 自信是走向成功之路的第一步,缺乏自信是失败的主要原因。

5605. 自己勉励自己,自己鼓舞自己,自己激发自己,是一个人获得进取人生的内在动因。

5606. 世上的事情没有绝对成功,只有不断进取。

5607. 无路可走的情况,只有弱者会遇到,真正的强者,脚下都是路。

5608. 不畏难,方能克难;不怕事,方能成事。

5609. 没有精彩的细节,就没有壮观的整体。

5610. 机遇固然重要,但具备抓住机遇的能力更重要。

5611. 善于捕捉机会者为俊杰。

5612. 掩饰错误,只会错过修正问题的机会。

5613. 聪明人善于发现机会,更善于创造机会。

5614. 一切努力都取决于掌握时机。

5615. 志不立，天下无可成之事。

5616. 有非凡志向，才有非凡成就。

5617. 志向和热爱是伟大行为的双翼。

5618. 最大的决心会产生最高的智慧。

5619. 伟大的抱负造就伟大的人。

5620. 水激石则鸣，人激志则宏。

5621. 没有目标，就做不成任何事情；目标渺小，就做不成任何大事。

5622. 成功始于行动，有行动不一定会成功，但没有行动一定不会成功。

5623. 晚起步不如早起步，晚行动不如早行动，犹豫不决不如当机立断，唉声叹气不如奋发图强。

5624. 做人要敢想，敢想才有新思路；做人要敢干，敢干才有新局面；做人要敢闯，敢闯才有新天地；做人要敢为，敢为才有新成就。

5625. 意志引人入坦途，悲伤陷人于迷津。

5626. 如果没有意志，即使有能力也无济于事。

5627. 只要思想不滑坡，办法总比困难多。

5628. 狭路相逢勇者胜，勇者相逢智者胜，智者相逢仁者胜。

5629. 烦恼与欢喜，成功和失败，仅系于一念之间。

5630. 良好的个性胜于卓越的才智。

5631. 好习惯能成就一个人，坏习惯能摧毁一个人。

5632. 成功的秘诀，是要养成迅速行动的习惯。

5633. 敢想才能敢干，会想才能巧成。

5634. 不怕事难干，就怕心不专。

5635. 要成就一件大事业，必须从小事做起。

5636. 每事浅尝辄止，结果一事无成。

5637. 事业常成于坚忍，毁于急躁。

5638. 不经巨大的困难，不会有伟大的事业。

5639. 工作顺手时要压得住自己。

5640. 今天所做的事勿候明天，自己所做的事勿候他人。

5641. 志其大，舍其细；先其急，后其缓。

5642. 成功的真正秘诀是兴趣。

5643. 踏石无印则会轻飘飘，抓铁无痕则会软绵绵。

5644. 没有激情便没有成功。

5645. 最惨的破产就是丧失自己的热情。

5646. 未来永远属于那些敢于竞争和善于竞争的人。

5647. 物竞天择，适者生存。

5648. 成功的关键，就在于忍人之所不忍，容人之所不能容，处人之所不能处。

5649. 进步是逼出来的。

5650. 从来好事多风险，自古瓜儿苦后甜。

5651. 没有创造，就没有发展。

5652. 熟是经验，巧是创造。

5653. 有冒险才有希望；成就是事业上的成绩，是希望和奋斗的结合。

5654. 用功，才可以成功。

5655. 良好的开端是成功的一半。

5656. 低调沉稳但不低声下气。

5657. 失败乃成功之母。

5658. 勤奋的人，不一定事事都能成功，但成功必定属于勤奋者。

5659. 凡事皆需尽力而为，半途而废者永无成就。

5660. 只有付出超人的代价，才能取得超人的成绩。

5661. 人而无恒，终身一无所成。

5662. 万事从来贵有恒。

5663. 成大事不在于力量的大小，而在于能坚持多久。

5664. 天下之事，成于有志，而败于自辍。

5665. 才气就是长期坚持不懈。

5666. 珍惜一切时间，用于有益之事，不搞无谓之举。

5667. 赢得时间的人就是赢得了一切。

5668. 不饱食以终日，不弃功于寸阴。

5669. 凡在事业上有所成就的人，无一不是利用时间的能手。

5670. 小志小成，大志大成。

5671. 一心想赶两只兔，反而落得两手空。

5672. 没有理智，便一事无成。

5673. 先做好自己，然后管其他；先做好小事，然后谋其大；先做好当下，然后虑其远。

5674. 成功的大小取决于信念的大小。

5675. 有什么样的目标，就有什么样的人生。

5676. 冒多大的险，成多大的事；登多高的山，看多远的风景。

5677. 治学要有一股钻劲，干事要有一股韧劲，创新要有一股闯劲，攻坚要有一股蛮劲，求成要有一股巧劲，做人要有一股憨劲。

5678. 要有综合性的社会知识而不局限于单向度的专业技能；要成为合群友爱的公众人物而非特立独行的个体；要有建设性地解决问题而不止于批判性地指出问题。

5679. 责任、勇气、智慧缺一不可，拥有了这三种利器，则可无敌于天下。

5680. 激情是事业成功的助推器。

第六辑　处世哲学

5681. 善良与平淡才最真。

5682. 盛气就会凌人，心满就不求上进，露才就流于肤浅。

5683. 帮助别人就是成就自己。

5684. 放宽爱的尺度，缩小恨的边缘。

5685. 爱往宽里积，恨从窄处生。

5686. 宽容是送给他人最好的礼物，但如果留给自己，那就是堕落的开始。

5687. 万物无罪，祸在人心。

5688. 胆子大和胡说乱骂，是相似而实非。

5689. 时不忘勤，事不忘俭，言不忘和，行不忘善。

5690. 积善是用对别人的友善成就自己的人生，积恶是用自己的双手毁灭自己。

5691. 永远不做气氛的污染者和恶化者。

5692. 斗气不如斗志。

5693. 好习惯养成好性格，好性格决定好命运，好心态常带来快乐和幸福。

5694. 过度的赞美是变相的讥讽，过度的谦虚是变相的虚伪。

5695. 阳光心态是自己和别人的和谐，最高境界是自己和自己的和谐。

5696. 付出的时候，不要急于期待回报，否则一颗心总是牵挂着结果，反而难有收获的喜悦。

5697. 要担难不要推责，要多干不要怕吃亏，要兼听不要独断，要有个性不要随大流，要有自尊不要自弃。

5698. 要把阳光撒到别人心里，自己心里得有阳光。

5699. 人并非为获取而给予，给予本身即是无与伦比的快乐。

5700. 嘲笑别人的短处，你就多了一个短处；夸耀自己的长处，你就少了一个长处。

5701. 看别人要看长处，帮别人要帮短处；学别人要学长处，查自己要查短处。

5702. 以实掩虚，智慧本身就是一种实力。

5703. 以自我为圆心，以个人利益为半径画圈，画不大；以团队为圆心，以众人利益为半径画圈，可画得无限大。

5704. 愤怒常常是弱者的象征。

5705. "劲草"不惧疾风，"真金"不畏烈火。

5706. 论人长短不如取人之长补己之短。

5707. 共勉之所以好过责怪，在于既提高了别人，也欢喜了大家。

5708. 学会放大别人的优点，忽略别人的缺点，不去追寻完善，才能拥有完美的世界。

5709. 微笑是人际交往的敲门砖。

5710. 记住对方名字，是愉快交往的开始。

5711. 世上除了生死，其他都是小事。

5712. 选择什么样的名利观就选择了什么样的人生，选择贪婪就选择了低谷，选择淡泊就选择了高尚。

5713. 对人恭敬，就是在庄严自己。

5714. 沉默是毁谤最好的答复。

5715. 能够把自己压得低低的，那才是真正的尊贵。

5716. 拥有一颗无私的爱心，便拥有了一切。

5717. 仇恨永远不能化解仇恨，只有慈悲才能化解仇恨，这是永恒的真理。

5718. 宽容是一招以退为进的绝妙好棋。

5719. 感激别人是没有存折的储蓄。

5720. 对人友善，就是为自己积福。

5721. 不给别人留余地，可能自己没有立锥之地。

5722. 放下执著，遇事不要钻牛角尖。

5723. 做人，不要画地自限。

5724. 知足是一种处世态度，常乐是一种释然情怀。

5725. 心中只装着自己，自身也就变得渺小。

5726. 对别人的斥责也是对自己的一种伤害。

5727. 失去控制的自大是灾难。

5728. 学会正视自己，一味地放大或缩小都是要变形的。

5729. 心中装满自己的看法和想法的人，永远听不得别人的声音。

5730. 盲目地迎合别人，有可能会葬送自己。

5731. 保证自己不被击倒，也要保证不被他人所连累。

5732. 低头捡便宜的人，腰是直不起来的。

5733. 人无眼界，必无境界；人无境界，必无胸怀；人无胸怀，难容世界。

5734. 锐气藏于胸，和气沉于脸，才气见于事，义气施于人。

5735. 用偏见总能读到更多的偏见。

5736. 与其让人扶着走，不如自己拄根拐杖走。

5737. 别把自己的头抬得比帽子还高。

5738. "敬酒"当然要喝，"罚酒"既然推不掉那就带着微笑喝了吧。

5739. 把脾气拿出来，那叫本能；把脾气压下去，那叫本事。

5740. 郁闷时蹲下来抱抱自己，原谅别人也放过自己。

5741. 人际交往中要保持适当的距离。

5742. 好朋友之间也要亲密有间。

5743. 进退有度，才不至于进退维谷；宠辱皆忘，方可以宠辱不惊。

5744. 肯低头，永远不会撞到矮门。

5745. 忘利者获大利，忘我者成真我。

5746. 不可盛气凌人，不可妄自尊大，不可趾高气扬，不可好大喜功。

5747. 有德才有得，有诚才有成。

5748. 只工于心计者必触礁。

5749. 卑污者必损其身。

5750. 有强大的心理支撑，做人才有尊严。

5751. 人活一世，活的就是一种分寸感。

5752. 不愧不怍，不矜不伐，不夷不惠，不亢不卑。

5753. 学会道歉认错，敢于让步妥协。

5754. 老是念念不忘别人的坏处，实际上深受其害的是自己。

5755. 当你地位显赫、受到众人追捧时，多多尊重他人；当你身处逆境、受到社会鄙视时，学会珍惜自己。

5756. 只会恭维你的人不一定是朋友。

5757. 愤怒只会遮蔽人的视线，让人产生偏见。

5758. 靠诚信待人，凭人格处世。

5759. 过往不咎，从容静处。

5760. 忘记是一种风度，舍得是一种聪明。

5761. 中庸之道，万古之慧。

5762. 问题宜解不宜结。

5763. 不求今日明拍手，但求他日暗点头。

5764. 施恩时不要说得过于直露，挑得太明，以免令对方感到丢了面子，脸上无光；给别人已经帮过的忙，更不要四处张扬。

5765. 说话不失言，调查不失实，办事不失信，为政不失节，生活不失度。

5766. 人有善念善行，方可换来善心善情。

5767. 凡事能够将心比心，抱怨又由何而生？

5768. 可以缺钱，但不能缺德；可以失言，但不能失信；可以求名，但不能盗名；可以低落，但不能堕落；可以放松，但不能放纵；可以虚荣，但不能虚伪；可以平凡，但不能平庸；可以浪漫，但不能浪荡；可以生气，但不能生事。

5769. 让人跌倒的，往往是自己的浅见与无知，而不是敌人的手段高明。

5770. 自己不做出点样子，人家想拉你一把都不知你的手在哪里。

5771. 学会适应他人，不要奢望他人适应自己。

5772. 不会爱上别人的人，是不会受到大家喜爱的。

5773. 谈不来的人，不可勉强来往。

5774. 水至清无鱼，人至察无徒，山至高无树。

5775. 动机太强，容易迷茫。

5776. 信是立身之本，恕乃接物之要。

5777. 如说己长便是短，自知己短便是长。

5778. 幸运时要收敛大度，抓住机遇；不幸时要控制情绪，善于忍耐。

5779. 先有付出才能有所求。

5780. 好脾气宛如晴天，到处溢放着光亮。

5781. 记住别人给自己的好处，忘掉自己给别人的恩情。

5782. 有容德乃大，无欺心自安。

5783. 不矜威益重，无私品自高。

5784. 不骗人、不自欺，忠于本心、真实无妄。

5785. 投机取巧赢一时，诚实守信赢一世。

5786. 诚信既是控制人生方向的一枚凝重的砝码，也是人之为人的道德底线。

5787. 处难处之事愈宜宽，处难处之人愈宜厚，处至急之事愈宜缓，处至大之事愈宜平，处疑难之事愈宜无意。

5788. 太在乎别人，会忘了自己；太在乎自己，会忘乎所以。

5789. 靠别人是暂时的，靠自己才是终身的。

5790. 能忍能让真君子，能屈能伸大丈夫。

5791. 忠诚是爱情的桥梁，欺诈是友谊的敌人。

5792. 心口如一终究好，口是心非难为人。

5793. 闲来无事不寒暄是无礼，要事在身假客套是愚蠢。

5794. 尊敬别人，才能让人尊敬。

5795. 不舍不得，小舍小得，大舍大得。

5796. 财富、机遇、利益，处处都可以放下，但梦想与尊严则不能随意丢弃。

5797. 靠天不如靠人，靠人不如靠己。

5798. 谦逊是立身之本，骄傲是惹祸之胎。

5799. 以恕己之心恕人，以责人之心责己。

5800. 出了差错不要推给别人，得了奖赏不要只想自己。

5801. 得忍且忍，得耐且耐，不忍不耐，大事不成。

5802. 任何人都有人说好说歹，任何人都有人爱与不爱。

5803. 积爱成福，积怨成祸。

5804. 自知之明量自己，实事求是待他人。

5805. 以势交者，势尽则疏；以利交者，利尽则散。

5806. 责己严者受人尊敬，责人严者友朋疏远。

5807. 寡言少谤，寡欲保身。

5808. 交浅不可言深，交深不可言浅。

5809. 吹捧害人，自吹害己。

5810. 自责好过别人责，自夸不如别人夸。

5811. 凡话可听，不可全信；凡事可做，不可全为；凡人可识，不可全交；凡敌可恨，不可全敌。

5812. 真理面前低头，不会变成矮子；无理把脸打肿，也充不了胖子。

5813. 不占便宜不上当，贪图便宜吃大亏。

5814. 气量宏大聚人气。

5815. 处于顺境中的美德是节制，处于逆境中的美德是坚忍。

5816. 水深的河寂静，博学的人谦逊。

5817. 好自夸的人无本事，有本事的人不夸己。

5818. 不相信任何人和相信任何人，同样都是错误的。

5819. 不责人所不及，不强人所不能，不苦人所不好。

5820. 多言不可与远谋，多动不可与久处。

5821. 待己当从无过中求有过，待人当于有过中求无过。

5822. 当着矮人，别说短话。

5823. 自重不可自大，自谦不可自卑。

5824. 宁可认错，不可说谎。

5825. 怒来理智失，疑生信任消。

5826. 能挑千斤担，不挑九百九。

5827. 讲诚信就是一诺千金。

5828. 以恨对恨，恨永远存在；以爱对恨，恨自然消失。

5829. 把别人当傻瓜其实是最大的傻瓜。

5830. 心中有敌，天下皆为敌；心中无敌，无敌于天下。

5831. 多点儿勇气，少点儿丧气；多点儿骨气，少点儿傲气；多点儿和气，少点儿戾气；多点儿豪气，少点儿怨气；多点儿文气，少点儿俗气；多点儿阳气，少点儿阴气。

5832. 发射自己的光，但不要吹熄别人的灯。

5833. 只有赤诚于心，才能奉献于行。

5834. 不精不诚，不能动人。

5835. 口中有德，目中有人，心中有爱，行中有善。

5836. 最成功的交友是化敌为友，最失败的交友是化友为敌。

5837. 维持友谊需要三点：当面尊重他，背后赞扬他，需要时帮助他。

5838. 雪中送炭的人，往往是帮你的人；锦上添花的人，往往是求你的人。

5839. 表扬人最好用公文，批评人最好是口头；表扬人最好当众，批评人最好单独。

5840. 只知拼命的绝对是莽夫，懂得隐忍的才是真豪杰。

5841. 君子如水，随方就圆，无处不自在。

5842. 己欲立而立人，己欲达而达人。

5843. 做极品之人，走沧桑正道。

5844. 处事常存宽厚意，行意唯求无愧心。

5845. 不可太方，也不可太圆，因为前者会伤人，后者会让人远离你。

5846. 不必好奇别人怎样评价你，想想你是怎样评价他的。

5847. 不是人人都有的不伸手，人人都有的后伸手。

5848. 不妨把自己的优点乘0.8，把别人的优点乘1.0。

5849. 用心做事，用情做人。

5850. 人际沟通，最忌讳的是一脸死相。

5851. 努力做到精满、气足、神旺，生命取向要高，生命体验要深，生命能量就自然大。

5852. 不卑不亢的风度和不粗不俗的气质，是领导者形象的守护神。

5853. 负责、正直、自敛、明礼是领导者正确做人的四个根基。

5854. 人，必须活得有自尊和骄傲。

5855. 容人之异，不排斥，不猜忌；容人之长，不嫉妒，不诋毁；容人之短，不蔑视，不奚落；容人之过，不记仇，不报复。

5856. 诚于嘉许，宽于称道。

5857. 只有度德量力，知道自己什么事能做，什么事不能做，这才是人生最大的智慧。

5858. 圣洁之人眼中看到的皆是圣洁，而猥琐之人看到的全是龌龊。

5859. 不要太在意别人的诋毁。

5860. 有大气象者，不讲排场；讲大排场者，露小气象。

5861. 大气是一种态度，见贤思齐，而不是惧贤。

5862. 大气是一种忍让，不轻易拿自己的涵养挑战别人的浅薄。

5863. 交友水平在于知心和无仇。

5864. 做人如水，做事如山。

5865. 当有人诽谤你的时候，你不要感到沮丧，因为喜欢你的人，仍然赞美你；当有人赞美你的时候，你不要感到骄傲，因为不喜欢你的人，仍然诽谤你。

5866. 有爱心的人，处处给人温暖；有私心的人，处处给人冷漠。

5867. 有了爱心，才会有真正的和谐；有了智慧，才会有真正的文明。

5868. 心善人便善，心恶人便恶；心正人便正，心邪人便邪。

5869. 宽恕别人的过失，便是自己的荣誉。

5870. 把情当情，才有真感情；平等互爱，才有真人心。

5871. 善待他人，就是成就自己。

5872. 要想人前显贵，就得人后受罪。

5873. 乐人之乐，人亦乐其乐；忧人之忧，人亦忧其忧。

5874. 只有善待竞争对手，才能把自己融入人群，获得友谊、信任、谅解和支持；只有善待竞争对手，才有可能超越对手，在良性的竞争环境中立于不败之地；只有善待竞争对手，才能在人生的道路上拥有快乐的感觉，踏入充满机遇的境界，走向充满希望的未来。

5875. 阻止别人前进的同时，自己也将停止前进。

5876. 欣赏别人的飞翔，更会蓄积自己的经验和力量。

5877. 沉住气，成大器；犯急躁，成败局。

5878. 示弱以待，至柔至坚。

5879. 做事切忌只知伸，不知屈；只知进不知退；只知耍小聪明，没有大智慧；只知自我显示，不知韬光养晦。

5880. 张扬就要付出代价，不想付出代价，那且先别张扬。

5881. 修己以清心为要，涉世以慎言为先。

5882. 得意时，须有失意时之意志；失意时，却不必落寞，而要平常心。

5883. 做事不过分，生活不奢华，态度不傲慢。

5884. 给别人一分包容，就是给自己十分从容。

5885. 衣衫可以褴褛，灵魂不可卑微。

5886. 不争即是大争，埋头才能出头。

5887. 人不可孤立，孤立则危。

5888. 亲密容易产生轻蔑。

5889. 趋炎附势的人，不可与其共患难。

5890. 希望别人怎样对待自己，自己就应该怎样对待别人。

5891. 有良友伴行，路遥不觉其远。

5892. 怜悯自己的人未必是朋友，帮助自己的人一定是朋友。

5893. 有学问而无道德，是一个恶汉；有道德而无学问，是一个鄙夫。

5894. 人而好善，福虽未至，其祸远矣；人而不好善，祸即未至，其福远矣。

5895. 气忌盛，心忌满，才忌露。

5896. 没有独立精神的人，一定依赖别人。

5897. 失信不立。

5898. 不傲才以骄人，不以宠而作威。

5899. 苦言难入，巧佞难远。

5900. 成功时不要把自己看成巨人，失败时不要把自己看成矮子。

5901. 懂得谨慎者能成事。

5902. 曲得了，才伸得直。

5903. 不守信，无以立。

5904. 做人靠品，做事靠行。

5905. 不忘人恩，不念人过，不思人非，不计人怨。

5906. 有眼界，能看远；有肚量，能容忍；有锋芒，能内敛；有涵养，能自持，方能游刃有余。

5907. 心态当若兰，凡事都能看得通透；意念当如水，能包容多少，终会收获多少。

5908. 学会给自己降半格。

5909. 平等是先进的理念。

5910. 劝过于暗室，扬善于公堂。

5911. 冷静观人，冷耳听语，冷情当感，冷心思理。

5912. 做人，人品为先，才能为次；做事，明理为先，勤奋为次。

5913. 把自己抬得过高，别人未必仰视你；把自己摆得太低，别人未必尊重你。

5914. 做人要有力争上游的勇气，更要有愿意低头的大气。

5915. 人可聪明绝顶，但不可失真，失真则丧信；事可天翻地覆，但不可失实，失实则败事。

5916. 见高不低，见低不高；见智不愚，见愚不智；见富不穷，见穷不富；见轻不老，见老不轻。

5917. 不因为成功而喜形于色，不因为失败而悲观失望。

5918. 人誉我谦，又增一美；自夸自败，又增一毁。

5919. 越是没有实际能力和修养的人，越容易狂妄；越是高才大德、有能量的人，越谦卑谨慎。

5920. 心怀正义则勇气无限。

5921. 心里没有感激，便会陷入孤独无助。

5922. 秉持谦虚的心态，就能看到他人的过人之处。

5923. 对人谦和，是为自己换顺利；对事谨慎，是为自己减困难。

5924. 最好的策略就是诚实。

5925. 所谓成熟，就是对内消除傲慢，对外消除偏见。

5926. 太刚则暴躁，太柔则怯懦，太缓则易拘泥，太急则易轻率。

5927. 谨慎过了头，就显得胆小；处事果断过了头，就变得轻率；认真过了头，就显得呆板；聪明过了头，就显得油滑。

5928. 见人有得意之事，便当生羡慕之心；见人有失意之事，更应有怜悯之心。

5929. 诚无悔，恕无怨，和无仇，忍无辱。

5930. 乐人有善行，乐己能乐事。

5931. 赞美是一种人格高度。

5932. 目中无人，必损其德；心怀若谷，必益其功。

5933. 他善必称，己恶不讳。

5934. 乐道人之善而不为谄。

5935. 谦者众善之基，傲者众恶之魁。

5936. 量己而进，进则不辱；非力不取，取必为灾。

5937. 自爱不自贵，自知不自贱。

5938. 愈自重者愈不敢轻蔑天下人，愈坚忍者愈不敢轻视天下事。

5939. 虚滑可能顺一时，诚实才能万古长青。

5940. 贤而能容黑，知而能容愚，博而能容浅，粹而能容杂。

5941. 人格无贵贱，人品有高低。

5942. 冷静、质疑是理智的筋骨。

5943. 是非来入耳，不听自然无。

5944. 事不三思终有悔，人能百忍自无忧。

5945. 一争两丑，一让两有。

5946. 交友之先宜审，交友之后宜信。

5947. 与朋友交，只取其长，不计其短。

5948. 心诚气温，气和辞婉，必能动人。

5949. 诅咒使人振奋，赞誉使人松懈。

5950. 劳谦虚己，则附之者众；骄慢倨傲，则去之者多。

5951. 责己则攻短，论人则取长。

5952. 若要度量长，先学受冤枉；若要度量宽，先学受懊烦。

5953. 大勇若怯，大智若愚。

5954. 太胆小是懦弱，太胆大是鲁莽，勇敢是恰好适中。

5955. 交浅言深，君子所戒。

5956. 与人善言，暖于布帛；伤人以言，深于矛戟。

5957. 自助者，天助之。

5958. 不耐烦，干不得事；不忍气，做不得人。

5959. 沟通心灵的桥是理解，连接心灵的路是信任。

5960. 精神操守方，思想方法圆；目标志向方，行动决策圆；严以律己方，宽以待人圆。

5961. 知行知止唯贤者，能屈能伸是丈夫。

5962. 不图便宜不上当，贪图便宜吃大亏。

5963. 吃亏不算傻，让人不算痴。

5964. 得放手时须放手，得饶人处且饶人。

5965. 让礼一寸，得礼一尺。

5966. 自称好，烂稻草。

5967. 小事糊涂，大事通明。

5968. 没有豁达就没有宽松。

5969. 对上以礼居敬，对下爱护有加。

5970. 弱者不懂得宽恕，宽恕是强者的特性。

5971. 真正的勇敢都包含谦虚。

5972. 一个人越伟大，对表扬和奉承就越厌恶。

5973. 诋毁别人的同时，也在诋毁自己。

5974. 先考量别人的权益再想自己的感受，先考虑别人的感受再想自己的权利。

5975. 对拥有的事物心存感激，将会拥有更多。

5976. 感恩开启丰富的人生。

5977. 背信弃义会迅速而痛苦地断送友谊。

5978. 不肯与朋友共享果实的人，不要指望朋友与他共患难。

5979. 兴盛结交朋友，逆境考验朋友。

5980. 委婉是一道善意的门缝。

5981. 人到矮墙下，一定要低头。

5.982. 有圆无方则不立，有方无圆则滞泥，可方可圆则无往不利。

5.983. 处世之道，当在诚、敬、静、谨、恒五个字：诚，不自欺，亦不欺人，不蝇营于小利，不短视于眼前；敬，恭顺待人，顺势谋事，居功不自傲，得意须让人；静，不乱分寸，不事张扬，洞察世相，静观时变；谨，祸从口出，谨小慎微，不能凡事张扬，留得回旋余地；恒，坚持不懈，意志笃定，困苦不退缩，挫败不止步。

5.984. 对不实之事的宽容，不仅是对事之宽，更是对人之容，最终会赢得人心。

5.985. 发现身边的伯乐，警惕身边的小人。

5.986. 学会宽容，世界会变得更为广阔；忘却计较，人生才会永远快乐。

5.987. 维护别人的面子就是维护自己的面子。

5.988. 玩弄手腕者，终究会失信于人。

5.989. 一个人只有说实话、办实事、讲信誉、守承诺，才有与人交往的基础。

5.990. 承诺是人与社会、与他人的交往之本，是自己立身处世的品牌。

5.991. 欣赏是一种能力，更是一种胸怀。

5.992. 只有小聪明，绝对无法超人一等。

5.993. 为人坦诚但不能不分对象。

5994. 想要做大自己，就得低头走稳每一步。

5995. 包容别人，会得善缘；反省自己，会得善果。

5996. 静听心曲终不失风范，涵容悲喜定不负禅心。

5997. 不忧不惧、精进奋发，是祛病的第一良方；不推不拒、放下执著，是除恼的第一秘诀。

5998. 知恩、感恩、报恩是为人处世的"基本色"。

5999. 刻薄不赚钱，忠厚不折本。

6000. 恭者不悔人，俭者不夺人。

6001. 结交接物，恭而有礼。

6002. 人之相知，贵相知心。

6003. 势利之交，难以经远。

6004. 为而不矜，作而不恃。

6005. 自高自卑，无卑则远；自大无众，无众则孤。

6006. 越自尊大，越见器小。

6007. 亏人是祸，饶人是福。

6008. 善人流芳千古，恶人遗臭万年。

6009. 做事要藏拙，做人要露怯。

6010. 真诚并不意味着要指责别人的缺点，但意味着一定不恭维别人的缺点。

6011. 糊涂不招人喜欢，聪明同样也不一定招人喜欢；只有聪明地糊涂着时，方皆大欢喜。

6012. 小事不妨糊涂，大事务必精明。

6013. 聪明不外显才是真聪明。

6014. 藏巧守拙，用晦如明。

6015. 有多少计较，就有多少痛苦；计较越多，痛苦就越多。

6016. 练达人情皆学问，精明世故即经纶。

6017. 世事每逢谦处好，人伦常在忍中全。

6018. 由着性子来不如由着事理来。

6019. 存好心，行好事，说好话，亲好人。

6020. 便宜察言观色，务要背恶向善。

6021. 为别人鼓掌也是在给自己的生命加油。

6022. 谦卦六爻皆吉，恕字终身可行。

6023. 为别人留余地就是为自己留余地。

6024. 宽容是智慧的处世之道。

6025. 忍耐是一种以退为进的智慧。

6026. 征实则效存，徇名则功浅。

6027. 存忠孝心，行仁义事。

6028. 说话要言行一致，行为要表里如一；做人要前后一致，做事要大小如一。

6029. 善行会带来好运。

6030. 豁达使人宠辱不惊。

6031. 宽容铺就五彩路。

6032. 感恩点亮生命之灯。

6033. 对待非议置若罔闻。

6034. 过于自私便是一种自毁。

6035. 暴怒最终伤害的是自己。

6036. 爱慕虚荣则会埋下祸根。

6037. 冲动只会带来噩运。

6038. 做人就意味着尽责任。

6039. 与其讨好别人，不如武装自己；与其逃避现实，不如笑对人生；与其听风听雨，不如昂首出击。

6040. 无德无才做人难，无德有才难做人，有德无才能做人，德才兼备做能人。

6041. 与人为善，就是与自己为善；与别人过不去，就是与自己过不去。

6042. 看别人不顺眼，首先是自己修养不够。

6043. 人可有傲骨，但不可有媚气；人不可有傲气，但要有正气。

6044. 愤怒使别人遭殃，但受害最大的却是自己。

6045. 礼多人不怪，话多人不爱。

6046. 只有尊重他人，自己才能受到尊重。

6047. 谦恭，对尊长是责任，对平辈是礼貌，对下属是宽宏。

6048. 对骄傲的人不要谦虚，对谦虚的人不要骄傲。

6049. 仁爱先从自己开始，公正先从别人开始。

6050. 人无信不立，家无信不和，业无信不兴，国无信不强。

6051. 真诚是处世行事的最好方法。

6052. 真诚是人生的命脉，是一切价值的根基。

6053. 坦诚是最明智的策略。

6054. 有疑问的时候，最好是说实话。

6055. 让一分山高水长，退一步海阔天空。

6056. 必有容，德乃大；必有忍，事乃济。

6057. 理解一切便宽容一切。

6058. 真诚是信任的保单。

6059. 待人要丰，自奉要约；责己要厚，责人要薄。

6060. 平和是社交的艺术，谦和是人际的阳光。

6061. 不尊重别人感情的，最终会引起别人的讨厌和憎恨。

6062. 赢得友情要靠智慧，保持友情要靠美德。

6063. 人之相识，贵在相知；人之相知，贵在知心。

6064. 和气是受人欢迎的重要磁铁。

6065. 爱占便宜的人，终究占不了便宜；捡到一棵草，失去一片森林。

6066. 不矜功自夸，可以很好地保护自己。

6067. 好面誉人者，亦好背而毁之。

6068. 君子和而不同，小人同而不和。

6069. 忠义为本，仁慈为源。

第七辑　学习要领

6070. 学习是一辈子的事。

6071. 土地休耕高产，干部休耕高质；轮训可以实现干部休耕。

6072. 学而无思，难有长进。

6073. 读书的感受与阅历成正比。

6074. 博学思路宽。

6075. 培训是永久的福利。

6076. 培训一要提升心态，二要提高技能。

6077. 时运不到就是量的积累不足。

6078. 处处是学问，人人是老师。

6079. 社会是一所学校，苦难是最好的老师。

6080. 专心得学问，粗心无事成。

6081. 学习生快乐，和谐诞幸福。

6082. 学习快乐，不要享乐。

60.83. 蜂采百花酿甜蜜，人读群书明真理。

60.84. 思考激发能量。

60.85. 爱好出勤奋，勤奋出天才。

60.86. 治国必先治己，治己必先勤学。

60.87. 知识，通过学习可以得到；成长，必须通过磨练才能实现。

60.88. 求学要谦虚好学，不耻下问；要海纳百川，兼收并蓄；要持之以恒，循序渐进。

60.89. 给自己的心灵不断增添养料。

60.90. 读书是工作的一部分、生活的一部分、生命的一部分。

60.91. 在阅读时思考，在阅读后实践，这才是真正的阅读。

60.92. 停止了学习，就会彻底结束。

60.93. 好书不厌百回读，常品常新味道殊。

60.94. 读书首在立志，贵在有恒，要在勤思，重在实践。

60.95. 学习力的核心是转化。

60.96. 丰富知识是一种常识积累，加强修养是一种品德历练。

60.97. 最好的学习方法是自己亲自去做。

60.98. 爱学习的人，如春天之木，日有所增；懒学习的人，如磨刀之石，日有所损。

60.99. 读书如不及时做笔记，犹如雨落大海没有踪迹。

6100. 读书，第一是要钻进去，第二是要跳出来；重要的是钻进去，更重要的是跳出来。

6101. 理论学习，认知是前提，认同是关键，践行是目的。

6102. 学习上的差距是许多方面差距的原差距。

6103. 牢固树立"没有终点，只有起点"，"没有毕业，只有毕生"的学习理念，以一种"本领危机"的恐慌感和"燕子垒窝"的恒劲、"蚂蚁啃骨头"的韧劲、"老牛爬坡"的拼劲，自觉把学习与党的事业兴旺发达、中华民族的伟大复兴、自身担负的工作任务紧密地联系在一起。

6104. 道不成，过在放逸懈怠；学不成，咎在缺少志愿。

6105. 读书使人充实，思考使人深邃，交谈使人清醒。

6106. 知识源于读书学习，经验源于社会实践；为官之基在于学，尽责之本在读书。

6107. 读书而不思考，等于吃饭而不消化。

6108. 积极培育"自我折旧"的学习品质，让学习成为一种工作方式，在"自我折旧"中自觉给力，在自觉给力中彰显学习的原动力。

6109. 职位提高不等于能力提高，地位提高不等于知识增长。

6110. 端正态度，乐于学习；克服困难，勤于学习；更新内容，敏于学习；改进方法，善于学习。

6111. 死书活读，厚书薄读，长书短读，好书品读，闲书泛读。

6112. 读哲学书，可培养大气；读专业书，可培养才气；读休闲书，可培养灵气。

6113. 在学习中深化知识，在实践中提升境界。

6114. 胸无点墨必淘汰，腹有诗书总不输。

6115. 读书学习要灵活，理论实践相结合。

6116. 养成天天阅读的好习惯是改变命运的法宝。

6117. 寻找快乐的最好方法是读书。

6118. 知识改变命运的微妙是理论联系实际。

6119. 学有所成的秘诀是专心致志。

6120. 自古人生三不朽，唯有立言最长久。

6121. 知识是一生都享用不尽的财富，而且是扒手扒都扒不走的财富。

6122. 广知源于多问，进步在于虚心。

6123. 学贵精思，思贵专一。

6124. 学起于思，思源于疑。

6125. 既要克服书生气，又不能丢掉书卷气。

6126. 定好自己的位，干好自己的事。

6127. 自学是一种很尊贵的学习方式，志气是知识和智慧的护航灯。

6128. 读书千万不要被书所困，一切的运用全在自己。

6129. 知识源自学习，高尚的人生境界得益于学习。

6130. 读有字书易，读无字书难，要善读人生"无字书"。

6131. 以人为师是提高自身能力的捷径。

6132. 学习既要"温故知新"，又要"学新知新"，既要"学以致用"，又要"用以促学"。

6133. 让思考融入学习，使学习促进成长。

6134. 为学要如金字塔，要能广大要能高。

6135. 读书不用等于种地不收。

6136. 读书有味身忘老。

6137. 鸟欲高飞先振翅，人求上进先读书。

6138. 养成思考的习惯，学会正确的思考。

6139. 多看各方向的书，多听各方向的话。

6140. 学习是世上最便宜的投资。

6141. 勇于实践，变知识为能力；善于总结，变经验为智慧。

6142. 要想改变、要想成长，就需要结识新的人、阅读新的书。

6143. 不知过去无以图将来。

6144. 毕生勤学很难得，学以致用更重要。

6145. 知识改变命运，文化成就希望。

6146. 问可解疑，辩可明理。

6147. 勤，愚可变智；惰，智也如愚。

6148. 书到用时方恨少，言到笔下费猜疑。

6149. 领导者就是培训者。

6150. 忧党必先忧学，兴党必先兴学。

6151. 学习是国家兴盛之要、政党巩固之基、人生成长之梯、文明传承之途。

6152. 如果不读书，行万里路也不过是个邮差。

6153. 没有知识，就没有未来；停止了学习，就表明中止了进步。

6154. 读书多了，容颜自然改变，气质和智慧日益增多，许多书看过后以为都成过眼烟云，其实它们潜藏在你的气质里、谈吐上、胸襟上，当然也显露在日常的生活和文字中。

6155. 缺乏不断学习、永不停步、只争朝夕的进取精神，必然导致观念陈旧、思想落伍、知识老化、能力弱化，就难以完成肩负的历史责任，甚至难以在这个时代立足。

6156. 不重学则怠，不好学则退，不善学则衰。

6157. 身体靠锻炼，心灵靠读书。

6158. 学习差距是许多差距的原差距。

6159. 唯有学识能够乘风破浪。

6160. 读书是一本人生最难得的存折，一点一滴地积累，你会发现自己是世界上最富有的人。

6161. 远离知识，就是走近无知。

6162. 集财富于一身，受人妒忌；集知识于一身，受人崇敬。

6163. 人生的终点不是死亡，而是与书绝缘；人生的起点也不是诞生，而是要从"爱书如命"那一刻算起。

6164. 靠自己的终身学习，不落人后。

6165. 读书以明理，明理方能立志。

6166. 书籍无法延长人生的长度，但绝对可以拓展人生的宽度。

6167. 读书，使贫乏的精神丰富完整，使柔弱的生命刚强坚韧，让孤独的人生绚烂多彩。

6168. 不断学习是成功领导的终身承诺，具备"比他人学得快的能力"是领导人唯一能保持的竞争优势。

6169. 学习的落后是一切落后的根源，学习的进步是一切进步的先导；选择了学习就是选择了进步。

6170. 空思不如多学。

6171. 停止了学习，也就停止了发展。

6172. 学习是一切进步的先导，是求新求变的起点。

6173. 学习是成才之基，读书是成长之梯。

6174. 成功的领导者一定是一个阅读者。

6175. 一个人的成就不取决于学历，而取决于可持续学习的能力。

6176. 强不知以为知，是愚昧的开始；承认不足，是进步的开始。

6177. 干什么，学什么；缺什么，补什么。

6178. 学以立德，就是通过学习进一步提升思想理论素养、思想政治水平和道德水平，坚定理想信念，确立正确的世界观、人生观、价值观和权力观、地位观、利益观，增强为党和人民事业不懈奋斗的自觉性和坚定性；学以增智，就是通过学习增长知识和见识，全面提升知识和认识水平，准确把握世界发展大势，准确把握基本国情和改革发展实际，担当起肩负的历史责任；学以创业，就是要发扬理论联系实际的马克思主义学风，努力做到学以致用、用以促学、学用相长，不断提高解决实际问题、干事创业的能力和推动科学发展的水平。

6179. 学习中国特色社会主义理论体系，要同研读马列著作、毛泽东著作结合起来，要同认真总结党的历史经验特别是改革开放的新鲜经验结合起来，从理论和实践、历史和逻辑的统一上加深理解，不断增强学习贯彻中国特色社会主义理论体系的自觉性和坚定性。

6180. 要学会向不如自己的人学习。

6181. 向先进的科学理论要"识"，向历史要"识"，向现代的世界文明要"识"，向有识之师要"识"，从社会实践中学习、开阔视野，从比较和广见中求"识"。

6182. 语言是沟通的工具，是理解的桥梁，是友谊的纽带；学外语、用外语是了解世界、研究世界、借鉴世界文明成果的需要，是介绍中国宣传中国的需要，领导干部应重视学习外语。

6183. 读书要博、广、多，写文章要专、细、深。

6184. 现实是历史的影子，历史是现实的镜子。正确的历史经验是财富，错误的历史教训也是财富。

6185. 坚持向书本学习，拓宽知识领域，改善知识结构，以适应多领域多层次多岗位需要；坚持向实践学习，把改革发展的主战场、维护稳定的第一线、服务群众的最前沿，作为砥砺品质、增长才干、开创事业的最好课堂和广阔舞台；坚持向群众学习，问政于民、问需于民、问计于民，反映民意，集中民智，形成推动科学发展的强大合力。

6186. 开卷有益，说古论今事理通；功在书外，走南闯北眼界宽。

6187. 在实践中的学习才是最好的学习。

6188. 坚持带着突出问题去学，带着难题任务去学，确保学习的针对性实效性。

6189. 以谦卑、敬畏、好奇、探索的心去学习，才能持久，才会有好效果。

6190. 学习的速度小于变化就等于死亡。

6191. 实践是最好的老师，基层是最好的课堂。

6192. 要想润脑，先要润眼。

6193. 抓好学习，方法是关键，方法正确，事半功倍。

6194. 学风问题的关键是理论联系实际，就是运用马克思主义的立场、观点和方法来说明和解决实际问题。

6195. 学习最终落在工作上，就会把工作当学问做好；学习最终落在人生上，就会把人生当书本写好。

6196. 不被运用的知识，就是无用的知识。

6197. 教条主义是从书本和原则出发，经验主义是从臆想和经验出发。

6198. 在学习中成长，在实践中成才。

6199. 历史是最好的老师，苦难是宝贵的财富。

6200. 学习是成长之阶梯，知行统一是法宝，创新思维是钥匙，自我历练是基石。

6201. 在农耕时代，读几年的书，可以管用一辈子；到了工业经济时代，读十几年的书，才能够用一辈子；到了知识经济时代，只有终身学习才能用一辈子。

6202. 知识是个积累的过程，智慧是个简约的过程。

6203. 学习无止境，学习型干部永远都是"进行时"。

6204. 没有无边的大地，只有无际的学海。

6205. 看山要看大山，读书要读大书。

6206. 努力养成"坐下来读书"、"静下来思考"的习惯，强制自己有目的、有计划地支配自己的时间。

6207. 学习应"处处留心"，读书应"零存整取"。

6208. 学习是毕生的事情，合作是永恒的主题。

6209. 知识和学历不等于能力和本能，领导本领需要在实际工作中锻炼和积累。

6210. 积累的常识越多，积累的智慧越是浓厚。

6211. 学习思考不够，讲话就缺少底气，行动就缺少朝气，工作就缺少锐气。

6212. 提高学习能力，应以培养兴趣为前提，以端正态度为基础，以理论武装为重点，以改善方法为保障，以指导实践为目的。

6213. 读书在于求真，学习在于运用。

6214. 才干由学而得，道德由学而进，事业由学而成。

6215. 坚持学习、学习、再学习；坚持实践、实践、再实践；坚持创新、创新、再创新。

6216. 读书要博学、要深思、要活用、要创新。

6217. 学以立德，学以培智，学以创新，学以修身。

6218. 善学的人将获得征服未来的法宝，饱学的人厮守的只是对付逝去世界的武器。

6219. 认真向成功者学习，自己也会成为成功者。

6220. 多学多看，谨言慎行；有容乃大，无欲则刚。

6221. 腹有诗书气自华。

6222. 注重向书本学习、向群众学习、向同事学习、向实践学习。

6223. 没有知识发展不会长，有了知识困境不会长。

6224. 读书要口到、眼到、心到、手到、脑到。

6225. 学习是一种需要、一种生活、一种生存方式。

6226. 学有所思，学有所悟，学有所用，学有所成。

6227. 知识变成能力才有用，能力作用于知识才有力。

6228. 多挤一点时间学习，少搞一点应酬；多做些调查研究，少一些主观主义；多干一点实事，少说一些空话。

6229. 治学宜勤且宜实。

6230. 领导不止，学习不止；执政不辍，学习不停。

6231. 学哲学就是学聪明。

6232. 读书须选择：可供工作参考，马上可以应用的；能使自己心灵成熟的；能优化自己知识结构和启发自己工作创意的;有趣的。

6233. 知识越多,已知圆圈越大,未知越多。

6234. 幽默谈吐是从环境熏出来的,是从书本中学出来的,是从实践中练出来的。

6235. 学习,永远不晚。

6236. 一切假知识比无知更危险。

6237. 坚持不懈地学习,可以让身心保持鲜活的状态;如果停止学习,身心就会成为一潭死水,从而失去了进步的活力。

6238. 读书是人生的必修课,是做人、做事借鉴与反省的"凭据",也是人生享受愉悦与乐趣的"工具"。

6239. 没有爱就没有教育,没有兴趣就没有学习。

6240. 人与人的区别主要在业余时间的安排上。

6241. 圣贤由学而成,才能由学而得。

6242. 学习成就未来,知识改变命运。

6243. 善于学习是提升能力的"大补丸"。

6244. 宁可一日不食肉,不可一日不读书。

6245. 学而不用等于白学,干而不学必然莽干。

6246. 学如才识,不日进,则日退。

6247. 非学无以立党兴党,非学无以治国安邦。

6248. 领导知识 = 常识 + 通识 + 胆识 + 器识。

6249. 领导思维 = 左脑 + 右脑 + 外脑 + 电脑。

6250. 学历没有能力重要,能力没有态度重要,智商没有情商重要，知识没有胆识重要，情商没有胆商重要。

6251. 如果没有新意，就不要写文章。

6252. 只有具有广博的学识，才有可能具有世界眼光和开放胸襟，真正做到"海纳百川，有容乃大"；只有详细地问、慎重地思考、明确地分辨，不放过每一个社会热点问题、理论难点问题和群众疑点问题，带着问题学，才可能学到理论和知识的真谛，以科学分析实践中存在的矛盾；只有踏踏实实地实践，去改变存在的困境，才能使学习获得真正的效果。

6253. 领导干部不仅要学有精专，而且要学识广博，做一个名副其实的博雅君子。

6254. 博观约取、雅通古今，是社会佼佼者都应具备的文化素养。

6255. 读书切戒在慌忙，涵泳工夫兴味长。

6256. 人无学，则不明理；人之有学，则有力。

6257. 学而信，就是坚定理想信念，筑牢精神支柱；学而用，就是坚持问题导向，切实解决实际问题；学而行，就要内化于心、外化于行，推动工作、指导实践。

6258. 智力比知识重要，素质比智力重要，觉悟比素质重要。

6259. 尽信书，不如无书。

6260. 天赋如同自然花木，要用学习来修剪。

6261. 缺少知识就无法思考，缺少思考就不会有知识。

6262. 挫折是通向真理的桥梁。

6263. 见识广，智慧多。

6264. 教训是一盏心坎上永不熄灭的路灯。

6265. 经历是智力的基础。

6266. 经验是智慧的根本。

6267. 经验是最好的老师。

6268. 经一事，长一智。

6269. 失败中有教训，成功中有经验。

6270. 过去的错误就是将来的智慧和成功。

6271. 教训如被人接受，比经验可贵十倍。

6272. 任何教训都是学问。

6273. 胜利考验谦虚，失败考验毅力。

6274. 失败是成功的先导。

6275. 会当凌绝顶，一览众山小。

6276. 山重水复疑无路，柳暗花明又一村。

6277. 问渠哪得清如许，为有源头活水来。

6278. 聪明出于勤奋，天才在于积累。

6279. 不懂装懂，永世饭桶。

6280. 大河是安静的，有学问的人是谦虚的。

6281. 自满是求知的拦路虎，自谦是智慧的引路人。

6282. 知之曰知之，不知曰不知，内不以自诬，外不以自欺。

6283. 路漫漫其修远兮，吾将上下而求索。

6284. 勤能补拙是良训，一份辛苦一份才。

6285. 青，取之于蓝而青于蓝；冰，水为之而寒于水。

6286. 欲穷千里目，更上一层楼。

6287. 读不在三更五鼓，功只怕一曝十寒。

6288. 贵有恒，何必三更起五更眠；最无益，只怕一日曝十日寒。

6289. 骐骥一跃，不能十步；驽马十驾，功在不舍。

6290. 若要工夫深，铁杵磨成针。

6291. 好学才能上进，好学才有本领。

6292. 三人行，必有我师焉；择其善者而从之，其不善者而改之。

6293. 大志非才不就，大才非学不成。

6294. 非学无以广才，非志无以成学。

6295. 功崇唯志，业广唯勤；唯克果断，乃罔后艰。

6296. 少而好学，如日出之阳；壮而好学，如日中之光；老而好学，如秉烛之明。

6297. 学贵知疑，小疑小进，大疑大进。

6298. 理解是记忆的前提。

6299. 鱼离水则鳞枯，心离书则神索。

6300. 文以载道，汇则兴邦。

6301. 及之而后知，履之而后艰。

6302. 敏于观察，勤于思考，善于综合，勇于创新。

6303. 多读书以养底气，少忧愁以养心气，傲冰霜以养骨气。

6304. 树活风雨土，书活才思文，人活精气神。

6305. 辍学如磨刀之石，不见其损，日有所亏；勤学如穿石之水，不见其功，日有所变；真学如春起之苗，不见其增，日有所长。

6306. 才由学得，德由学进，业由学成。

6307. 学识要博，见识要广，胆识要大。

6308. 用哲学的光辉照亮前进的道路，用思想的闪光开启智慧的源泉。

6309. 知是行之始，行是知之成。

6310. 不骄方能师人之长，而自成其学。

6311. 学而不思则罔，思而不学则殆。

6312. 其问之不切，则其听之不专；其思之不深，则其取之不固。

6313. 善之本在教，教之本在师。

6314. 男儿欲遂平生志，六经勤向窗前读。

6315. 梦想从学习开始，事业靠本领成就。

6316. 世运之明晦，人才之盛衰，其表在政，其里在学。

6317. 凡才子夜读子夜，是大家常说家常。

6318. 要做到学之有效、见之长远、行之笃定，关键是要理论联系实际，在结合上狠下功夫。

6319. 学者非必为仕，而仕者必为学。

6320. 不知不可以行，不行不可谓真知；知行须合一。

6321. 知识就是财富，口才就是资本。

6322. 立身百行，以学为基。

6323. 玉不琢，不成器；人不学，不知义。

6324. 非学无以广才，非学无以明识，非学无以立德。

6325. 不闻不若闻之，闻之不若见之，见之不若知之，知之不若行之。

6326. 多读哲学，辩证唯物；多读政治，头脑清醒；多读历史，沉静深刻；多读法律，知规守正；多读科技，自觉主动；多读文学，修身养性。

6327. 有效学习十句话：效果比效率重要；过程比结果重要；广度比深度重要；计划比随意重要；数量比质量重要；浏览比精读重要；学习比学历重要；常识比知识重要；思考比阅读重要；终生比一时重要。

6328. 不览古今，论事不实。

6329. 利人莫大于教，成身莫大于学。

6330. 志犹学海，业比登山。

6331. 好问则裕，自用则小。

6332. 欲能则学，欲知则问。

6333. 为学之道，必本于思。

6334. 人之进学在于思，思则能知是与非。

6335. 为学之实，固在践履。

6336. 学问之道，贵在实行。

6337. 学愈博则思愈远，思之困则学必勤。

6338. 学问之事，贵在有恒。

6339. 养心莫如静心，静心莫如读书。

6340. 学习的进步是一切进步的开始，学习的落后是一切落后的先导。

6341. 博学于文，可以修学储能、锤炼修养，全方位地拓展人的视野、丰富人的学识；可以使人站高望远，客观全面地了解社会，成为复合型人才。

6342. 勤于学则智增，勤于思则理得，勤于行则事治。

6343. 实践长才干，历练出人才。

6344. 不勤教，无以为仁。

6345. 经典是智慧的结晶，但不是智慧的结束。

6346. 真理的大厦永远不会封顶。

6347. 没有一部医书能包治百病，也没有一部经典能包治天下。

6348. 志行万里者，不中道而辍足。

6349. 好学的人必成大器。

6350. 学会学习的人，是非常幸福的人。

6351. 器不饰则无以为美观，人不学则无以有美德。

6352. 学习是前进的动力，知识是生命的火花，知识是精神的粮食。

6353. 志大才疏事难成，有志有智虎添翼。

6354. 价值观是动机，方法论是工具。

6355. 意志在于磨练，知识在于积累。

6356. 强记不如善悟，好记性不如烂笔头。

6357. 读书可以获得知识，思考才能去粗存精。

6358. 学其所用，用其所学。

6359. 感到自己渺小的时候，才是巨大收获的开始。

6360. 吹嘘自己的知识，等于宣传自己的无知。

6361. 求木之长者，必固其根本；欲流之远者，必浚其泉源。

6362. 三人行必有我师，十步之内必有芳草。

6363. 养成大拙方为巧，学到如愚始知贤。

6364. 深思善悟则明。

6365. 真知才有灼见。

6366. 没有行动，思想永远不能成熟并化为真理。

6367. 工欲善其事，必先利其器。

6368. 好学不倦，从善如流。

6369. 尊贤，则不惑。

6370. 多识由博学。

6371. 剑虽利，不厉不断；材虽美，不学不高。

6372. 立身以立学为先，立学以读书为本。

6373. 黑发不知勤学早，白首方悔读书迟。

6374. 博学而不穷，笃行而不倦。

6375. 纸上得来终觉浅，绝知此事要躬行。

6376. 说得一丈，不如行得一尺。

6377. 尊教劝学，建国之大本；兴贤育才，为政之先务。

6378. 进德修业，温故知新。

6379. 立志宜思真品格，读书须尽苦功夫。

6380. 宝剑锋从磨砺出，梅花香自苦寒来。

6381. 开卷有益，在乎用心。

6382. 书富如入海，百货皆有。

6383. 博学而笃志，切问而近思，仁在其中矣。

6384. 博学切问，所以广知。

6385. 书犹药也，善读之可以医愚。

6386. 学者读书，务要穷究。

6387. 善学者尽其理，善行者究其难。

6388. 读活书，活读书，读书活。

6389. 广博以穷理。

6390. 为学之道，莫先于穷理；穷理之要，必先于读书。

6391. 推古验今，所以不惑。

6392. 日习则学不忘，自勉则身不堕。

6393. 好学而不厌，好教而不倦。

6394. 好学而不贰。

6395. 学贵心悟，守旧无功。

6396. 论先后，知为先；论轻重，行为重。

6397. 学贵专，不以泛滥为贤。

6398. 学道无早晚，进德无先后。

6399. 积财千万，不过读书。

6400. 操千曲而后晓声，观千剑而后识器。

6401. 要以我用书，勿为书所绊。

6402. 如切如磋，如琢如磨。

6403. 强学博览，足以通古今。

6404. 博观而约取，厚积而薄发。

6405. 兼取众长，以为己善。

6406. 知之愈明，则行之愈笃；行之愈笃，则知之愈明。

6407. 开卷有益，天天进步。

6408. 至博而约于精，深思而敏于行。

6409. 学者如禾如稻，不学者如草如蒿。

6410. 一语不能践，万卷徒空虚。

6411. 学易而好难，行易而力难。

6412. 人在学习上，不可自弃，又不可自大。

6413. 不读书无感慨，不阅人无宽谅。

6414. 学而必习，习又必行。

6415. 为学务根柢，行文净冰雪。

6416. 不尤人则德益弘，能克己则学益进。

6417. 学必求其心得，业必贵于专精。

6418. 读书如树木，不可求骤长。

6419. 敏而好学，不耻下问。

6420. 学而不厌，诲人不倦。

6421. 业精于勤，荒于嬉；行成于思，毁于随。

6422. 温故而知新，敦厚以崇礼。

6423. 实践出真知，实践出能力，实践出威望。

6424. 把自己当作新人，在工作中虚心学习。

6425. 求知若饥，虚心若愚。

6426. 不懂得的事，不要硬充自己懂，否则就是真愚蠢。

6427. 博学以为谈资，多闻方能雄辩。

6428. 有道之书尽读,明事之书多读,闲杂之书少读,邪妄之书不读。

6429. 读书要有趣味,读书要有意味,读书要有品味。

6430. 未来的文盲是没有学会怎样学习的人。

6431. 慎而思之,勤而行之。

6432. 思考是理性的行动,而幻想是理性的愉悦。

6433. 只有知识清零,才会虚心学习;只有虚心学习,才会学有所得;只有学有所得,才会学有所悟。

6434. 气高则文章自高,气大则文章自大,气雅则文章自雅。

6435. 一天不学习就会落后,两天不学习就会掉队,三天不学习就难为人师。

6436. 事有所成,必是学有所成;学有所成,必是读有所得。

6437. 学会求知,掌握学习方法;学会做事,将知识运用于实际,知行统一。

6438. 智慧在于积累,天才出自勤勉;勤能补拙是良训,一分辛苦一分才。

6439. 勤学善研可提高认知能力,深谋远虑能提高策划能力,突重破难可提高推进能力,见微知著能提高校正能力。

6440. 阅读是思想的发动机。

6441. 书是良师,书是益友。

6442. 旧书不厌百回读,熟读深思子自知。

6443. 黄金未是宝,学问胜珍珠。

6444. 蹉跎莫遣韶光老，人生唯有读书好。

6445. 近水知鱼性，近山识鸟音。

6446. 多问的人多闻，多游的人识广，多练的人技熟，多想的人智深。

6447. 运用知识才能产生力量。

6448. 知识只有消化了以后才有营养，不然就是智商中的脂肪。

6449. 知识是珍宝，但实践是得到它的钥匙。

6450. 智者以求索为乐，蠢人以不学自喜。

6451. 善问者能过高山，不问者迷于平原。

6452. 思想一旦觉悟，就不会再瞌睡。

6453. 没有学习，不会有创造；没有继承，不会有发展。

6454. 学习时的痛苦是暂时的，未学习的苦痛是终身的。

6455. 索取只有在一个方面越多越好，那就是读书。

6456. 勤奋源于兴趣。

6457. 在读书中思考，在思考中读书。

6458. 总结是一种能力，更是一种智慧。

6459. 穷不读书，穷根难除；富不读书，富难长久。

6460. 书是灯，读书照亮了前面的路；书是桥，读书接通了彼此的岸；书是帆，读书推动了人生的船。

6461. 读万卷书是心灵的超越，行万里路是身体的超越。

6462. 深学才能深悟，常学才能常新。

6463. 读书要真读，要有选择，要得其法，要重实践。

6464. 好学不倦人长寿。

6465. 活到老，学到老，身体好。

6466. 即使是思考也要有所取舍。

6467. 智者只读有意义的书。

6468. 读书，钻不出来的是蛹，钻出来的是蝶。

6469. 阅读点亮梦想，书香成就人生。

6470. 倦怠，会使智慧萎缩。

6471. 读书不能保证你抵达理想的彼岸，但一定能缩短你与理想的距离。

6472. 学问勤中得，富裕俭中来。

6473. 挺起脊梁做事，放开眼光读书。

6474. 古今事理无穷尽，个人知识终有限。

6475. 布衣暖和菜根香，读书饱读滋味长。

6476. 宁可学了不用，莫到用时不能。

6477. 初读好书，如获良友；重温好书，如逢故知。

6478. 学了就用处处行，光学不用等于零。

6479. 智慧是穿不破的衣裳，知识是取不尽的宝藏。

6480. 书不可不读，不可死读；事不能不干，不能盲干。

6481. 不学则愚。

6482. 知识是一匹无私的骏马，谁能驾驭它，它就属于谁。

6483. 一本书不翻阅犹如一堆废纸。

6484. 虚心是学问的向导，恒心是学问的保管。

6485. 水滴积聚则成深渊，知识积累则成智慧。

6486. 读书,要钻进去、跳出来、用起来。

6487. 知识没有顶峰,智慧没有边际。

6488. 经历是才智之母。

6489. 挫折可增长经验,经验能丰富智慧。

6490. 学博而后可约,事历而后知要。

6491. 学不必博,要之有用。

6492. 读而未晓则思,思而未晓则读。

6493. 读书快乐无穷,读书天地无穷,读书受益无穷。

6494. 学习贵在博、通、悟。

6495. 学习的目的在于运用,学习的成效在于解决问题、指导实践、推动工作。

6496. 拒绝阅读是心灵的癌症!

6497. 学而无厌,学无止境,学以致用。

6498. 不仅要读有字书,更要识没字理。

6499. 书籍的使命是帮助认识生活,而不是代替对生活的认识。

6500. 读书使人渊博,辩论使人机敏,写作使人精细。

6501. 像吃饭一样读书,在坚持上下功夫,在讲求营养上下功夫,在防止腐蚀上下功夫,在消化上下功夫,在有效运用上下功夫。

6502. 知识从实践中来,人才从实践中出。

6503. 凡人为了确认已知的事物而读书,智者为了确认未知的事物而读书。

6504. 智慧并不来自学历,而是来自对知识终生不懈的追求。

6505. 学习带动思考,思考促进学习。

6506. 一个能思考的人,才是真正有力量的人。

6507. 运动使人健壮,读书使人贤达。

6508. 读书给人以乐趣,给人以光彩,给人以才干。

6509. 人之一生,重要的不是学到什么,而是是否有学习能力。

6510. 学而不已,神明自得。

6511. 循序而渐进,熟读而精思。

6512. 阅读是一种定力。

6513. 书到用时方恨少,事非经过不知难。

6514. 能读书,才必博;能养气,量必宏。

6515. 善学者智,善学者强,善学者胜。

6516. 把"学习"镶嵌到性格里。

6517. 不懂不是错,不懂装懂才是错。

6518. 知行合一,以知促行,以行促知。

6519. 好学近乎知,力行近乎仁,知耻近乎勇。

6520. 读史使人明智,鉴古方能知今。

6521. 博闻多识,疑则思问。

6522. 有不知则有知,无不知则无知。

6523. 学进则识进,识进则量进。

6524. 学莫贵于知言,道莫贵于识时,事莫贵于知要。

6525. 为学患无疑,疑则有进;小疑则小进,大疑则大进。

6526. 学问贵细密，自修贵勇猛。

6527. 为学之要，先戒名心；为学之方，求端于道。

6528. 事有所成必是学有所成，学有所成必是读有所成。

6529. 知识是真正的资本和财富。

6530. 学而不博者，不能守约；志不笃者，不能力行。

6531. 人的天性犹如野生的花草，求知学习好比修剪移栽。

6532. 一日不读书，胸臆无佳想；一月不读书，耳目失清爽。

6533. 从错误中吸取教训是教育极为重要的一部分。

6534. 学问浅薄，如履薄冰。

6535. 什么都学的人，什么也学不到。

6536. 活着就要学习，学习不是为了活着。

6537. 学问积年而成，非一日之功。

6538. 学而不思，犹如食而不化。

6539. 由过去学习的经验以利当下，在当下学习使未来生活得更好。

6540. 满瓶不响，半瓶晃荡。

6541. 倾己所有追求知识，没有人能夺走它；向知识投资，收益最佳。

6542. 一些书可以浅尝辄止，一些书可以狼吞虎咽；而有些书则需要细嚼慢咽，好好消化。

6543. 书籍是积累智慧的明灯。

6544. 一切书籍都可以分为两类，即一时之书与永久之书。

6545. 人会死亡，书却无朽。

6546. 经验是智慧之父,记忆是知识之母。

6547. 知识是一座宝库,而实践是开启宝库的钥匙。

6548. 读书是积累知识的基础。

6549. 传播知识就是传播幸福。

6550. 学问在成功时是装饰品,在失意时是避难所,在年老时是供应品。

6551. 知识是豆浆,智慧是卤水;知识多、智慧少,总是一盆豆浆,点不成思想的豆腐。

6552. 不断充电,为前进提供强劲动力。

6553. 阅读的广度,改变生命历程的长短;阅读的深度,决定思想境界的高低。

6554. 解决问题是学习的第一动力。

6555. 学习是立业之基、兴国之基。

6556. 学习者智,学习者胜,学习者生存,学习者发展。

6557. 学习是个人成长、事业兴旺的根本途径,好学才能上进,事有所成,必是学有所就。

6558. 一知半解的人,多不谦虚;见多识广有本领的人,一定谦虚。

6559. 旅行是心灵的阅读,而阅读是心灵的旅行。

6560. 知止,所以不殆。

6561. 不知理义,生于不学。

6562. 进学不诚则学杂,处事不诚则事败。

6563. 博学而不失其长,广识而不乏其专。

6564. 不自满者受益,不自是者博闻。

6565. 学养可助娱乐,可添文采,可长才干。

6566. 阅读使人充实,交谈使人机智,讨论使人灵敏,笔记使人精确。

6567. 其实只有一种人生,这就是学习过程中的人生。

6568. 天下才子必读书,腹有诗书气自华。

6569. 读书要通而不局,精而不杂,细而不烦,专而不固。

6570. 读一本好书,就像交了一个益友。

6571. 读书是学习,摘抄是整理,写作是创造。

6572. 读书要从薄到厚,再从厚到薄。

6573. 读书之法,在循序而渐进,熟读而精思。

6574. 贫者因书而富,富者因书而贵。

6575. 知识使人聪明,使人文雅,使人富有,使人强大。

6576. 不知道自己的无知,乃是双倍的无知。

6577. 智慧胜于知识。

6578. 阅读加思考,整理加感悟,模仿加创造,知识加实践,就能取得良好的学习成效。

6579. 不会思考的人是白痴,不愿思考的人是懒汉,不敢思考的人是奴才。

6580. 教育是智慧的源泉。

6581. 勤奋阅读,积累知识;努力实践,积累经验;注重思考,积累思想;不断创新,积累智慧。

6582. 学以知理明志,学以立德修身,学以广才增智,学以化民育人，学以成事兴业，学以著书立说。

6583. 以读书为帆，以思考为舵，以写作为桨。

6584. 知识是力量，良知才是方向。

6585. 学高为师，身高为范。

6586. 知之者不如好之者，好之者不如乐之者。

6587. 学习是思考的基础，思考是创新的前提，创新是发展的动力。

6588. 勤奋是智慧的双胞胎，懒惰是愚蠢的亲兄弟。

6589. 书山有路勤为径，学海无涯苦作舟。

6590. 积累知识在于勤，学问渊博在于恒。

6591. 在学习的道路上，谁想停下来就要落伍。

6592. 学习必须与实干相结合。

6593. 求知是一条只有起点而没有终点的路。

6594. 自学，不怕起点低，就怕不到底。

6595. 与其用华丽的外表装饰自己，不如用知识武装自己。

6596. 人的聪明才智不在于经验的多少，而在于应用经验的能力。

6597. 教育是伟大的事业，人的命运取决于教育。

6598. 人才的培养，基础在教育。

6599. 榜样是一种人人能读的课程。

6600. 坚持在实践中深化学习、在学习中深化实践；不断研究新问题、总结新经验，学会正确运用"看不见的手"和"看得见的手"，成为善于驾驭政府和市场关系的行家里手。

6601. 阅读的生活与人生，草长莺飞、繁花似锦；不阅读的生活与人生，则是一望无际的、令人窒息的荒凉和寂寥。

第八辑　生活哲理

6602. 简约，成就最健康的生活。

6603. 心灵宁静，生命更远。

6604. 福禄贵知足，位高贵知止。

6605. 人活着要有方向感，要对明天充满激情。

6606. 舒舒服服过辛苦的日子，辛辛苦苦过舒服的生活。

6607. 努力拥有人生三宝：一双明亮的眼睛，一张干净的嘴，一颗充满爱的心灵。

6608. 任何个人财富都不能成为个人最终的生命价值。

6609. 不要为了得到某些东西，而失去另一些更重要的东西。

6610. 没有梦想，生命将会枯竭。

6611. 一次痛苦的经验抵得上千百次的告诫。

6612. 要么你被痛苦打倒，要么你把痛苦踩在脚下。

6613. 一个人最大的破产是绝望，最大的资产是希望。

6614. 世上没有绝望的处境，只有对处境绝望的人。

6615. 人生不只需要加法，也需要减法；加法是一种成长，减法是一种成熟。

6616. 有小失才能有大得；有局部之失，才能有整体之得。

6617. 知识来自于勤奋，创新来自于智慧，卓越来自于拼搏，精彩来自于追求，成功来自于意志，名望来自于奉献。

6618. 贪欲一开，犹如江河决堤，一发而不可取。

6619. 贫穷，气节不改；显达，志向不变。

6620. 神静而心和，心和而形全；神躁则心荡，心荡则形伤。

6621. 随心而动，随遇而安。

6622. 虚伪的人文过饰非，诚实的人知错改错。

6623. 一切重要的发现往往是受到失败的启示。

6624. 生活上最沉重的负担不是工作，而是无聊。

6625. 斩草不除根，萌芽依旧生。

6626. 伤其十指，不如断其一指。

6627. 诚实是人生的命脉，是一切价值的根基。

6628. 事以简为上，言以简为当。

6629. 书可益智，书可熏性，书可养生。

6630. 多食则气滞，多睡则神昏。

6631. 腾不出时间休息和娱乐的人，早晚会被迫腾出时间生病。

6632. 好正道则正人至，好邪道则邪人至。

6633. 害人终害己，报应最公平；为别人掘陷阱，掉下去的正是自己。

6634. 没有头脑的人，一切都认为简单；没有毅力的人，一切都感到困难。

6635. 虚张声势往往显示极深的恐惧。

6636. 不要因为恐惧而犹疑，前进就能消除恐惧。

6637. 物有甘苦，尝之者识；道有夷险，履之者知。

6638. 细节源于态度，细节体现素质。

6639. 没有思考，就没有智慧。

6640. 天下大势之所趋，非人力之所能移。

6641. 立武以威众，诛恶以禁邪。

6642. 勿气馁而怯阵，勿恃勇以轻敌。

6643. 不通今古，匹夫之勇；以史为鉴，方知得失。

6644. 不知彼而己知，一胜一负；不知彼，不己知，每战必殆。

6645. 艰难险阻是性格弱者的绊脚石，是信念坚定者的垫脚石。

6646. 生活的品质源于沟通的品质，沟通的品质决定生活的品质。

6647. 没有脱离阴影的决心，永远也找不到太阳。

6648. 最智慧的人生是用最少的悔恨面对过去，用最少的浪费面对现在，用最多的自信面对未来。

6649. 人生的行囊里，少背一点，会走得更久。

6650. 人生是斜坡，中间站不住，要么滑下去，要么攀上来。

6651. 人生不售来回票,一旦动身,绝不能复返。

6652. 只要自己的心是晴的,人生就没有阴雨天。

6653. 乐观,人生的彩霞。

6654. 人生坦途是谦虚、谨慎和勇敢;人生暗礁是自满、轻信和胆怯。

6655. 年轮,对虚度者是不幸的皱纹,对开拓者是满意的微笑。

6656. 成熟应该是:狂热时冷静,动荡时坚定,挫折时奋起,迷惘时清醒,位高时低调,苦难时镇定。

6657. 凡破产都是可悲的,而最可悲的破产,是人生的破产。

6658. 精神上的空虚,是任何物质也填补不了的。

6659. 真正的自由来自内心,在认识上没有困惑,在心灵上没有烦恼。

6660. 怨叹昨天的不幸,并不能使今天变得充实;沉湎于今天的轻松,明天将会感到无比的空虚。

6661. 最佳状态是平衡,最高状态是自然。

6662. 气不顺时有言必失,心不静时做事必败。

6663. 生气是因不够大度,郁闷是因不够豁达;焦虑是因不够从容,悲伤是因不够坚强。

6664. 不能左右天气,但能改变心情;不能改变现状,但能改变心态。

6665. 心灵反映生活,面貌反映心灵。

6666. 天下之势,以渐而成;天下之事,以积而固。

6667. 弊绝则风清。

6668. 与其担心未来，不如现在努力。

6669. 人生的高度，是自信撑起来的。

6670. 注定无法挽回的痛苦，不如早点放弃。

6671. 只有尽力了，才有资格说自己运气不好。

6672. 没有思考的生活，只会是庸庸碌碌的重复。

6673. 宁静，让生命健康；宁静，助事业辉煌；宁静，是生活锦囊。

6674. 什么风险都不敢承担，是一种最大的风险。

6675. 福祸无常，唯人所招。

6676. 人生的耻辱不在于输，而在于输不起；人生的光荣不在于永不仆倒，而在于屡仆屡起。

6677. 与其悲叹自己的命运，不如相信自己的力量。

6678. 面对现实，才能超越现实。

6679. 忍耐是宇宙中最伟大的和平动力。

6680. 不要把人生当作滑梯，辛苦地登顶却一滑到底。

6681. 地位是脚下的台阶，并非自身的真正高度。

6682. 被利益牵扯着的人，肯定是不折不扣的矮子。

6683. 欲望是药，适量能除病，过度能毙命。

6684. 贪婪像胡须，不及时剃除就会越发旺盛。

6685. 不受约束的自由往往是失去自由的开始。

6686. 扣错第一颗纽扣将一错到底。

6687. 生活需要游戏，但人生不能游戏。

6688. 人生就是乘法，其中一项为零结果就为零。

6689. 是非得失自始至终都掌握在自己的手里。

6690. 度的把握，过犹不及，欲速不达；量的承受，过轻则浮，超载危险；时的选择，早而无功，晚而无效。

6691. 有些事情，不谈是个结，谈开了是个疤。

6692. 自由不是想干什么就干什么，而是想不干什么就不干什么。

6693. 一个人思虑过少，可能失去做人的尊严；一个人思虑过多，就会失去做人的乐趣。

6694. 人生的关键不在于拿一副好牌，而在于打好一副坏牌。

6695. 一个人若不能在内心找到安宁，恐怕在哪里也无济于事。

6696. 容易走的都是下坡路。

6697. 侥幸是不幸的开始。

6698. 意志是人生的登山杖；没有意志的保障，再好的人生观也是一场幻梦。

6699. 福祸由己不由天。

6700. 迷信则必轻信，盲目则必盲从。

6701. 过犹不及，只有适度才是最佳。

6702. 活在今天，就是活在今生今世；活在今天，就是活在岁岁年年。

6703. 人生有寒暑，日月有晴雨。

6704. 性格决定命运，气度影响格局。

6705. 人有了希望,才有奋斗的动力。

6706. 只要拥有遇事求己的那份坚强和自信,人人都能成为自己的观音。

6707. 对众人而言,唯一的权力是法律;对个人而言,唯一的权力是善良。

6708. 生活是由思想造成的。

6709. 人生就是容器,快乐装得越多,烦恼也就会越少。

6710. 人处高位,风光无限,但四周皆为深渊。

6711. 抬高自己的天花板,使自己的心灵空间变得高远空阔,让周围的环境变得更加宽松怡人。

6712. 离开了热情,任何人都算不了什么;而有了热情,任何人都不可小觑。

6713. 热情,使我们的生命更有活力;热情,使我们的意志更加坚强。

6714. 少一分担忧,多一分安心;少一分虚伪,多一分诚实;少一分焦虑,多一分快乐。

6715. 一个人只有战胜自己,才能成为自己的主人;一个人只有成为自己的主人,才能把握自己的人生。

6716. 道德常常能填补智慧的缺陷,而智慧永远填补不了道德的缺陷。

6717. 节食则无疾,择言则无祸。

6718. 不为明天而担忧。

6719. 少事是福,多心是祸。

6720. 苦难显才华，好运隐天资。

6721. 能欢乐，就应该有胆量承受悲伤；能欢聚，就要有勇气去承受离别。

6722. 急则无智，怒则生愚。

6723. 做人要讲距离，做事要有方向。

6724. 拥抱快乐，作别过去。

6725. 人生，一半是披荆斩棘，一半是急流勇退。

6726. 哭给自己听，笑给别人看。

6727. 在孤独时最能找到真实的自己。

6728. 上当不是因为别人太狡猾，而是自己太贪婪。

6729. 若不能自己掌握自己的命运，那么只能由别人来掌握。

6730. 竖起来有多高，横下去便有多长。

6731. 人生有三件事不能等：孝老、行善、健身；人生有三件事不能怕：年龄、孤独、未来。

6732. 青春一经典当即永不再赎。

6733. 不论在什么时候开始，重要的是开始之后就不要停止。

6734. 不论在什么时候结束，重要的是结束之后就不要悔恨。

6735. 人若软弱就是自己最大的敌人，人若勇敢就是自己最好的朋友。

6736. 所有的胜利，与征服自己的胜利比起来，都是微不足道；所有的失败，与失去自己的失败比起来，更是微不足道。

6737. 清醒时做事，糊涂时读书，大怒时睡觉。

6738. 空虚无聊的人感觉日子难过，充实的人感觉日月如梭。

6739. 今天的一切现实，都是昨日思想的结果。

6740. 时间，让深的东西越来越深，让浅的东西越来越浅。

6741. 若将过去抱得太紧，怎能腾出手来拥抱现在？

6742. 失去的恐惧远比拥有的幸运更能让人珍惜。

6743. 微笑和沉默是两个有效的武器，微笑能解决很多问题，沉默能避免许多问题。

6744. 刚开始忍是一种痛苦，后来忍是一种智慧，最终忍会是一种享受。

6745. 名誉太高其实是一种负担。

6746. 上天只是赐予你生命，生命的使用说明则要靠自己撰写。

6747. 一生中和自己相处的时间是最长的，应尽量让自己变得更有趣。

6748. 祸福无门，唯人自招，与占卜无关。

6749. 世上最累人的事，莫过于虚伪的过日子。

6750. 感恩不是简单的报恩，是一种责任、自主、自尊和追求一种阳光人生的精神境界。

6751. 相爱是发现优点的过程，相处是容纳缺点的过程。

6752. 有信仰就年轻，疑惑就年老；有自信就年轻，畏惧就年老；有希望就年轻，绝望就年老。

6753. 男怕穿靴，女怕戴帽。

6754. 天有三宝：日、月、星，地有三宝：水、火、风，人有三宝：神、气、精。

6755. 从过去吸取教训，在现在把握生活，对未来寄予希望。

6756. 世界上的道路有千万条，但最难找的是适合自己的那一条。

6757. 天上掉馅饼之时，往往是地上有陷阱之时。

6758. 日月盈亏才能久照，寒暑相推方成岁功。

6759. 超高的欲望便是无尽的贫穷。

6760. 能控制欲望的人才能被称作英雄。

6761. 年轻时饱经忧患，到老来不惧风霜。

6762. 欢乐是生活的良药。

6763. 人心不足蛇吞象，世事难防螳捕蝉。

6764. 事可对人语，心常如水平。

6765. 外面的世界充满细菌，避免传染的最好方法是提高自身免疫力。

6766. 人生如同打牌，拿到好牌重要，更重要的是将手中的牌出好，一张牌出得好坏往往会影响整个牌局。

6767. 学会忘记是生活的技术，学会微笑是生活的艺术。

6768. 心不难则万事不难，人不虚则诸事必实。

6769. 智慧源于勤奋，伟大出自平凡。

6770. 人生如下棋，多思则能胜。

6771. 常将有日思无日，莫待无时思有时。

6772. 忘记过去，则少很多烦恼；面向未来，则充满激情与活力；立足当前，则不会迷失，不会丧失眼前的机遇。

6773. 世事繁杂，不过是历史的重演；人事纷扰，不过是人生如戏。

6774. 全世界都青睐胜利者，没有时间顾及失败者。

6775. 只要你站着，就一定有阴影；如果你害怕阴影，那就只有躺下去。

6776. 人生好像一本书，每人只能读一次。

6777. 人间世上许多事，未曾经历不得知。

6778. 把一生看作一天，把一天看作一生。

6779. 最珍贵的财富是利用时间，最巨大的浪费是虚度流年。

6780. 谁对时间越吝啬，时间对谁便慷慨。

6781. 对时间要吝啬，莫放过一春一秋；对知识要贪心，要争取一点一滴。

6782. 凡事都要等，久等有一善。

6783. 有因必有果，有利必有害。

6784. 无古不成今。

6785. 衰为盛之终，盛为衰之始。

6786. 天下无不可化之人，世间无不可变之俗。

6787. 祸与福同门，利与害为邻。

6788. 有一兴必有一败，有一利必有一弊。

6789. 以苟活为羞，以避事为耻。

6790. 悲观的人虽生犹死，乐观的人永葆青春。

6791. 希望是生命的源泉，失去它生命就会枯萎。

6792. 愚者自以为聪明，智者则有自知之明。

6793. 不要被花言巧语哄倒,不要给流言蜚语吓倒。

6794. 多闻增智,多言招祸。

6795. 祸难入慎家之门。

6796. 喜悦是健康的花朵。

6797. 持续的喜悦,是智慧的象征。

6798. 生气催人老,笑笑变年少。

6799. 没有一个朋友能够比得上健康,没有一个敌人能够比得上疾病。

6800. 话不可说死,事不能做绝。

6801. 多为少善,不如执一。

6802. 谨言不会出错,慎行不会跌跤。

6803. 走运时,要想到倒霉,不要得意过了头;倒霉时,要想到走运,不必垂头丧气。

6804. 无事心不空,空则无主;有事心不乱,乱易出错;多事心不愁,愁亦无用;少事心不浮,浮必生事;大事心不畏,畏则却步;小事心不痹,痹能酿祸。

6805. 愤怒的时候忍一秒,便可避免一年的遗憾。

6806. 人生就像烙饼,只有翻够了回合才能成熟。

6807. 喜欢挑战,方法就会越来越多;喜欢放弃,借口就会越来越多;喜欢抱怨,烦恼就会越来越多;喜欢感恩,顺利就会越来越多;喜欢占有,对手就会越来越多;喜欢分享,朋友就会越来越多。

6808. 低头走人生的上坡路,抬头走人生的下坡路。

6809. 良心是做人的基石，专业是事业的基石，爱心是生活的基石。

6810. 贪婪是吃亏的开始。

6811. 意外之财，易生意外。

6812. 凡是都有个限度。

6813. 人犯错误的两大原因：一是无知，二是无耻。

6814. 健忘是一种病态，善忘是一种境界。

6815. 可以伤心，但不能死心，更不能心死。

6816. 一步不能登上高山，但一步却能从高山上掉下来。

6817. 遇到爱你的人，学会感恩；遇到你爱的人，学会付出。

6818. 婚姻的成功在于：找个好人，自己做个好人。

6819. 一个男人给孩子的呵护，就是永远爱他的妈妈。

6820. 成功的时候，不要忘记人生还有红灯；失败的时候，不要忘记前边可能就是绿灯。

6821. 一心只想尽善尽美，最终只会是两手空空。

6822. 爱由心生。

6823. 爱的极致是宽容。

6824. 发脾气是因为你把自己看得太大。

6825. 有见识的人不会轻易发怒。

6826. 别把一切扛在肩上。

6827. 为拥有而开怀。

6828. 大悲无泪，大悟无言。

6829. 缘来要惜，缘尽就放。

6830. 人间万事出艰辛。

6831. 发怒其实是将他人的过错惩罚自己。

6832. 唯有健康才是人生。

6833. 选择了吃苦也就选择了收获,选择了享乐也就选择了蜕变。

6834. 财散人聚,人聚钱来。

6835. 工作应当注重结果,生活在于享受过程。

6836. 心不正,则笔不正。

6837. 人生万端,始于自认。

6838. 花盛则易落,月满则必缺,水满则易倾,人满则招损。

6839. 敢于自嘲的人内心往往强大。

6840. 有一条道路叫屈辱,有一种力量来自拒绝。

6841. 比兔子跑得快,比乌龟有耐心。

6842. 愚者把失败变成哀怨,智者把失败变成财富。

6843. 简单淳朴的生活,无论在身体上,还是精神上,对每个人都是有益的。

6844. 行孝在当下。

6845. 逝者如斯夫,不舍昼夜。

6846. 劳逸结合、动静结合、养练结合康乐寿。

6847. 名利是魔绳。

6848. 生活最沉重的负担不是工作而是无聊。

6849. 没有健康就没有一切。

6850. 智慧不是一种才能,而是一种人生觉悟,一种开阔的胸怀和眼光。

6851. 目的只是手段，过程才是目的；对过程不感兴趣的人，是不会有生存的乐趣的。

6852. 进退有据，高低有时。

6853. 无私才能成就有私。

6854. 不要自己吓自己。

6855. 足寒伤心，人怨伤国。

6856. 自尊和尊严是两码事，有时舍弃自尊才可赢得尊严。

6857. 不要把过多的希望寄托在别人身上，做好自己的事，才能给自己希望。

6858. 越有故事的人，越沉静简单；越肤浅单薄的人，越浮躁不安。

6859. 当你面向光明时，黑暗自然在你后面。

6860. 邀千百人之欢，不如释一人之怨；希千百事之荣，不如免一事之丑。

6861. 言己之长者，不知己；乐言人之短者，不知人；乐言事之易者，不知事；乐言善之施者，不知善。

6862. 喜欢就争取，得到就珍惜，错过就忘记。

6863. 情不知所起，一往而深；恨不知所终，一笑而泯。

6864. 悠闲和懒惰不同，前者是心态，后者是品质。

6865. 无忏悔则无饶恕，无饶恕则无救赎。

6866. 欲望使人失败，无私令人成就；烦恼使人痛苦，觉醒令人快乐；执着使人束缚，放下令人解脱；无明使人迷惑，智慧令人证悟。

6867. 越有修养的人，越会低调；越有内涵的人，越会谦虚。

6868. 人越谦虚越高尚，水越流动越低下。

6869. 愤怒以愚蠢开始，以懊悔告终。

6870. 人类的一切智慧包含在"等待"和"希望"之中。

6871. 多见为常，少见多怪。

6872. 勇敢的人是自己的救星。

6873. 凡是喜欢教训别人的人，自己最不愿受到别人的教训。

6874. 存在虚伪的谦虚，但没有虚伪的骄傲。

6875. 顺利时趾高气扬，艰难时一定垂头丧气。

6876. 人生就像一本书，不在长，而在好。

6877. 只有健康才是人生。

6878. 健康胜过力量与美貌。

6879. 工作是人类生活中不可缺少的条件，劳动是人类财富的真正源泉。

6880. 强者从逆境中找回自己，弱者从自卑中丢失自己。

6881. 急则有失，怒则无智。

6882. 不拘常例，不违常情。

6883. 人生最大的幸运不是能一帆风顺，而是掌握了不停变通的生存智慧。

6884. 行是勇气，停是智慧。

6885. 动起来，好运来。

6886. 功名利禄皆为身外之物，人生应当多一些轻盈和快乐。

6887. 哭着来，笑着走。

6888. 了解别人是智慧，了解自己是圣明。

6889. 最大的祸患莫过于不知足，最大的罪过莫过于贪得无厌。

6890. 放弃心中的块垒，但不放弃争胜的气魄；放弃身上的冗物，但不放弃战斗的利刃。

6891. 不要老求光鲜亮丽，要懂得和着尘世生长。

6892. 留些遗憾，可能是保住美善最好的药方。

6893. 知足的人是富有的，知足的人是有福的，合乎大道就能生长。

6894. 直面问题与逃离问题相比，会更少地暴露自己脆弱的那部分。

6895. 个人优势是自己最好的品牌。

6896. 苛求自己，造就的是重负之下疲惫不堪的人生；苛求世界，得到的则是世界的疏离甚至摒弃。

6897. 贪多必失，务广而荒。

6898. 人生就像一盘棋，必要时要学会弃卒保车。

6899. 不怕走弯路，就怕不走路。

6900. 人生不过百年，且行且珍惜。

6901. 选择高山，就勤奋登攀；选择宁静，就忍受孤单；选择机遇，就战胜风险；选择求索，就不怕磨难；选择平淡，就甘做凡夫；选择出头椽子，就不怕先烂。

6902. 心累时，就换个角度看世界；压抑时，就换个环境深呼吸；困惑时，就换个位置去思考；犹豫时，就换个思路去选择；郁闷时，就换个环境找欢乐；烦恼时，就换个思维去排解；抱怨时，就换个方法看问题；自卑时，就换个想法去应对。

6903. 知进者乐，知足者德。

6904. 健全的理性成就健全的行为。

6905. 理智比心灵为高，思想要比感情可靠。

6906. 不后悔过去，也不恐惧未来。

6907. 只要有生命，就会有希望。

6908. 家败离不得个"奢"字，人败离不得个"逸"字，讨人厌离不得个"骄"字。

6909. 自己是自己命运的创造者。

6910. 凡是使生命扩大而又使心灵健全的一切便是善良的；凡是使生命缩减而又加以危害和压榨的一切便是坏的。

6911. 高贵以美德为准。

6912. 思想是行动的种子。

6913. 思想可以使天堂变成地狱，也可以使地狱变成天堂。

6914. 智者受理智的指导，常人受经验的指导，愚昧者受需要的指导。

6915. 知足常乐，能忍自安。

6916. 世异则事变，时移则俗易。

6917. 宽容可以激发出凝聚力。

6918. 整瓶不摇半瓶摇。

6919. 马不打不奔，人不激不发。

6920. 咬得菜根，百事可做。

6921. 逆境可以造就强者。

6922. 大巧在所不为，大智在所不虑。

6923. 飘风不终朝，骤雨不终日。

6924. 月满则亏，物盛则衰。

6925. 酒极则乱，乐极则悲。

6926. 四海变秋气，一室难为春。

6927. 贪字近乎贫，婪字近乎焚。

6928. 有什么样的观念就有什么样的人生，有什么样的想法就有什么样的生活。

6929. 动静不失其时。

6930. 侈则多欲。

6931. 不进则退。

6932. 意志是生命的最高表现。

6933. 人生最大的挑战就是挑战自己。

6934. 灵感从不拜访懒汉。

6935. 永远不要做思想的懒汉。

6936. 时间是人唯一的资本。

6937. 进取要有勇气，竞争需要自信。

6938. 人生永远在追求中。

6939. 谦逊基于力量，高傲基于无能。

6940. 生活就是面对矛盾和解决矛盾的过程。

6941. 当进则进，当退则退；只进不退，定生祸端；只退不进，无所作为。

6942. 越是隐藏的东西越能看出人的品质，越是细微的情节越能显出人的灵魂。

6943. 身心健康最要紧，功名利禄如浮云。

6944. 祸患常积于忽微，智勇多困于所溺。

6945. 生命就是创造。

6946. 一目视则不明，一耳听则不聪，一足步则不行。

6947. 不可乘喜而多言，不可乘快而易事。

6948. 安危相易，祸福相生。

6949. 心中要有大事，眼中要有小事。

6950. 追求是动力，底线是刹车；动力决定速度，刹车决定平安。

6951. 庸人败于惰，能人败于傲。

6952. 时间本身并不能解决任何问题，真正能解决问题的是让自己学会珍惜时间。

6953. 真实是人生的命脉，是一切价值的根基。

6954. 被人揭下面具是一种失败，自己揭下面具是一种胜利。

6955. 有自信才有底气，有底气才有力量。

6956. 人生没有假设，当下即是全部。

6957. 没规划的人生叫拼图，有规划的人生叫蓝图；没目标的人生叫流浪，有目标的人生叫航行。

6958. 逆境时抬头是一种勇气和信心，顺境时低头是一种冷静和低调。

6959. 人心有定力，福就不会薄。

6960. 该为时为，不该为时不为，是人生的智慧。

6961. 动有章法，静有时序。

6962. 如果已有智慧而不知谦虚涵容，已有权势而不知肥遁退让，已有财富而不知适可而止，最后终归不能长保而自取毁灭。

6963. 经历铸就自信，自信铸就人生。

6964. 大道主简，大义微言。

6965. "取"是一种本事，"舍"是一门哲学；没有能力的人取不足，没有通悟的人舍不得。

6966. 天下一切画，都是自画像。

6967. 物来则应，过去不留。

6968. 机会没来要忍，机会来了要狠。

6969. 物极必反，数穷则变。

6970. 心有所畏，言有所戒，行有所止。

6971. 财富源自积累。

6972. 人生最好的状态是不纠结不折腾，自己与自己和睦相处。

6973. 心以收敛而细，气以收敛而静。

6974. 金钱能疗饥寒、驻颜容、解困厄、利邦国，也污贤达、伤神智、令人堕落。

6975. 财富人所羡，但须问来源。

6976. 贤而多财则损其志，愚而多财则益其过。

6977. 形不劳则怠情易弊，身不扰则荒废不立。

6978. 贪得者身富而心贪，知足者身贫而心富。

6979. 气象要高旷，不可疏狂；心思要缜密，不可琐屑；趣味要冲澹，不可枯寂；操守要严明，不可激烈。

6980. 宝物贵重，终可用金钱买到；而形象受损，万金难赎。

6981. 只有宽容和忍让，才能换来愉快的结果。

6982. 忍耐是一帖利于所有痛苦的膏药。

6983. 人生如月，月满则亏，凡事岂能尽人意，但求于心无愧。

6984. 月无日日圆，人无日日顺。

6985. 别跟傻瓜吵架，不然旁人会搞不清楚，到底谁是傻瓜。

6986. 存亡祸福，其要在身。

6987. 财不如义高，势不如德尊。

6988. 怒则思理，危不忘义。

6989. 福生于隐约，而祸生于得意。

6990. 尸位素餐，难以成名。

6991. 气烦则虑乱，视壅则志滞。

6992. 功者立功，祸者自祸。

6993. 从来倚个心平稳，遇险方知得力多。

6994. 吝则啬出，贪则渔利，怠荒则废事。

6995. 酬应简，则聪明全；心智壹，则利害审。

6996. 始于作伪，终于无耻。

6997. 快乐是衡量生命意义的尺度。

6998. 坦然接受无法改变的一切。

6999. 唯一能拯救自己的只有自己。

7000. 是非，始于庸者，止于智者。

7001. 人有逆天之时，天无绝人之路。

7002. 登山则情满于山，观海则意溢于海。

7003. 越是忧愁则越忧愁，越是烦恼则越烦恼。

7004. 怠惰造成怀疑和恐惧，行动则产生信心和勇气。

7005. 无聊者自厌，寂寞者自怜，孤独者自足。

7006. 穷莫失志，富莫癫狂。

7007. 不要拿别人的错误来惩罚自己，不要拿自己的错误来惩罚别人，不要拿自己的错误来惩罚自己。

7008. 要有生趣，才能有生机。

7009. 看得透小事者豁达，看不透小事者计较。

7010. 傲慢始终与相当数量的愚蠢结伴而行。

7011. 心平则会自和。

7012. 性躁心粗者，一事无成；心和气平者，百福自集。

7013. 气忿则不平，色厉则取怨。

7014. 眼睛要向前看，思想要向上看，生活要向下看。

7015. 使时间短促的是活动，使时间漫长难忍的是安逸。

7016. 不幸时要满怀希望，顺利时应小心谨慎。

7017. 福莫福于少事，祸莫祸于多心。

7018. 处顺境其实非常危险，处逆境反而比较安全。

7019. 志高则其言洁，志大则其辞弘，志远则其旨永。

7020. 人生没有如果，只有后果和结果。

7021. 有山必有路，有水必有渡。

7022. 怀疑一切与信任一切是同样的错误。

7023. 成名每在穷苦日，败事多因得志时。

7024. 顺风而呼者易为气，因时而行者易为力。

7025. 劝君不用镌顽石，路上行人口似碑。

7026. 维护声誉比取得声誉更艰难。

7027. 生活中没有参照物的人，可怜；选错参照物的人，可悲。

7028. 做好第一次并不难，难的是做好每一次。

7029. 背对太阳，阴影一片；迎着太阳，霞光万丈。

7030. 勇者，脚下都是路；智者，知道走哪一条路最好。

7031. 酸甜苦辣是生命的富有，赤橙黄绿是人生的斑斓。

7032. 贪心是最大的危房，良心是最好的住所。

7033. 生命不在于活得长与短，而在于顿悟得早与晚。

7034. 经历过磨难的人才是最有财富的人。

7035. 勉强应允不如坦诚拒绝。

7036. 人生最大的荣耀不在于从不跌倒，而在于每一次跌倒后都能爬起来。

7037. 当一道幸福之门关上，另一道门会随之打开。

7038. 只工作不娱乐使人愚钝。

7039. 最严重的错误莫过于不觉得自己有任何错误。

7040. 心理疾病比身体疾病更痛苦。

7041. 工作能撵走三个魔鬼：无聊、堕落和贫穷。

7042. 事越做越会做，人越忙越有空。

7043. 不抱怨的人生才有幸运降临。

7044. 每一次结束都是一次开始。

7045. 如果不考虑未来，就不能拥有未来。

7046. 拖延即偷窃时间。

7047. 能处处寻求快乐的人才是最富有的人。

7048. 满足主要不是来自于巨大的财富而是很少的欲望。

7049. 言语可以是谎言并带有技巧，叹息才是心灵的自然流露。

7050. 生活中最使人筋疲力尽的事是弄虚作假。

7051. 见博则不迷，听聪则不惑。

7052. 心有多大，世界就有多大；有什么样的心灵，就有什么样的人生。

7053. 守着过去的荣誉将会一事无成。

7054. 只要还活着，就没什么大不了的。

7055. 人生是一只杯子，舍不得适时倾倒它的人，品味不到醇厚的生活美酒。

7056. 聪明不是智慧，智慧一定聪明。

7057. 根浅的小树易被暴风刮倒，人只有负重时才不易跌倒。

7058. 不要随意发脾气，谁都不欠你的；现在很痛苦，等过一阵子回头看看会发现其实那都不算事。

7059. 挫辱是最大的动力，打击是最好的帮助。

7060. 一个人可以一无所有，唯独不能没有希望。

7061. 人生价值的体现在于不断的追求和努力。

7062. 缺陷是生命蜕壳时的伤痛，是幼稚走向成熟交的税。

7063. 只要人的信念不沉没，船就不会沉没。

7064. 不可沉醉于过去的荣耀。

7065. 当感觉坚持不下去的时候，不妨转变一种思路。

7066. 长处加上特别是特长。

7067. 不要让过去的错误成为明天的包袱。

7068. 难以实现的诺言比谣言更可怕。

7069. 高飞之鸟死于贪，深潭之鱼亡于饵。

7070. 一念之差，人生走岔。

7071. 希望是坚韧的拐杖。

7072. 压力面前敢于顶住，困难面前不言放弃，咬紧牙走下去，就会在困难中找到出路，在绝境中找到希望。

7073. 榜样是看得见的哲理。

7074. 当自己满目都是苍凉时，不妨转过身来，用一双灵动的眼睛和一颗时常感悟的心去开好生命的另一扇窗。

7075. 朝着一定目标走去是"志"，一鼓作气中途决不停止是"气"，两者合起来就是"志气"。

7076. 以恒心为良友，以经验为参谋，以当心为兄弟，以希望为哨兵。

7077. 生活就像海洋，只有意志坚强的人，才能到达彼岸。

7078. 懒惰像生锈一样，比操劳更能消耗身体；经常用的钥匙，总是闪亮亮的。

7079. 能守正道而不自乱则吉。

7080. "合群"有风险，"常理"保安全。

7081. 人的双肩，就是一肩挑权利，一肩挑责任，走完人生旅程。

7082. 人生没有彩排，必须像现场直播一样，紧紧把握自己迈出的每一步。

7083. 只有经历人生的种种磨难，才能悟出人生的价值。

7084. 激情是一种生活态度，是精彩人生的原动力。

7085. 真正不计较回报的付出背后有着深厚的爱和广阔的胸怀。

7086. 信任的实质是对自我的肯定。

7087. 不能争到的就必须放弃掉。

7088. 人生，不求活得完美，但求活得实在。

7089. 人生活在世界上，都是在自觉不自觉地写书；写得好，写得坏，写得厚，写得薄，写得平庸，写得精彩，全看自己如何运笔。

7090. 人生最可贵的品格是本分自然地生活，踏踏实实地做事，兢兢业业地工作，诚诚实实地交友，心底坦荡地为人。

7091. 人生就像一个球，无论如何滚来滚去，总有在一个点上停止的时候。

70.92. 遵循简单不会累，秉承宽容不会气，学会忘记不会烦，知道惧怕不会危，甘于示弱不会伤，保持低调不会亏，善于放弃不会苦，适度知足不会悔，时常感恩不会怨，懂得珍惜不会愧。

70.93. 生活并不缺快乐，需要的是发现快乐的眼睛。

70.94. 时间是单行道，过去了，回不来。

70.95. 见利必先思害。

70.96. 贫而有志，富而不骄。

70.97. 心眼小的人，天地大不了。

70.98. 心中无缺叫富，被人需要叫贵。

70.99. 解决烦恼的最佳办法，就是忘掉烦恼。

71.00. 笑看风云淡，坐对云起时。

71.01. 原谅就是解脱，知足就是放下。

71.02. 不乱于心，不困于情，不畏将来，不念过去。

71.03. 自足常乐，自信常喜。

71.04. 越贪婪越是什么也得不到，索取越多反而会失去越多。

71.05. 贪欲可以消灭财富、消灭地位、消灭才华、消灭成功。

71.06. 能干是一种素质，能处是一种境界，能忍是一种修炼。

71.07. 知足、知不足、不知足是人生航程的"校正仪"。

71.08. 大气之人，语气不惊不惧，气势不张不扬，静得优雅、动得从容、行得洒脱。

71.09. 绝路逢生者必定有大彻大悟，劫后余生者必定会淡定从容。

7110. 心无愧怍，则无人而不自得；心无贪恋，则无往而不自安。

7111. 不厚费者不多营，不妄用者不过取。

7112. 不是冤家不聚头。

7113. 不困在豫慎，见祸在未形。

7114. 凡举事无为亲厚者所痛，而为见仇者所快。

7115. 志士惜日短，愁人知夜长。

7116. 勿谓寸阴短，既过难再获。

7117. 自在不成人，成人不自在。

7118. 人生在勤，勤则不匮。

7119. 俭开福源，奢起贫兆。

7120. 福无双至，祸不单行。

7121. 福至心灵，祸来神昧。

7122. 让人为上，吃亏是福。

7123. 不受虚誉，不祈妄福，不避死义。

7124. 最大的智慧就是承认无知。

7125. 过去的艰辛是甜蜜的回忆。

7126. 累与不累，取决于自己的心态。

7127. 不要贪图无所不有，否则你将一无所有；不要试图无所不知，否则你将一无所知；不要企图无所不能，否则你将一无所能。

7128. 人要有着眼点，又要有落脚点；前者是战略，后者是战术。

7129. 面对失败和挫折一笑而过，是一种乐观自信；面对误解和仇恨一笑而过，是一种坦然宽容；面对赞扬和激励一笑而过，是一种谦虚清醒；面对烦恼和忧愁一笑而过，是一种平和释然。

7130. 熟悉的地方没有风景，不熟悉的地方有陷阱。

7131. 没有经济上的独立，就缺少"自尊"；没有思考上的独立，就缺"自主"；没有人格上的独立，就缺少"自信"。

7132. 一个人能成为什么，是因为他相信自己是什么。

7133. 什么错都不敢犯是最大的过错。

7134. 选择平庸的人生活在沙丘上，选择卓越的人生活在星星上。

7135. 简单不是简陋，而是简约和简化综合的美。

7136. 最微不足道的行动，胜过最大的勇气。

7137. 过于在乎世俗的看法，最终会成为世俗的牺牲品。

7138. 不切实际地想入非非，只会给自己增添烦恼。

7139. 损害你名声的不是别人的谗言，而是你自己的言行。

7140. 借口是滋生坏毛病的温床，善于找借口的人必将受其害。

7141. 不要理所当然地认为：你现在拥有的一切，都是理所当然的。

7142. 好运可以带来不幸，厄运却可以转化成幸运，有困境才会有希望。

7143. 抱怨和生气一样,都是拿别人的错误惩罚自己。

7144. 人生如同旅途,包袱越少就越轻松。

7145. 最危险之处或许最安全,最安全之处或许也最危险。

7146. 有度量去容忍那些自己改变不了的事,有勇气去改变那些自己可以改变的事,有智慧去区分上述两件事。

7147. 只有不安,才会觉醒;只有觉醒,才会忏悔;只有忏悔,才会看到良心,才会真正看清自己,并得到解脱。

7148. 活着很难,是因为生活的道路坎坷与崎岖;活着不难,是因为具有战胜坎坷与崎岖的勇气。

7149. 人的欲望好比海水,喝得愈多,愈是口渴。

7150. 需要的便是最好的。

7151. 能受苦方为志士,肯吃亏不是痴人。

7152. 治生莫若勤俭,立身莫若忠信。

7153. 行动可以如乞丐,但永远要有一颗高傲的心。

7154. 跪着虽不会跌倒,但可能被践踏。

7155. 挖一口真正属于自己的井。

7156. 失去不一定是损失,也可能是获得。

7157. 对每一次选择负责,就是对自己的人生负责。

7158. 明天的烦恼,今天无法解决。

7159. 放弃追逐繁复的完美,张开双臂拥抱简单的快乐。

7160. 不能只为了得到回报而付出。

7161. 人的一生,就是为自己思考的一生。

7162. 不矜自夸,可以很好地保护自己。

7163. 把快乐坚持到底才是人生最大的成功。

7164. 接受不完美的自己，坦然面对人生不平路。

7165. 每个人都是自己命运的设计师。

7166. 不能让有限的生命承载太多物欲的压力。

7167. 不要去寻找好运，改变人生的力量在心中。

7168. 在自己的位置上，做好自己。

7169. 微笑能改变人生，积极能够拯救命运。

7170. 停止抱怨，让内心布满阳光。

7171. 满怀希望，人生就不会绝望。

7172. 用积极心态，战胜不幸。

7173. 急功近利者反而会求之不得。

7174. 经历挫折的洗礼，人生之花才能更娇艳。

7175. 失败是一笔不可缺少的财富。

7176. 困境是一所好的大学。

7177. 尽情地拥抱生活，善待自己就是拯救自己。

7178. 珍惜眼前，把握现在的幸福。

7179. 只有知足的满足，才是永久的满足。

7180. 莫言名与利，名利是身仇。

7181. 不苛求，让生命顺其自然。

7182. 天堂或是地狱，都将取决于自己的心境。

7183. 闲看庭前花开花落，漫随天外云卷云舒。

7184. 得意的时候，淡然坦荡；失意的时候，安之若素。

7185. 按图索骥画不出精彩人生。

7186. 一个人的改变,源自于自我的一种积极进取,而不是等待什么天赐良机。

7187. 勇往直前是种好习惯,但很多时候拐个弯会省下更多的时间和力气。

7188. 笨功夫成就真功夫。

7189. 走不完的前程,停一停,从容步出;想不尽的心事,静一静,暂且抛开。

7190. 事在人为,休言万般皆是命;境由心造,退后一步自然宽。

7191. 书是良田,传世莫嫌无厚产;仁为安宅,居家何必构高堂。

7192. 脚比路长。

7193. 恐惧是心灵之魔。

7194. 冲动会酿成大祸。

7195. 攀比会使人生的天平倾斜。

7196. 生命不能被透支。

7197. 知足得安宁,贪心招祸患。

7198. 守时是最大的礼貌。

7199. 别让自己成"破窗"。

7200. 心随境转。

7201. 跳出心中的高度。

7202. 耐得住等待,苦尽甘来。

7203. 生命在,希望就在。

7204. 苦难是成长的殿堂。

7205. 不能改变就接受。

7206. 不碎的是意志。

7207. 怀旧情结适可而止。

7208. 悲观是自酿的苦酒。

7209. 自卑是心灵的钉子。

7210. 决定心情的是心境。

7211. 放弃是一种获得。

7212. 生存不是为了仇恨。

7213. 把握现在的快乐。

7214. 每天都活在当下。

7215. 回忆过去不如改善现在。

7216. 合适的才是最好的。

7217. 贪婪一定滋生祸端。

7218. 患难见真情。

7219. 追求完美反不完美。

7220. 心灵载不动太多的沉重。

7221. 谦虚永远有益。

7222. 偏执容易诞生"狂妄"。

7223. 孤独是人心病态的收藏。

7224. 恐惧是无知的影子，也是人生的敌人。

7225. 人生如果错了方向，停止就是进步。

7226. 人的一生就是进行尝试，尝试得越多，生活就越美好。

7227. 生命在闪光中显出灿烂，在平凡中显出真实。

7228. 生命的密度比生命的长度更值得追求。

7229. 庸者依赖命运，弱者等待命运，智者选择命运。

7230. 命运的大厦全靠自己设计建造。

7231. 命运的主宰是人自己，而人自己的主宰是意志。

7232. 笑口常开，青春常在；遇事不恼，长生不老。

7233. 常思人生短暂，不得不惜时；常思处世艰难，不得不努力；常思世态炎凉，不得不争气。

7234. 命运靠自己主宰，生活靠自己驾驭，事业靠自己奋斗，价值靠自己创造。

7235. 有责任心的人，是最有智慧的；不负责任的人，是最没有出息的。

7236. 苦难是人生的老师。

7237. 苦难对于天才是块垫脚石，对能干的人是笔财富，对弱者是个万丈深渊。

7238. 顺境造就幸运儿，而逆境造就伟人。

7239. 人生的价值，并不是用时间，而是用深度去衡量。

7240. 最值得高度珍惜的莫过于每一天的价值。

7241. 人有了衣食，只能算生存；有了理想信念，才能算生活。

7242. 人的活动如果没有理想的鼓舞，就会变得空虚而渺小。

7243. 哀莫大于心死，愁莫大于无志。

7244. 有志者立长志，无志者常立志。

7245. 希望是生命的灵魂、心灵的灯塔、成功的向导。

7246. 希望是一种对未来光荣的预期,人其实是生活在希望之中。

7247. 哪里没有希望,哪里就不可能有努力。

7248. 确定目标就是确定人生,实现目标就是升华人生,而为目标拼搏则是充实人生。

7249. 目标能让人认识到自己的使命,目标能让人看到自己前进的方向,目标能让人激发自己的潜能。

7250. 没有目标而生活,恰如没有罗盘而航行。

7251. 人生的追求,应适合自己,并与时代发展同步。

7252. 有什么样的行为就有什么样的名声。

7253. 人不一定伟大,但可以崇高。

7254. 人生不如意十之八九;要常想一二,不思八九。

7255. 什么都可以丢,但不能丢脸;什么都可以接受,唯独屈辱不能接受。

7256. 积极心态像太阳,照到哪里哪里亮;消极心态像病毒,传到哪里哪遭殃。

7257. 人之性情,莫不由习。

7258. 骄傲来自浅薄,狂妄出于无知。

7259. 自满、自高、自大和轻信,是人生的三大暗礁。

7260. 势不可使尽,福不可享尽,便宜不可占尽,聪明不可用尽。

7261. 在艰苦的日子里要坚强,在幸福的日子里要谨慎。

7262. 能够了解自己的人，是聪明的人；善于了解别人的人，是有智慧的人。

7263. 全则必缺，极则必反，盈则必亏。

7264. 以愤怒开始，以羞愧告终。

7265. 事业是人生辉煌的标志，是人生不朽的丰碑。

7266. 工作是一种乐趣时，生活是一种享受；工作是一种义务时，生活则是一种苦役。

7267. 一生之计在于勤。

7268. 勤奋的人，天天生活在希望中；懒惰的人天天生活在失望中。

7269. 懒惰是一切罪恶的源泉。

7270. 后悔过去，不如奋斗将来。

7271. 恒心就是热情上不降温，精力上不分散，意志上不衰减，时间上不间断。

7272. 苟有恒，何必三更眠五更起；最无益，莫过一日曝十日寒。

7273. 昨天是历史，明天是谜语，而今天是礼物；昨天已经过去，明天尚未到来，唯有可把握的是今天。

7274. 时间不能收藏，只有把每一天当作生命的最后一天的人，才真正懂得其价值。

7275. 时间与潮流不会等待任何人。

7276. 对时间的价值没有深切认识的人，绝不会坚韧勤勉。

7277. 最浪费不起的就是时间。

7278. 浪费时间就是最大的挥霍。

7279. 抛弃时间的人，时间也抛弃他。

7280. 在时间的大钟上，只有两个字——现在。

7281. 惜时始于少，惜时在于寸，惜时贵于恒，惜时重于今。

7282. 消磨时间是生存，利用时间是生活。

7283. 最为宝贵的莫过于"今天"。

7284. 忘掉今天的人多被明天忘掉。

7285. 不惜寸阴于今日，必留遗憾于明朝。

7286. 来世不可待，往事不可追。

7287. 最聪明的人是最不愿意浪费时间的人。

7288. 合理地安排时间，就等于节约时间。

7289. 选择机会，就是节省时间。

7290. 不要在空谈上浪费时间。

7291. 人的差异在于业余时间。

7292. 人要有丰富的情感，但不能感情用事。

7293. 善用理智驾驭好自己的情感，而不被情感所奴役。

7294. 用理智净化感情，用修养来运作感情，用道德来引导感情。

7295. 情感丰富固然是一切美德的源泉，但也是酿成许多灾难的始因。

7296. 理智所不容的，情感有可能迁就。

7297. 理智是最高的才能，但是不控制感情，它就不可能获胜。

7298. 生活的秘诀在于永远不可生发出有失体统的情感。

7299. 任何感情只有在自然的时候才有价值。

7300. 一个人在急难中，最容易流露真情。

7301. 贫贱之知不可忘，糟糠之妻不下堂。

7302. 儿孙自有儿孙福，莫为儿孙作远忧。

7303. 坎坷的道路上可以看出毛驴的耐力，患难的生活中可以看出友谊的忠诚。

7304. 婚姻需要呵护与经营：理解宽容，生活合拍；风雨同舟，终身相伴。

7305. 对爱情不必勉强，对婚姻则要负责。

7306. 思路决定出路，想法决定活法，有什么样的智慧，有什么样的眼界，就有什么样的生活。

7307. 心态好，生活就好。

7308. 有上则有下，有此则有彼。

7309. 能忍多大的事儿，就能成就多大的事儿。

7310. 人生的悲剧便是性格的悲剧。

7311. 好事来得太容易，它准是个套。

7312. 时间是精神创伤的良药。

7313. 精神到处文章老，学问深时意气平。

7314. 心理暗示，调动潜能。

7315. 结果得之易，艰难在过程。

7316. 昨天的太阳，晒不干今天的衣裳；但昨天的风雨，仍能泥泞今天的道路。

7317. 知识就像内衣,看不见,但很重要。

7318. 凡事心小则事大,凡事心大则事小。

7319. 得意时友识你,落难时你识友。

7320. 生活不仅仅是为了活着,而是为了活得幸福。

7321. 生活是一面镜子,你对它笑,它就对你笑;你对它哭,它也对你哭。

7322. 一个人的生活完全是他的思想所形成的。

7323. 要想生活得快乐,就必须热爱生活。

7324. 相信生活,它给人的教益比任何一本书籍都好。

7325. 生于忧患,死于安乐。

7326. 做有意义的事情,其本身就是对生活的享受。

7327. 重要的是生活的深度,而不是虚有其表的广度。

7328. 丰富多彩是生活的调料,它使生活充满趣味。

7329. 生活而不为生活俘虏。

7330. 健康不是一切,但一切都需健康。

7331. 健康是智慧的条件,是愉快的标志。

7332. 人生有进有退,有得有失,输什么也不能输心情。

7333. 生活难,难就难在选择。

7334. 自信乐观地生活,乃是最好的生存法则。

7335. 没有跨不过的坎,没有过不去的沟。

7336. 大成者平和,小成者嚣张。

7337. 一正压百邪,少见必多怪。

7338. 抱怨如同诅咒,怨言越多越容易退步。

7339. 天不言自高,地不言自厚。

7340. 低头的是麦穗,仰头的是稗子。

7341. 由其道则行,不由其道则废。

7342. 一失足成千古恨,再回头已百年身。

7343. 生活有度,人生添寿。

7344. 娇养不如历艰。

7345. 不义之财,必致招祸。

7346. 追求,就要付出代价;成功,就要承受痛苦。

7347. 目光有多远,生活的路就有多宽。

7348. 希望是自己心中的一颗启明星。

7349. 不能把希望寄托在飘忽不定的"也许"上。

7350. 理想的金钟,只能用行动的槌敲响。

7351. 决心,测量着人们对理想的忠诚;勇敢,检验着人们对事业的忠贞。

7352. 困难是懦夫的主人,是强者的奴仆。

7353. 主观世界的自卑,会把客观世界的困难扩大一万倍。

7354. 坚强不屈是英雄的品质,贪生怕死是懦夫的本性。

7355. 真正的勇气不是压倒一切,而是不被一切压倒。

7356. 所谓门槛,过去了就是门,没有过去就是槛。

7357. 挫折,其实就是通向成功应缴的学费。

7358. 厄运所产生的德行是坚韧。

7359. 勤奋如炭火,愈燃愈旺。

7360. 事业的成功是给有韧性的人准备的。

7361. 君子量大，团结不勾结；小人气大，勾结不团结。

7362. 不自重的人，不会被人尊重。

7363. 从来没有夕阳产业，只有夕阳技术。

7364. 健康是人生的第一要务，存钱不如存健康。

7365. 人生不应该有太多的牵累与负荷。

7366. 人以食为天，食以水为先。

7367. 神气淡则气血和，嗜欲胜则疾病作。

7368. 要想健康快乐，要会自己找乐。

7369. 荤素搭配，长命百岁。

7370. 凡是过去，皆为序章。

7371. 没有幻想就没有科学。

7372. 在官场，有官衔、有级别，需要的是忍耐和时间；在市场，无官衔、无级别，需要的是灵活和空间。

第九辑　幸福密码

7373. 幸福尽在奉献中，幸福尽在付出时。
7374. 知足常乐是最简单的幸福方法。
7375. 享受过程，幸福的最终答案。
7376. 少一点抱怨，就多一点快乐。
7377. 幸福源于不断学习、懂得感恩、宽容大度、内心简单、恰当比较。
7378. 爱出者爱返，福往者福来。
7379. 简单其实就是一种幸福。
7380. 如果缺少一份充满魅力的工作，就无法领略到真正的快乐和幸福。
7381. 幸福不是获得的多，而是计较的少。
7382. 幸福是一种愉快的自我感觉。
7383. 幸福是一种感觉，快乐是一种感受。
7384. 应该给自己的幸福画一条最浅的底线，学会从最平常的日子、最琐碎的事情里品尝幸福的滋味。

7385. 幸福快乐的秘诀在于调整好自己的心态。

7386. 幸福就是既能把自己的工作做好，又能拥有轻松休憩的时刻。

7387. 能放下多少，幸福就有多少。

7388. 幸福是心灵的满足。

7389. 充实精神生活是幸福快乐的源泉。

7390. 五谷杂粮身体健，青菜萝卜保平安，少吃荤腥多吃素，不用看病上药铺。

7391. 保持乐观情绪，遵循生活规律。

7392. 合理膳食是长寿之窍，适量运动是长寿之药，心理平衡是长寿之道。

7393. 好习惯是健康长寿的银行，好营养是健康长寿的保障，好心境是健康长寿的免疫剂。

7394. 运动运动，疾病难碰。

7395. 健康是幸福的主要因素，运动是健康的重要保证。

7396. 早起练一练，年年体康健。

7397. 爬山跑步做体操，胜吃人参驴皮膏。

7398. 食不在补，适口为珍。

7399. 饥不暴食，渴不狂饮。

7400. 成功的事业是家庭幸福的基础，幸福的家庭是事业成功的保障。

7401. 艰辛过后的幸福才是真正的幸福。

7402. 未成年时，得到自己想要的东西，是一种幸福；中青年，实现一个目标，是一种幸福；老年人，好的心态即是幸福。

7403. 寻找真正能让自己快乐而有意义的目标，才是获得幸福的关键。

7404. 幸福是知识渊博、情趣雅致的精神富足；幸福是秉公用权、心系百姓的责任情怀；幸福是坚定理想、与时俱进的崇高追求。

7405. 幸福永远是随着需要、追求、希望、创造而来。

7406. 健康是幸福，无病最自由。

7407. 人生是一场旅行，幸福是过程不是终点。

7408. 选择决定成败，幸福在于选择。

7409. 尽孝道是幸福生活中不可或缺的内容。

7410. 略尝辛苦方为福，不作聪明便是才。

7411. 不幸福的人，随时都在计算自己有多少痛苦。

7412. 获取幸福的不二法门是珍惜自己所拥有的，遗忘自己所没有的。

7413. 幸福就是当你照镜子的时候，喜欢你看到的那个人。

7414. 人生中最永恒的幸福就是平凡，最长久的拥有需懂得珍惜。

7415. 饮食有节，起居有常，作息有时，清心寡欲，少说多做，无忧无虑。

7416. 走不疾行，目不极视，耳不极听，坐不过久，卧不及疲。

7417. 习勤成乐，习乐养心，有利健身；习逸成惰，习惰成疾，有害身体。

7418. 急则治其标，缓则治其本。

7419. 磨刀不误砍柴工，练拳不误工作重。

7420. 常乐安康。

7421. 心清则神静，神静则身宁，身宁则体健。

7422. 心中欢乐，强身健体；心中烦愁，伤神减寿。

7423. 忧郁生疾，疾困乃死。

7424. 势顺则强，气顺则舒。

7425. 心宽体健。

7426. 真诚才能永相守，珍惜才配长拥有。

7427. 没有爱好，时间就会无聊；没有兴趣，生活就会变味；没有友谊，情感就会无寄。

7428. 若喜欢读书，就等于把生活中的寂寞的时光，换成巨大享受的时刻；若喜欢散步，就等于把生命中许多痛苦的考验，换成锻炼与收获。

7429. 你若爱，生活哪里都可爱；你若恨，生活哪里都可恨；你若感恩，处处可感恩；你若成长，事事可成长。

7430. 心静延年，情颐则寿；精神内伤，身必败亡。

7431. 病从口入，祸从口出，无气不生病，无毒不生疮。

7432. 养生莫忘养心，养心莫忘寡欲；至乐莫忘求知，求知莫忘读书。

7433. 心理健康是智慧的源泉,身体健康是幸福的保障。

7434. 寿命的缩短和精力的虚耗成正比,寿命的延长和心情的悲哀成反比。

7435. 智力的发展取决于身体的健康,身体的健康取决于心理的健康。

7436. 心净才能心静,心容才能心宽。

7437. 宁静心易知足,简单心易幸福。

7438. 放下压力获轻松,放下烦恼获快乐,放下自卑获自信,放下懒惰获充实。

7439. 放下消极获进取,放下抱怨获舒坦,放下犹豫获潇洒,放下狭隘获自由。

7440. 福由心造。

7441. 幸福的起点,来源于知足。

7442. 幸福不能靠别人赞助,幸福要靠自己努力争取。

7443. 把无谓的痛苦扔掉,快乐才有更大的空间。

7444. 用心甘情愿的态度,去过随遇而安的生活。

7445. 幸福,如人饮水,冷暖自知;自己的幸福不在别人眼里,而在自己心里。

7446. 幸福不取决于外界环境,它由自己的心态来决定。

7447. 聪明的人,总在寻找好心情;成功的人,总在保持好心情;幸福的人,总在享受好心情。

7448. 真正的快乐是对生活的乐观,对工作的热爱,对事业的热忱。

7449. 人生有三乐：自得其乐，知足常乐，助人为乐。

7450. 贪婪和幸福永远不会见面。

7451. 有苦才有乐。

7452. 快乐法则：不可纠缠小事，任何事都是小事。

7453. 美满的婚姻不是一辈子不吵架，而是吵架了还能生活一辈子。

7454. 不幸婚姻的症结在于：婚前把疤痕看成酒窝，婚后把酒窝看成疤痕。

7455. 如烟往事俱忘却，心底无私天地宽。

7456. 少欲，才是人生最大的幸福；知足，才是人生最大的富裕；爱心，才是人生最初的良伴；智慧，才是人生最好的明灯。

7457. 快乐其实就是身体的无痛苦和灵魂的无纷扰。

7458. 生命的快乐在行动中。

7459. 简单就是快乐，幸福就是知足。

7460. 心不定则气不顺，血不畅则百病生。

7461. 心事一多，脾运化就差。

7462. 百病由心生，养心防百病。

7463. 养心贵在养德，饮食、运动、思虑都要调适。

7464. 欲治身，先治心。

7465. 俭以惜福，谦以守身，孝以事亲。

7466. 言思乃出，行祥乃动。

7467. 读书乐，乐读书。

7468. 事能知足心常惬，人到无求品自高。

7469. 心宽不嫌居室小，身安何用积金多。

7470. 得意、失意，切莫大意；顺境、逆境，永无止境。

7471. 越努力，越幸运。

7472. 生命只有走出来的精彩，没有等待出来的辉煌。

7473. 心简单，活着就简单；心自由，活着才自由。

7474. 梦想，不是浮躁，而是沉淀和积累。

7475. 亲善产生幸福，文明带来和谐。

7476. 什么都不信的人不会有幸福。

7477. 灾祸或幸福没有不是自己找来的。

7478. 幸福在于追求和奋斗。

7479. 承担责任是一种幸福，逃避责任就等于逃避幸福。

7480. 被需要的人是幸福的。

7481. 大格局才有大幸福。

7482. 工作就是学习，成长就是幸福。

7483. 情趣越丰富，生活越美满。

7484. 决定幸福的，有时候是能力，更多的时候是心态。

7485. 快乐是一种精神。

7486. 知足才能体味幸福。

7487. 回归本真才能快乐生活。

7488. 运动的快乐源于对健康的期望，奋斗的快乐源于对成功的期盼。

7489. 平平淡淡才是真，简简单单才是福。

7490. 拥有一切,未必幸福;感恩一切,才会幸福。

7491. 健康使人快乐,快乐使人健康。

7492. 幸福存在于心灵的平和及满足中。

7493. 热爱生命是幸福之本,同情生命是道德之本,敬畏生命是信仰之本。

7494. 幸福不是奖赏,而是结果;苦难不是惩罚,而是报应。

7495. 生活简单就是享受。

7496. 忙要忙得快乐,累要累得欢喜。

7497. 精力充沛是永恒的快乐。

7498. 真正的愉快之本在于良心。

7499. 幸福在于自知拥有幸福。

7500. 知足是人生在世最大的幸福。

7501. 稳不住幸福,亦躲不过悲伤。

7502. 有所成就是人生唯一的真正的乐趣。

7503. 从希望中得到欢乐,在苦难中保持坚韧。

7504. 友谊既是快乐之源泉,又是健康之要素。

7505. 保持乐观的心态,是快乐之本。

7506. 平和、平静、平淡是快乐幸福的"主打歌"。

7507. 没有痛苦就是很大的幸福。

7508. 快乐是一种心态,不是一种状态。

7509. 幸福不是期待没有的东西,而是享受拥有的东西。

7510. 幸福就是不让悲伤感染,而让快乐永驻心间。

7511. 幸福的源泉,在于懂得知足和对生命的感恩。

7512. 降低幸福的标准线,幸福触手可及。

7513. 忍耐是审时度势的远见,是人生幸福的良药。

7514. 活着就是莫大的幸福。

7515. 幸福的秘密是现在。

7516. 自由就是幸福。

7517. 知识便是光明和幸福,无知便是谬误与黑暗。

7518. 工作是使生活得到快乐的最好方法。

7519. 兴趣产生激情,激情带来快乐。

7520. 建立在理性上的婚姻才可能是幸福的婚姻。

7521. 简单的生活是一种境界,是一种化繁为简的生活技艺,是能够净化人们心灵的神秘武器;只有简单着,才能快乐着。

7522. 懂得付出,才能收获快乐。

7523. 心中要有红绿灯,幸福平安伴终生。

7524. 生命的过程就是追寻快乐的过程。

7525. 行正、言正、心正,仰无愧于天,俯无愧于地,行无愧于人,止无愧于心,生活才会幸福快乐。

7526. 只看重结果不看过程的人,无法享受到真正的人生乐趣。

7527. 快乐每从辛苦得,便宜多自吃亏来。

7528. 幸福的首要条件在于健康。

7529. 幸福与成功相伴,幸福与奋斗同行。

7530. 生活充实就是幸福。

7531. 充分自信、完全自给的人是最幸福的。

7532. 希望就是快乐，创造便是快乐。

7533. 人之幸福，全在于心之幸福。

下编

第一辑　忠诚篇

第二辑　为民篇

第三辑　务实篇

第四辑　奉法篇

第五辑　任贤篇

第六辑　理念篇

第七辑　廉洁篇

第八辑　修身篇

第九辑　戒律篇

第一辑 忠诚篇

7534. 忠诚是一种良好的品格,是一种人生的义务,是一种工作的能力,也是一个人对外的品牌。

7535. 忠诚是立足于世的基石。

7536. 信仰是一种行为,它只在被实践的时候才有意义。

7537. 信仰、信念、信心是安身立命的"压舱石"。

7538. 党员干部必须把理想信念牢固树立起来,坚守共产党人的政治灵魂;必须把党性原则牢固树立起来,把爱党、忧党、护党落实到工作生活各个环节;必须把党员标准、好干部标准牢固树立起来,形成鲜明而正确的考核评价导向、选拔任用导向、激励约束导向;必须把政治规矩牢固树立起来,坚决同党中央保持高度一致。

7539. 党员干部应有的意志不能被"乱花"迷惑,应有的定力不能被"浮躁"困顿,应有的作为不能被"舒适"

消磨，应有的正气不能被"物欲"摧毁。

7540. 当干部就必须坚定政治信仰、坚持政治原则、坚守政治纪律，中央提倡的坚决响应，中央决定的坚决照办，中央禁止的坚决杜绝。

7541. 一定要"事不避难、义不逃责"，忧党忧在深处、担当担在难处、守土守在实处。

7542. 面对大是大非要敢于亮剑，面对矛盾要敢于迎难而上，面对危机要敢于挺身而出，面对失误要敢于承担责任，面对歪风邪气要敢于坚决斗争。

7543. 忠诚，是我们党永不褪色的旗帜，是共产党人首要的政治品质。

7544. 衡量一名党员干部是不是忠于党的事业，既要看他能否经受胜利、荣誉等顺境的考验，更要看他能否经受挫折、失败等逆境的考验；既要看他平时的言行，更要看关键时刻的表现。

7545. 坚定信仰、坚强党性，才能涵养出不染一尘、清廉正直的力量源泉。

7546. 没有对党的忠诚，就一定会在各种考验面前败下阵来。

7547. 为党分忧，为国干事，为民谋利。

7548. 大格局，当一生常为国家忧。

7549. 在所有党的纪律和规矩中，第一位的是政治纪律和政治规矩；在所有的政治规矩中，坚持党中央集中统一领导是最根本的政治规矩。

7550. 角度决定高度，立场决定命运。

7551. 是非面前分得清，名利面前放得下，关键时刻靠得住。

7552. 为政以德，譬如北辰，居其所而众星拱之。

7553. 信念是本，作风是形，本正而形聚，本不正则形必散。

7554. 三军可夺帅也，匹夫不可夺志也。

7555. 利于国者爱之，祸于国者恶之。

7556. 永远打不断的是脊梁，永远撕不碎的是信念。

7557. 船的力量在帆桨，人的力量在理想。

7558. 骏马无腿难走路，人无理想难进步。

7559. 有理想而无行动的人，只有在梦中等到收获。

7560. 信仰是一种伟大的情感，一种创造力量。

7561. 忠诚的人，对人处处关心；虚伪的人，对人当面奉承。

7562. 宁可打断骨头，不可背弃信念。

7563. 石可破，而不可夺坚；丹可磨，而不可夺赤。

7564. 只有信念使快乐真实。

7565. 理想的滑坡是最致命的滑坡，信念的动摇是最要命的动摇，精神的懈怠是最害命的懈怠。

7566. 为党分忧不添乱，为国尽责不懒惰，为民奉献不伸手。

7567. 一戒信仰迷茫，二戒精神迷失，三戒思想迷乱。

7568. 人无精神不立，党无精神不坚，国无精神不强。

7569. 功名浮华眼前过，心中有党乾坤大。

7570. 道路决定命运，道路引领未来。

7571. 立志要如山，行动要如水；不如山，不能坚定；不如水，不能曲达。

7572. 忠诚为要，卓越为先，创新为源，拼搏为荣，奉献为上，自律为基。

7573. 崇高的理想纯洁心灵，坚定的信念激发力量。

7574. 人，无精神则无魂；人，无精神则无向；人，无精神则无品；人，无精神则不立。

7575. 胸怀理想，在开拓进取中迸发激情；坚定目标，在勇于担当中保持激情；心中有责，在奋发有为中燃烧激情；端正心态，在陶冶情操中涵养激情。

7576. 有什么样的信仰，就有什么样的选择；有什么样的理想，就有什么样的方向。

7577. 只有思想上不松劲，才能行动上不偏向。

7578. "革命理想高于天"，把坚定理想信念立起来；"不畏浮云遮望眼"，把实事求是精神立起来；"开弓没有回头箭"，把改革创新精神立起来；"一枝一叶总关情"，把以人为本精神立起来；"责任重于泰山"，把敢于担当精神立起来；"雄关漫道真如铁"，把艰苦奋斗精神立起来。

7579. 践行严以修身，党性修养锤炼到位；践行严以用权，依法行政规范到位；践行严以律己，为政清廉落实到位；践行谋事要实，科学决策谋划到位；践行创业要实，真抓实干履职到位；践行做人要实，对党对民忠诚到位。

7580. 锤炼党性修养，不当"政治糊涂人"；严守党纪国法，不当"政治自由人"；牢记使命担当，不当"政治局外人"。

7581. 天下至德，莫大乎忠。

7582. 不当糊涂官，做政治上的明白人；不当甩手官，做事业上的有心人；不当庸碌官，做履行新使命新要求的领路人。

7583. 牢记共产党员的第一身份，就是要把党和人民放在心中最高位置；牢记为党工作的第一职责，就是要做到忠诚于党组织，任何时候都与党同心同德。

7584. 有梦想就有希望，有信念就有力量。

7585. 政治信仰不能变，政治立场不能移，政治方向不可偏。

7586. 人只要不失去方向，就永远不会失去自己。

7587. 政治家认为自己属于国家，而政客却认为国家属于自己。

7588. 忠诚取决于认同。

7589. 兴必虑衰，安必思危。

7590. 宁弃千军，不弃寸土。

7591. 统则强，分必乱。

7592. 天下大权，当统于一。

7593. 以身许国，何事不可为？

7594. 奉国知命轻，忘家以身许。

7595. 居庙堂之高则忧其民，处江湖之远则忧其君。

7596. 大奸似忠，大诈似信。

7597. 位卑未敢忘忧国。

7598. 理论自觉是一种责任担当。

7599. 用信仰铸就忠诚。

7600. 思想是行动的先导，知之深才能行之笃。

7601. 信仰如灯，缺失将堕入黑暗。

7602. 心中有理想再累也快乐。

7603. 如果没有理想的鼓舞，就会变得空虚而渺小。

7604. 理论强党必强，思想富国必富。

7605. 坚定信念是保持良好精神状态的前提和基础；满怀激情是保持良好精神状态的关键所在；敢于担当是保持良好精神状态的重要体现，争取一流是保持良好精神状态的重要标准。

7606. 理必求真，事必求是，言必守信，行必忠诚。

7607. 管好纪律才能看住手中权力，遵守规矩才能保持政治定力。

7608. 人生如屋，信仰如柱；崇高的信仰和坚定的信念，始终是共产党人的安身立命之本，也是好干部第一位的要求。

7609. 担当是立业之基、成事之要，有多大担当，才能干多大事业。

7610. 立志是事业的大门，信心是事业的立脚点。

7611. 党员只有一个上级，那就是组织；干部只有一个靠山，那就是人民。

7612. 真正的忠诚源于觉悟，坚定的追随来自认同。

7613. 办中国的事必须有中国共产党的领导，中国共产党只有信仰人民才能领导人民。

7614. 人民立场是党的根本政治立场，人民群众是党的力量源泉。

7615. 高擎理想的旗帜，才能坚定前行的脚步；燃烧信念的火炬，才能充满奋斗的激情。

7616. 坚持理想信念的"高线"，遵守道德规范的"中线"，严守纪律规矩的"底线"，远离违法乱纪的"红线"。

7617. 政治坚定是立命之根，业务精湛是立身之本，作风优良是成事之基。

7618. 党的力量来自组织，组织能使力量倍增。

7619. 心中有信仰，脚下才有力量。

7620. 以担当诠释忠诚，以作为彰显价值。

7621. 思想上坚信不疑，所以意志上坚韧不拔；灵魂中坚实熔铸，所以行动上坚定不移。

7622. 始终把责任举过头顶，把百姓装在心中，把名利踩在脚下，就能让自己的格局不断成长。

7623. 以至公无私之心，行正大光明之事。

7624. 广辟渠道体察民情，围绕民生倾听民声，务实高效化解民忧，发扬民主汇聚民智，促进和谐顺应民心。

7625. 忘记历史意味着轻薄，篡改历史意味着背叛。

7626. 忠诚老实是最具智慧的选择。

7627. 忠诚胜于能力。

7628. 为政修德为先,修德重在忠诚。

7629. 诚信品格,是争取上级支持的道德资本,是增进同级协作的必要担保,是赢得下级忠诚的必需美德,是增强自身效能的内在依存。

7630. 既要对上忠诚,也要对下负责,还要善于把忠诚融入自己的团队之中。

7631. 为坚守忠诚所付出的代价,得到的是荣誉;为丧失忠诚所付出的代价,得到的是耻辱。

第二辑　为民篇

7632. 天地无心，视听在民。

7633. 大明偏无照，至公无私亲。

7634. 民之所望，施政所向。

7635. 心无旁骛为民，就定能赢得百姓的信赖。

7636. 歪风邪气流失民心，清风正气凝聚民心。

7637. 人民的心声、心愿、心念就是民心。

7638. 治政之道在于安民，安民之道在于察其疾苦。

7639. 民心是最大的政治，人民是最大的靠山，脱离群众是最大的危险，为人民服务是根本宗旨。

7640. 安邦治民在于得民，治国之道在于安民，治国之策在于恤民，从政之要在于爱民。

7641. 当干部就应沉到基层、走进群众，用脚步丈量民意、用心灵倾听民声，在与群众一块苦、一块干、一块过中增进服务群众的感情和本领。

7642. 得大数而治，失大数而乱。

7643. 国不知有民，民就不知有国。

7644. 官是为人民服务的岗位，权力是为人民谋利益的工具。

7645. 要为人民谋利益，不可为自己谋前程。

7646. 人民好比太阳，个人只是星辰。

7647. 足寒伤心，民寒伤国。

7648. 用脚丈量民情，用心化解民忧。

7649. 认认真真察民情，诚诚恳恳听民意，实实在在帮民富，兢兢业业体民安。

7650. 把群众当亲人，就是要忧民之忧、苦民之苦，一块过、一块干，平等相待，情感相通，不搞特权，不当老爷。

7651. 要做为民谋利的事，不要做为己谋私的事；要做人民满意的事，不要做背离民心的事；要做满足人民需求的事，不要做违背客观规律的事；要做实实在在的事，不要做脱离群众的事。

7652. 要想靠人民，首先为人民。

7653. 为民说话再多不会错，替民办事再多不为过。

7654. 乐民之乐者，民亦乐其乐；忧民之忧者，民亦忧其忧。

7655. 位为民正，权为民用，利为民谋，欲为民节，情为民系，事为民做。

7656. 悠悠万事，民生为重；政之所兴，在顺民心。

7657. 人生的最大价值，在于为人民谋幸福。

7658. 没有人民富裕，发展就不算成功；没有人民幸福，复兴就不算完成。

7659. 没有对人民负责的精神，不可能做出对工作负责的事情来。

7660. 为官不应以职务的高低论英雄，而应以为民造福、为国奉献论成败。

7661. 在人生的坐标系上，以公心定方位、以宗旨指方向，才能立起主心骨，知进退、明得失，做到坦荡做人、谨慎用权，俯仰无愧于天地间。

7662. 执政党的"赶考"，考官是人民，"答卷"打多少分，人民群众说了算；只有在人民监督中不断提高"考试成绩"，才能交出人民满意的"答卷"。

7663. 能力有限，努力无限；生命有限，为人民服务无限。

7664. 为人民服务是一次长跑，只有生命终结，才算达到终点。

7665. 理想并不是要向人民索取什么，而是要向人民贡献什么。

7666. 打江山需要为共产主义献身的激情，坐江山更需要为人民服务的激情。

7667. 得天下者必先得人心。

7668. 行仁政者得民心，得民心者得天下。

7669. 干事创业应当做到"民之所好好之，民之所恶恶之"。

7670. 计利当计天下利，求名应求万世名。

7671. 为政之善，莫过公平。

7672. 人心的公正，是社会厚德善行的基础；权力的公正，是社会厚德善行的核心。

7673. 党员干部做工作，最重要的是关注群众、贴近群众、走进群众，把群众的呼声视为工作的"指南针"，作为谋划工作的"着力点"，以法治精神为灵魂，以实事求是原则为底线，不走捷径，严格按照规章制度办事，按照客观规律办事。

7674. 觉悟高、方向明，在思想上引领群众追求；讲奉献、重业绩，在利益上满足群众需要；戒懒散、忌空谈，在形象上获得群众认同；不躲闪、不推诿，在作为上得到群众信任；拒腐蚀、防风险，在品格上赢得群众赞誉。

7675. 民生大于天，民心重如山。

7676. 大贤秉高鉴，公烛无私光。

7677. 公道达而私门塞，公义明而私事息。

7678. 用于国有节，取于民有制。

7679. 万事民为先，百姓才是头上天。

7680. 任劳不任怨，功德减一半。

7681. 民为邦本，本固邦宁。

7682. 不因私利抛公义、不因私谊废公事，坚决反对以权谋私、假公济私。

7683. 知屋漏者在宇下，知政失者在草野，知官歪者在百姓。

7684. 彰显"俯首甘为孺子牛"的亲民情怀，铸就"春蚕到死丝方尽"的爱民品质，坚持"一枝一叶总关情"的为民举动。

7685. 问题是时代的口号，百姓是公仆的父母，服务是领导的义务。

7686. 家事国事天下事，服务百姓是实事；潜绩显绩皆政绩，造福百姓是实绩。

7687. 为国者不可好用兵，亦不可畏用兵；好则疲民，畏则遗患。

7688. 民谣折射情绪。

7689. 国以民为本，民以食为天。

7690. 济大事必以人为本。

7691. 德唯善政，政在养民。

7692. 顺民心则威令行。

7693. 天下顺治在民富，天下和静在民乐，天下兴行在民趋于正。

7694. 人心者，国家之命脉也。

7695. 众怒不可犯。

7696. 先天下之忧而忧，后天下之乐而乐。

7697. 人之命在元气，国之命在人心。

7698. 官声誉起为民事，业绩成于跬步行。

7699. 为政之本，务在于安民；安民之本，务在于足用。

7700. 民存则社稷存，民亡则社稷亡。

7701. 治国犹如栽树，本根不摇，则树叶茂荣。

7702. 工作应一丝不苟，用权须一毫不偏。

7703. 政在去私，私不去，则公道亡。

7704. 金杯银杯不如群众口碑，金山银山不如人民靠山。

7705. 立公去私才是真经正理，自立自强方是正道良途。

7706. 权力来源于权利，权利制约权力。

7707. 政之所兴，在顺民心；政之所废，在逆民心。

7708. 民治则国安，民乱则国危。

7709. 德厚足以安世，行广足以容众。

7710. 奉公如法则上下平，上下平则国强。

7711. 民生连着民心，民心关系国运。

7712. 只有以百姓福祉为念、为百姓谋福利者，才会福照一生，才会真正得到百姓的祝福。

7713. 居官谋公、为民造福、奉献社会、利在千秋，才是为政之幸福。

7714. 就业是民生之本，教育是民生之基，分配是民生之源，社保是民生之依，稳定是民生之盾。

7715. 深怀爱民之心，恪守为民之责，善谋富民之策，多办利民之事。

7716. 民不富裕惭公仆，邑有贫穷愧俸钱。

7717. 真诚善待百姓，时时牢记百姓为衣食父母；真诚善待同志，胸怀坦荡，既无嫉贤妒能之心，更无委琐卑鄙之意。

7718. 要把为人民服务作为最大追求，把为人民谋利益作为最高目的，认认真真访民情，诚诚恳恳解民忧，实实在在帮民富。

7719. 不以私情废公事，不拿原则做交易。

7720. 以平常心看待权，以责任心用好权，以公众心使用权。

7721. 民心如海，滴水汇聚成汪洋；民利名山，寸山积累成巍峨。

7722. 问政于民知得失，问需于民知冷暖，问计于民知虚实。

7723. 应民所呼，察民所虑，解民所忧。

7724. 心系群众鱼得水，脱离群众树断根。

7725. 干部走什么路，群众迈什么步。

7726. 真诚倾听群众呼声，真情关心群众疾苦，真心解决群众困难。

7727. 群众利益无小事，细微之处见真情。

7728. 见小利，不能立大功；存私心，不能谋公事。

7729. 万民所指，无疾而死；万民所爱，青春常在。

7730. 无论多高的山都是大地托起的，无论多伟大的人都是人民养育的。

7731. 民利不可占，民意不可欺，民权不可夺，民心不可失。

7732. 用权于公，再大也不算大；用权于私，再小也不算小。

7733. 能去私曲就公法者，民安而国治；能去私行行公法者，则兵强而敌弱。

7734. 位不在高，勤政则明；官不在大，为民则灵。

7735. 官视民如草芥，则民视官如寇仇。

7736. 百姓昭明，协和万邦。

7737. 爱民者强，不爱民者弱。

7738. 理国之道，莫若安民。

7739. 为政之道，以顺民心为本，以厚民生为本，以安而不扰为本。

7740. 治国之道，富民为始。

7741. 意莫高于爱民，行莫厚于乐民。

7742. 民怨则国危。

7743. 众怒难犯，专欲难成。

7744. 失众心，足以亡。

7745. 举正于中，民则不惑。

7746. 平易近民，民必归之。

7747. 欲天下治，莫若恤人。

7748. 为民兴利除害，正民之德。

7749. 国将兴，听于民；将亡，听于神。

7750. 为国者以民为基，民以衣食为本。

7751. 善政得民财，善教得民心。

7752. 德不厚者，不可使民；官德不彰，民心不聚。

7753. 视责任如泰山，把百姓当亲人。

7754. 天下之治乱，不在一姓之兴亡，而在万民之忧乐。

7755. 唯有心中摆正百姓位置，涵养执政良知，用行动标注为民的信念，才能筑起坚不可摧的"民心长城"。

7756. 水能载舟，亦能覆舟。

7757. 只有牢固树立马克思主义权力观，坚持权为民所用、利为民所谋，才能把立党为公、执政为民的理念变为执政实践。

7758. 做官先做人，万事民为先。

7759. 无我者明，无物者公。

7760. 履不必同，期于适足；治不必同，期于利民。

7761. 千道理万道理，让群众发家致富是硬道理；千条路万条路，让群众发家致富是正经路；千本事万本事，让群众幸福满意是真本事。

7762. 先天下之贫而贫，后天下之富而富。

7763. 问政于民，问需于民，问计于民。

7764. 以民为本，必须亲民；以民为本，必须尊民；以民为本，必须爱民；以民为本，必须富民。

7765. 三人行，必有我师；谋发展，必求民智。

7766. 财聚则民散，财散则民聚。

7767. 服务好群众是当干部的本分。

第三辑 务实篇

7768. 作风实,无事不成;作风虚,无事能成。

7769. 做事不贪大舍小,做人莫媚上欺下。

7770. 拒绝平庸,远离懒惰。

7771. 天下之事,务实为要。

7772. 担当,要敢承担;担当,要敢决策;担当,要敢破难;担当,要敢出列。

7773. 老实做人,规矩做事。

7774. 实践出真知,有行才有悟。

7775. 虚名只是个累人的噱头。

7776. 言之贵在于行,行之贵在于果。

7777. 对待老干部,必须保持敬重之心、倾注关爱之情、多做务实之事。

7778. 不贪腐只是底线要求,更重要的是干事创业,否则无异于"公堂木偶"。

7779. 政贵有恒,治须有常。

7780. 基础不牢,地动山摇;基础扎实,坚如磐石。

7781. 常青树就是摇钱树,常绿水就是发财水。

7782. 尽己之所可为,尽己之所宜为。

7783. 成功缘于实干,祸患始于空谈。

7784. 生活与工作一样,一切都应该立足于实际。

7785. 生活只有在平淡无味的人看来才是空虚而平淡无味的。

7786. 与其想着如何活得长,还不如想想如何过得好。

7787. 有所作为才是生活中的最高境界。

7788. 举大体而不论小事,务实效而不为虚名。

7789. 行百里者,半于九十。

7790. 一日操劳,睡得安逸;一生尽责,死亦无憾。

7791. 做事要做切实可行的事。

7792. 急功近利与尸位素餐都是要不得的。

7793. 当干部始终应以解决问题为工作的指导。

7794. 绝假则纯真,笃实则生辉。

7795. 一代人有一代人的光荣和梦想,一代人有一代人的际遇和烙印。

7796. 个人梦只有与中国梦相连相通,个人计只有放在天下计的大棋盘里,梦想才能成真,格局才能非凡。

7797. 常抓抓出习惯来,耐心抓出长效来。

7798. 要笃实力行、励精图治,说了的就要办,定了的就要干,决不能虚与委蛇、糊弄应付,决不能"为官

7799. 所有的记不得，都是没用心；所有的没有空，都是感觉不重要。

7800. 眼光应当看到未来，力量需要用于现在。

7801. 喊破嗓子不如甩开膀子。

7802. 真抓才能攻坚克难，实干才能梦想成真。

7803. 不痛不痒、四平八稳、蜻蜓点水、走马观花，满嘴空洞的口号，落不到实处，还不如不做。

7804. 干事业做工作，就必须踏石留印、抓铁有痕。

7805. 一个问题一个问题地改作风，一个节点一个节点地抓党建，弊革风清的政治生态一定能成为现实。

7806. 基层强，党就强；基层弱，党就弱。

7807. 人勤春早，政勤民安。

7808. 治国安邦，重在基层；管党兴党，重在基础。

7809. 只有把基层党组织这个根基打牢，整个党才能坚如磐石；只有持之以恒，固本培元，我们党才能长期执政、永续执政。

7810. 落地才能生根，根深才能叶茂。

7811. 抓落实，是党性观念的体现，是纪律观念的体现，是责任担当的体现，是思想和工作作风的体现；抓落实，必须严明责任、聚焦问题、跟踪督查、创新方法。

7812. 世间事，做于细，成于严；管理不严、松弛懈怠，迟早会出问题。

7813. 没有切实可行的目标，就失去了团结大家为之奋斗的动力；没有狠抓落实，任何目标都是"墙上画饼""镜花水月"。

7814. 领导就要带头，干部就要干事，在位就要有为。

7815. 政治生态风清气正，干部就会有干劲、有奔头，就会干实事、走正道；反之，就可能投机钻营、走歪门邪道。

7816. 世界上的一切事物，都遵循着本然、自然、应然、必然的逻辑线路发展，谁顺应并遵循这个规律，谁就立于不败之地；谁漠视并不明智地违背这个铁律，必将会受到应有的惩罚。

7817. 只有牢牢将落实抓在手上，以深入的思想教育增强动力，以严格的检查考核传导压力，以认真的督促协调减少阻力，工作才能得到较好的执行，执行方能有较好的效果。

7818. 有意义的战斗胜过无意义的生活。

7819. 安危在是非，不在强弱；存亡在虚实，不在多寡。

7820. 想，要壮志凌云；干，要脚踏实地。

7821. 成绩只能说明过去，不能说明未来。

7822. 实事求是。

7823. 政者，口言之，身必行之。

7824. 虚伪的真诚，比魔鬼更可怕。

7825. 不虚心，不知事；不实心，不成事。

7826. 刁巧伶俐奸，不如忠厚老实憨。

7827. 贪是诸恶源，诚是万善本。

7828. 做事必须求踏实，为人切莫务虚名。

7829. 铁是打出来的，马是骑出来的。

7830. 奋斗是万物之父。

7831. 有苦干的精神，事情便成功了一半。

7832. 鞠躬尽瘁，死而后已。

7833. 铁肩担道义。

7834. 言文而不信，行诡而不实。

7835. 要成大事，就得既有理想，又讲实际，不能走极端。

7836. 不干，固然遇不着失败，也绝对遇不着成功。

7837. 树老怕空，人老怕松，戒空戒松，以严以终。

7838. 光说不练假把式，光练不说傻把式，连说带练全把式。

7839. 离开实际的理论是死理论，离开理论的实际是瞎实际。

7840. 没有实际的理论是空虚的，同时没有理论的实际是盲目的。

7841. 实践是检验真理的唯一标准。

7842. 用理论来推动实践，用实践来修正或补充理论。

7843. 一等二靠三落空，一想二干三成功。

7844. 一切问题，只有在"干"当中才能解决；一切办法，只有在"干"当中才能找到；一切机遇，只有在"干"当中才能抓住。

7845. 一个实际行动胜过一打纲领。

7846. 以责任促落实,以责任保成效。

7847. 眼睛向下看,身子往下沉。

7848. 要埋头苦干,更要抬头巧干。

7849. 为政之要,贵在力行,重在履事。

7850. 事业是"干"成的,不是"吹"成的;局面是"打"开的,不是"喊"开的。

7851. 亲自抓、亲自干,"干"是最好的领导方法。

7852. 生命的意义,在于过程,而不在结果。

7853. 把握当下,切莫等待。

7854. 因循苟且逸豫而无为,可以侥幸一时,而不可旷日持久。

7855. 唯其艰难,才更显勇毅;唯其笃行,才弥足珍贵。

7856. 应该做的事,顶着压力也要干;必须负的责,迎着风险也要担。

7857. 合抱之木,生于毫末;九层之台,起于垒土;千里之行,始于足下。

7858. 心态好,昂扬不张扬;脑筋活,低调不低能;手脚快,落实不落空。

7859. 千忙万忙,不落实是瞎忙。

7860. 处大事贵乎明而能断,临大势贵在顺而有为。

7861. 历尽天华成此景,人间万事出艰辛。

7862. 责守明则谋政专,勤于正事必疏于邪门。

7863. 生态兴则文明兴,生态衰则文明衰。

7864. 做好小事才能成大事。

7865. 尽责是立身之本，担当是成事之道。

7866. 为官避事平生耻，莫使慵懒入公堂。

7867. 道虽迩，不行不至；事虽小，不为不成。

7868. 干，可能会有失误，但如果不干，任由事业停滞，才是最大的失误；闯，可能会有冒险，但如果不闯，坐视机遇丧失，才是最大的冒险。

7869. 只想当官不想干事、只想揽权不想担责、只想出彩不想出力，是没有资格做领导工作的。

7870. 千条万条，不抓落实等于白条；千招万招，不抓落实等于白招。

7871. 腿功要好，才能"走得远"；脚印要深，方能"走得稳"；步伐要轻，才能"走得快"。

7872. 肩扛千斤谓之责，背负万石谓之任。

7873. 接受工作不走样，执行任务不打折。

7874. 做好分内是基本，做好分外是进取。

7875. 落实执行力关键在于责任到位。

7876. 能干事者有机会，干成事者有地位。

7877. 职务代表着责任，权力意味着使命，领导就是服务。

7878. 言之非难，行之为难。

7879. 从来平庸多误民，未有昏庸能兴邦。

7880. 机遇诚可贵，眼光价更高，而比眼光更值钱的就是要做好当下。

7881. 只有做好当下，才是真正地服从全局，才能更好地做以后的事情。

7882. 找到了问题的关键，也就找到了解决问题的方法。

7883. 有担当才有前途，敢担责才有作为。

7884. 为官以勤，敬业尽责，才能理政安民。

7885. 官不勤则事废。

7886. 干部不想干事，就不配叫干部；干部不会干事，就不是好干部；干部不去干事，就不能当干部。

7887. 自豪不自满，昂扬不张扬，务实不浮躁。

7888. 千古风流在担当，万里功名须躬行。

7889. 问题面前不回避，压力面前不躲闪，困难面前不推脱，挑战面前不畏惧。

7890. 上面松一寸，下面就会松一尺；上面玩虚的，下面就会走过场。

7891. 形式主义误事，形象工程误国。

7892. 华而不实，耻也。

7893. 君子处其实，不处其华；治其内，不治其外。

7894. 不贪一时之功、不图一时之名，多干打基础、利长远的事。

7895. 以勤补拙才能化繁为简，脚踏实地才能真正治本。

7896. 临渊羡鱼，不如退而结网。

7897. 当官处事，但务着实。

7898. 实言、实行、实心，无不孚人之理。

7899. 艰苦奋斗，事业必成；贪图享受，自毁前程。

7900. 躬行为实，不尚虚言。

7901. 不夸言，不愧行。

7902. 不受虚言，不听浮术，不采华名，不兴伪事。

7903. 善政必简。

7904. 官吏浮冗，最为天下之大患。

7905. 罢冗员，减浮费，戒豪侈。

7906. 省吏不如省官，省官不如省事。

7907. 千虚不如一实。

7908. 口惠而实不至，怨灾及其身。

7909. 差之毫厘，谬以千里。

7910. 在其位，谋其政，负其责，尽其力。

7911. 橘生淮南则为橘，生于淮北则为枳。

7912. 积小胜为大胜，积跬步以至千里。

7913. 目标脱离实际换来一场空忙。

7914. 讲实情，是务实的底线；出实招，是务实的行动；办实事，是务实的责任；求实效，是务实的目标。

7915. 思做事，贵立行；思成事，贵立新。

7916. 制度的生命力在于执行，执行的保障力在于监督。

7917. 用能力证明自己，胜过用空话吹嘘自己。

7918. 旁观者的姓名永远爬不到比赛者的计分板上。

7919. 节流而不开源，顶多只能拥有半潭死水；守成而不创业，顶多只能保住一片祖产。

7920. 低调者远见，务实者高深。

7921. 一屋不扫，何以扫天下。

7922. 今日事，今日毕。

7923. 思而不行则无用，行而不思则无功。

7924. 未来不迎，当时不杂，过往不恋。

7925. 感叹是弱者的习性，行动是强者的性格。

7926. 只欣赏自己昨天的功绩，会忘却自己明天的职责。

7927. 若想无愧于永久的历史，必须无愧于今天的现实。

7928. 空话越多的土壤，结出的果实越小。

7929. 吹捧他人的时候也是在贬低他人，粉饰自己的时候也是在丑化自己。

7930. 只有经过奋斗拼搏的人，才能去叩开机遇的大门。

7931. 道路上的里程碑，既是过去的终点，又是未来的开篇。

7932. 后悔一千次，不如脚踏实地奋斗一次；叹息一千次，不如鼓足勇气拼搏一次。

7933. 思索的烦恼后面是创造的建树，奋斗的痛苦后面是收获的欢欣。

7934. 机遇也许是需要等待的，但顽强进取一刻也不能停止。

7935. 杂草多的田里粮食少，空话多的地方效率低。

7936. 荣誉只属于过去，拼搏才能赢得未来。

7937. 简单做人，务实做事。

7938. 干部要在干事中长本事，在历练中变"老练"。

第四辑　奉法篇

7939. 法立，有犯而必施；令出，唯行而不返。

7940. 要明规矩、知敬畏，常念"紧箍咒"，在思想上划出红线，行为上明确界限。

7941. 为官之义在于明法；不明法不足以正纲纪，无纲纪就不能护公正，"明法"才可以去贪昧、养情操、守底线。

7942. 心有敬畏，方能见贤思齐、见利思义，在利益面前不伸手，在权力面前不逾矩，法律红线决不触碰，党纪底线坚决捍守；心怀公正，方能一碗水端平，一把尺子量到底，坚持法纪面前人人平等、执行法纪没有例外。

7943. 国家的稳定、社会的和谐，主要不是靠法律的事后惩戒，而是靠人民的自觉遵守。

7944. 万物皆规律，有法天下和。

7945. 乱国必先乱党，乱党必先乱纪。

7946. 纪律是成文的道德，道德是内心的纪律。

7947. 法律是治国之重器，法治是执政的基本方式。

7948. 位我上者，灿烂星空；道德律令，在我心中。

7949. 一个目无法纪的人成不了才，一个软散如泥的组织也难以成事。

7950. 畏法度者最快活，守规矩者最自由。

7951. 权力越透明，权利就越有保障。

7952. 立治有体，施治有序。

7953. 法无禁止皆可为，法无授权不可为，法定职责必须为。

7954. 全面推进依法治国，法律必须被遵守，法治必须被信仰。

7955. 治国必先治党，治党务必从严，从严必有法度。

7956. 举头三尺有纲纪。

7957. 唯有敬畏法纪，恪守"三严三实"，才能慎初、慎微、慎行，确保忠诚、干净、担当。

7958. 矩不正，不可为方；规不正，不可为圆。

7959. 守纪律是底线，守规矩靠自觉。

7960. 不守规矩，必有倾覆之虞。

7961. 如果缺少了组织程序，只是我行我素，对个人，就如同无舵之舟、无缰之马，迟早迷失方向；于组织，则如同一盘散沙、一堆乱麻，难以形成合力。

7962. 木受绳则直，金就砺则利。

7963. 道私者乱，道法者治。

7964. 小智治事，中智治人，大智立法。

7965. 纪律和规矩既是"紧箍咒"，也是"护身符"，是对干部的爱护和保护；既有利于党的事业健康发展，也有利于开展领导工作、提高领导威信，是干部成长道路上的"安全带"。

7966. 不能公私不分，把公权力用于回报私情；不能情大于法，因感情因素而有失公正；不能利压倒法，为谋取私利而罔顾国法。

7967. 吃菜根淡中有味，守国法梦里无惊。

7968. 心中要高悬法律的明镜，手中要紧握法律的戒尺，知晓为官做事的尺度。

7969. 权力是一把双刃剑，在法治轨道上行使可以造福人民，在法律之外行使则必然祸害国家和人民。

7970. 法治不彰，党无宁日，国无宁日；纲纪不彰，党将不党，国将不国。

7971. 只有牢固树立法治信仰，才能有学法守法用法的自觉；只有懂法知法，才能明白什么事能干、什么事不能干；只有自觉守法、用法，才能履好职尽好责。

7972. 办事要依法，遇事要找法，解决问题要用法，化解矛盾要靠法。

7973. 心中高悬法律的明镜，手中紧握法律的戒尺，知晓为官做事的尺度。

7974. 法律红线不可越，法律底线不可碰。

7975. "削足适履"只会适得其反，法治中国建设只能走自己的"中国路"。

7976. 治国凭圭臬，安邦靠准绳。

7977. 奉法者强则国强，奉法者弱则国弱。

7978. 法律是治国之重器，良法是善治之前提。

7979. 司法腐败是最大的腐败，司法不公是最大的不公。

7980. 依法治国是外化于行，以德治国是内化于心。

7981. 法律是准绳，任何时候都不能违背；道德是基石，任何时候都不可忽视。

7982. 法贵疏而能禁，罚贵轻而必行。

7983. 治国者先受制于法。

7984. 法律必须被信仰，否则形同虚设。

7985. 法者天下之公器也，变者天下之公理也。

7986. 贵师而重傅，则法度存。

7987. 法令行则国治，法令弛则国乱。

7988. 越规者，规必惩之；逾矩者，矩必匡之。

7989. 锄一害而众苗成，刑一恶而万民悦。

7990. 立善法于天下，则天下治。

7991. 法律之内，应有天理人情在。

7992. 国无法则人无矩，法不公则国不稳。

7993. 权力具有扩张性，不受制约的权力必然任性；而防止权力滥用的重要途径是依法以权力制约权力。

7994. 刑当罪则威，不当罪则侮。

7995. 治国无其法则乱，守法而不变则衰。

7996. 法不阿贵，绳不挠曲。

7997. 令必行，禁必止。

7998. 用法不可太宽，宽则人不知惧；施恩不可太过，过则人不知感。

7999. 官无德则法不善，官无德则法不行。

8000. 法治治人，德治治心；法安天下，德润人心。

8001. 欲知平直，则必准绳；欲知方圆，则必规矩。

8002. 手莫伸，要增强法规观念；手莫伸，要增强治未病理念；手莫伸，要增强敬畏意念；手莫伸，要增强慎独心念。

8003. 为国之道，当先治法；为帅之道，当先治德。

8004. 政从法来，德从修来，位从为来。

8005. 信仰规矩，方能走好人生之路，创造人生最大的价值；无视规矩，就会跌倒在人生路上，成为人民的罪人。

8006. 没有严明的纪律，从严治党就无从谈起；有了纪律不严格执行，从严治党也会落空。

8007. 反腐必须治权，治权必靠法治。

8008. 谋划工作要运用法治思维，处理问题要运用法治方式，说话做事要先考虑一下是不是合法。

8009. 规矩既设，三隅乃列。

8010. 治理国家有纲常，而以对民众有利为根本；从事政事有规范，而以令行禁止最重要。

8011. 法存则国安，法亡则国危。

8012. 德以施惠，刑以正邪。

8013. 法有明文，情无可恕。

8014. 国有常法，虽危不亡。

8015. 掌国必掌兵，理社必掌刑。

8016. 私情行而公法毁。

8017. 刑罚不时，则民伤；教令不节，则俗弊。

8018. 法与时转则治，治与世宜则有功。

8019. 礼法以时而定，制令各顺其宜。

8020. 不别亲疏，不殊贵贱，一断于法。

8021. 万事皆归于一，百度皆准于法。

8022. 不以私害法，则治。

8023. 经国序民，正其制度。

8024. 制度时，则国俗可化而民从制。

8025. 王者为民，治则不可以不明，准绳不可以不正。

8026. 言出如箭，执法如山。

8027. 执法而不求情，尽心而不求名。

8028. 不教而诛，则刑繁而邪不胜；教而不诛，则奸民不惩。

8029. 人道经纬万端，规矩无所不贯。

8030. 刑过不避大臣，赏善不遗匹夫。

8031. 执法如山，守身如玉。

8032. 人情里面有原则，交往当中有纪律。

8033. 中规中矩走得远，违规逾矩栽跟头。

8034. 法无授权不可为，法无禁止即自由。

8035. 人无规矩则废，家无规矩则祸，党无规矩则亡，国无规矩则乱。

8036. 按规矩办事，按制度用权。

8037. 严而生畏，是约束，更是保护。

8038. 廉洁奉公百姓赞，贪污腐化骂名留。

8039. 众目睽睽之下，伸手必被捉；天地冥冥之间，贪念必遭谴。

8040. 心里有规矩，路就走得直。

8041. 廉者常乐，贪者惹祸。

8042. 党廉则政清，政清则国兴。

第五辑　任贤篇

8043. 德者才之帅，才者德之资。

8044. 要注重选用"德行过关，本事过人，政绩过硬"的人，树立厚德卓才的鲜明用人导向。

8045. 注重干部的主观努力，看其在取得实绩的过程中的担当和付出；注重干部的民意反映，多到基层干部群众和服务对象中、多在乡语口碑中了解干部，把群众口碑作为检验干部的"试金石"；注重干部的政绩成本，避免出现寅吃卯粮、竭泽而渔的政绩；注重干部的后续效果，看取得的政绩是否经得起历史、实践的检验，避免"政绩工程""面子工程"背后留下的一屁股烂账；注重干部的价值取向，看其在眼前功利还是根本长远利益等面前能否做出正确选择。

8046. 坚持因事用人、因岗择人、因能授职。

8047. 国以任贤使能而兴，弃贤专己而衰。

8048. 必须旗帜鲜明地树立"德才兼备、以德为先、以廉为基"的用人导向。

8049. 用人所长,越用越长,用长了他就成了人才;用人所短,越用越短,时间长了他就成为"废物"。

8050. 选好人、用好人,是干部工作的底线,从严治吏就是要严格选人用人;选错人、用错人,一切都无从谈起。

8051. 圣贤无全德,君子无全能。

8052. 严格落实选拔任用的组织程序,任何一个该有的环节都不能少,该由上级决定的事项决不能擅自做主,该按规矩办的决不能搞例外,防止随意变通、程序空转。

8053. 知人要看事,看事要看本质,以事论人、因事择人,做到人尽其才、才尽其用、人岗相适。

8054. 用人导向是旗帜、是标杆,是从政环境的定盘星、政治生态的晴雨表;好干部标准真正落地生根,好干部才能越来越多,正能量才能越来越强。

8055. 努力推动形成贤者上、平者让、庸者下、劣者汰的用人环境。

8056. 轻虑者不可以治国,独智者不可以存君。

8057. 官在得人,不在员多。

8058. 治国之道,唯在举贤。

8059. 用人不以瑕掩玉。

8060. 得贤则治,失贤则乱。

8061. 人才与国相始终,千古兴亡鉴青史。

8062. 为官举贤,责无旁贷。

8063. 人才乃是"活长城"。

8064. 不知人之短,不知人之长,不知人长中之短,不知人短中之长,则不可以用人。

8065. 锣鼓听音,相人看心。

8066. 听其言而观其行。

8067. 视其所以,观其所由,察其所安。

8068. 国以人兴,政以才治。

8069. 看干部主要看肩膀能不能负重,能不能超负荷。

8070. 唯德才兼备、风高范远者,乃大格局。

8071. 选干部,要守"大法",要有"大公",要重"大德",要行"大道",要集"大贤"。

8072. 用人导向是最根本的导向,吏治腐败是最大的腐败。

8073. 要有天下为公的政治情怀,有一种"用人但问堪否,岂为新故异情"的政治气度,有一种"天下之贤,与天下用之,何必出乎己"的政治境界。

8074. 天下之政,非贤不理;天下之业,非贤不成。

8075. 只要是德才兼备的优秀干部,无论来自哪湖哪海,都要人尽其才、用当其时;只要是忠实于党的同志,无论和自己有无"交集",都要用其所才、充分使用。

8076. 报国之忠,莫如荐士;负国之罪,莫如蔽贤。

8077. 人能尽其才则百事兴。

8078. 有大略者不可责以捷巧,有小智者不可任以大功。

8079. 疾风知劲草，板荡识诚臣。

8080. 言过其实，不可大用。

8081. 尺之竹必有节，寸之玉必有瑕疵。

8082. 人有所优，固有所劣；人有所工，固有所拙。

8083. 瑕不掩瑜，瑜不掩瑕。

8084. 人各有能有不能。

8085. 骏马能历险，犁田不如牛；坚车能载重，渡河不如舟。

8086. 不患人之不己知，患不知人也。

8087. 听其言必责其用，观其得必求其功。

8088. 国将兴，必贵师而重傅。

8089. 一年之计，莫如树谷；十年之计，莫如树木；终身之计，莫如树人。

8090. 要让"吃苦的人吃香，有为的人有位"。

8091. 雏凤清于老凤声。

8092. 平时工作能看得出来，关键时刻能站得出来，危急关头能豁得出来。

8093. 敬一贤则众贤悦，诛一恶则众恶惧。

8094. 庸医误诊，庸师误人，庸官误事。

8095. 为治以人才为本，人才以教化为先。

8096. 按岗选人，以事择人；人岗相适，用当其时。

8097. 得人之道，在于知人；知人之法，在于责实。

8098. 致天下之治者在人才，成天下之才者在教化。

8099. 英雄不问出处，成功不靠背景。

8100. 用一贤人则群贤毕至，见贤思齐就蔚然成风。

8101. 天地无全功，圣人无全能，万物无全用。

8102. 领导重在用人，用人重在激励，激励旨在凝聚。

8103. 最为持久的投入是人才。

8104. 与人不求备，检身若不及。

8105. 不以好恶取才，不以妒谤毁才，不以卑微轻才，不以亲疏选才，不以小过舍才。

8106. 用当其时，用当其才，用当其愿，用当其所。

8107. 用一善人，足以导千万人从善。

8108. 用准一个人，激励一大片；用错一个人，挫伤一大片。

8109. 才不称不可居其位，职不称不可食其禄。

8110. 一把尺子量长短，一个标准论高低。

8111. 为政之要，唯在得人，用非其才，必难致治；图功未晚，亡羊尚可补牢；浮慕无成，羡鱼何知结网。

8112. 用人有三危：少德而多宠，才下而位高，身无大功而受厚禄。

8113. 高者未必贤，下者未必愚。

8114. 有能则举之，无能则下之。

8115. 常格不破，人才难得。

8116. 德不广不能使人来，量不宏不能使人安。

8117. 不厚其栋，不能任重。

8118. 宁可虚位以待人，不可以人而滥位。

8119. 不才者进，则有才之路塞；选能而任之，择善而从之。

8120. 不以人废言，不以言废人。

8121. 为人择官者乱，为官择人者治。

8122. 有才而无势，虽贤不能制不肖。

8123. 事无全利，亦无全害，办事应取其利避其害；人有所长，亦有所短，用人应取其长舍其短。

8124. 多理解，少挑剔；多信任，少怀疑；多宽容，少责备；多坦诚，少敷衍。

8125. 用人得当，则一人能顶数人之用；用人不当，则数人不能成一人之功。

8126. 轻诺者信必寡，轻誉者背必非。

8127. 试玉要烧三日满，辨材须待七年期。

8128. 务求贤良，以安百姓。

8129. 金无足赤，人无完人。

8130. 任贤唯固，恤民唯勤。

8131. 择之以才，待之以礼。

8132. 择才不求备，任物不过涯。

8133. 求士莫求全，用人如用木。

8134. 举人不得挟其私，受任不得孤其举。

8135. 任贤必治，任不肖必乱。

8136. 选士用能，不拘长幼。

8137. 不以卑而不用，不以辱而不尊。

8138. 论德而定次，量能而授官。

8139. 因任而授官，循名而责实。

8140. 举人不能不破格，破格则须循名核实。

8141. 贤者举而上之，不肖者抑而废之。

8142. 进忠謇，退不肖；任贤勿贰，去邪勿疑。

8143. 江山代有才人出，各领风骚数百年。

8144. 世不患无才，患无用之之道。

8145. 路不险则无以知马之良，任不重则无以知人之才。

8146. 临危方始见英雄。

8147. 建官唯贤，位事唯能。

8148. 成大功者不小苛。

8149. 取人先观大节。

8150. 有事考功，有言考用，动则考行，静则考守。

8151. 求才贵广，考课贵精。

8152. 考绩必以岁月，故官不失绪。

8153. 剑不试则利钝暗，弓不试则劲挠诬。

8154. 禄过其功者削，名过其实者损。

8155. 见功而与赏，因能而授官。

8156. 各以所宜，量材授任。

8157. 量力而任之，度才而处之。

8158. 力弱者勿任其厚负，才卑者勿尸其隆位。

8159. 论材选士，必试于职。

8160. 人用财试，金用火试。

8161. 非举无以知其贤，非试无以效其实。

8162. 水积鱼聚，木茂鸟集。

8163. 地薄者大物不产，树高者鸟宿之。

8164. 用人如器，各取所长。

8165. 用人不求其备，嘉善而矜不能。

8166. 任人之长，不强其短；任人之士，不强其拙。

8167. 举贤任才，立国之本。

8168. 国之宝器，其在得贤。

8169. 天下之要，人才而已。

8170. 不以小故妨大美。

8171. 举贤无私，用人不疑。

8172. 疑则勿用，用则勿疏。

8173. 育才造士，为国之本。

8174. 采玉者破石拔玉，选士者弃恶取善。

8175. 剖开顽石方知玉，淘尽泥沙始见金。

8176. 德不胜其任，其祸必酷；能不称其位，其殃必大。

8177. 小才难大用。

8178. 制大物必用大器。

8179. 人尽其才，则百事举。

8180. 用人如器，扬长避短。

8181. 看己要看短，看人要看长。

8182. 为政之本在于选贤任能。

8183. 挽弓当挽强，用人当用长。

8184. 看秤看斤两，看尺看长短；看人看气节，看官看品格。

8185. 根据一个人的兴趣可以判断他的性格。

8186. 有德无才不成事，有才无德干坏事，德才兼备成大事。

8187. 置不肖之人于位，是为虎缚翼也。

8188. 用人导向不正，就会涣散党心，冷了人心，危害的是政治生态的源头；要以清朗的用人风气，推动政治生态的"山清水秀"。

8189. 家贫显孝子，国难识忠臣。

8190. 百人百姓，各人各性。

8191. 十步之间，必有芳草；十室之邑，必有俊士。

8192. 让干事的人有机会，让能干成事的人有舞台。

第六辑　理念篇

8193. 国之大计，系于理念。

8194. 理念决定方向，认识决定行动。

8195. 凡事勤则易，凡事惰则难。

8196. 不管一个人多么有才能，但是集体常常比他更聪明和更有力。

8197. 推己及人，换位思考。

8198. 道虽不远人，理却不加身。

8199. 行使权力，心善不能心软。

8200. 要想领导他人，先管理好自己。

8201. 不偏心，才能赢得尊重和信任。

8202. 为国不可以生事，亦不可以畏事。

8203. 理念需要附着于实力，没有实力的理念注定为虚妄；实力亦需理念指引，没有理念的实力必定会迷失。

8204. 是理念而非技能，在人们决定如何应对挑战时起了决定性的作用。

8205. 理念是行动的指南。

8206. 政善治，事善能，动善时。

8207. 为政治国，必须与时俱进。

8208. 不忘初心，方得始终；不忘创新，方有未来。

8209. 道不同，不相与谋。

8210. 含而不露有时也是一种智慧。

8211. 仰高者不可忽其下，瞻前者不可忽其后。

8212. 适时低头，隐忍为高。

8213. 忍耐是一种弹性前进的策略。

8214. 谦下示人不易被攻击。

8215. 弯腰有时比站直了更高。

8216. 柔弱比刚强要持久。

8217. 顺时务者为俊杰。

8218. 让步才能进步。

8219. 仁慈比武力更有力。

8220. 广施恩德，不战而屈人之心。

8221. 跟得上变化才能把握机会。

8222. 勤者改造困难，懒人制造困难。

8223. 事必躬亲，绝非高明之举。

8224. 该软时软，当硬时硬。

8225. 分散主义不是民主，集中统一才有力量。

8226. 思必出位，行必素位。

8227. 传统是创新的基点，创新是传统的发展。

8228. 改革创新必须建立在继承传统的基础上，否则就会成为无本之木；继承传统也需要在新的实践中改革创新，否则就会滞步不前。

8229. 教育是今天的事业、明天的希望。

8230. 使命重于泰山，众志铸就长城。

8231. 安不忘危，治不忘乱。

8232. 有功必赏，有罪必罚，则为善者日进，为恶者日止。

8233. 难在坚持，贵在坚持，成在坚持。

8234. 政务要公开，政"误"也要公开。

8235. 微笑不用成本，但能创造财富；赞美不用花钱，但能产生力量；分享不用费用，但能倍增快乐。

8236. 一个人的责任是充溢在生命的每一个时刻的，不能像工作服一样，下班了就挂在衣架上。

8237. 上山要低着头，下山要昂着头；人生上坡要自谦些，下坡要自信些。

8238. 对过去，要淡；对现在，要惜；对未来，要信。

8239. 律己足以服人，量宽足以得人，身先足以率人。

8240. 穷则变，变则通，通则久。

8241. 平等相待才会赢得尊重，互动沟通才能获得理解。

8242. 兵不可玩，玩则无畏；兵不可废，废则召寇。

8243. 兵不强，不可以摧敌；国不富，不可以养兵。

8244. 兵不妄动，师必有名。

8245. 兵者国之大事，死生之地，存亡之道，不可不察也。

8246. 兵者外以除暴，内以禁邪。

8247. 得时者昌，逆时者亡。

8248. 国不富不可以兴兵，民不合不可以合战。

8249. 内修文德，外严武备。

8250. 先即制人，后则为人制。

8251. 成功不是终点，失败也不是末日。

8252. 害怕被打败的人一定会失败。

8253. 苟自不能受谏，安能谏人。

8254. 广开言路，博采群谋。

8255. 容直言，广视听。

8256. 善为政者，弊则补之，决则塞之。

8257. 贤不肖不杂则英杰至，是非不乱则国家治。

8258. 贤路当广而不当狭，言路当开而不当塞。

8259. 一己之见有限，众人之智无穷。

8260. 一寸光阴一寸金，寸金难买寸光阴。

8261. 忘记历史就意味着背叛。

8262. 如果自由流于放纵，专制的魔鬼就乘机侵入。

8263. 举直错诸枉，则民服；举枉错诸直，则民不服。

8264. 人生不能设计，只能面对。

8265. 人生如逆水行舟，不进则退。

8266. 只有忠实于事实，才能忠实于真理。

8267. 错误经不起失败，但是真理却不怕失败。

8268. 胳膊拗不过大腿。

8269. 论事不可趋一时之轻重,当思其久而远者。

8270. 壮志和热情是伟业的辅翼。

8271. 节约本身就是最大的收入。

8272. 大胆天下去得,小心寸步难行。

8273. 浪再大也在船底下,山再高也在脚底下。

8274. 两军相遇勇者胜。

8275. 丧失勇气就会丧失一切。

8276. 下河不怕漩涡多,打铁不怕火烫脚。

8277. 取得成就时坚持不懈,要比遭到失败时顽强不屈更重要。

8278. 幸运所需要的美德是节制,而逆境所需要的美德是坚忍。

8279. 精诚所至,金石为开。

8280. 竹子是一节一节长起来的,功夫是一天一天练出来的。

8281. 敢于当傻瓜是走向聪明的第一步。

8282. 摸着石头过河。

8283. 卓越的才能,如果没有机会,就将失去价值。

8284. 明日复明日,明日何其多?日日待明日,万事皆蹉跎。

8285. 时间就是生命,时间就是速度,时间就是力量。

8286. 志士惜年,贤人惜日,圣人惜时。

8287. 荒废时间等于荒废生命。

8288. 珍惜时间就是珍爱生命。

8289. 见缝插针，寸阴必争。

8290. 时间无私，历史无情。

8291. 敬业乐群。

8292. 管得少，就是管得好。

8293. 管理就是决策。

8294. 省钱就是挣钱。

8295. 不断的奋斗就是走上了成功之路。

8296. 困难里包含胜利，失败里孕育成功。

8297. 败事之路顺溜溜，成事之路弯曲曲。

8298. 不能爱哪行才干哪行，要干哪行爱哪行。

8299. 二人同心，其利断金。

8300. 军民团结如一人，试看天下谁能敌。

8301. 万人操弓，共射一招，招无不中。

8302. 若不团结，任何力量都是弱小的。

8303. 单丝不成线，独木不成林。

8304. 篝火能把严寒驱散，团结能把困难赶跑。

8305. 团结就是力量。

8306. 认真做事只是把事情做对，用心做事才能把事情做好。

8307. 不务天时则财不生，不务地利则仓廪不盈。

8308. 大礼不辞小礼，细节决定成败。

8309. 海不择细流，故能成其大；山不拒细壤，方能就其高。

8310. 天下之难事，必作于易；天下之大事，必作于细。

8311. 致广大而尽精微。

8312. 一个篱笆三个桩,一个好汉三个帮。

8313. 对人以诚信,人不欺我;对事以诚信,事无不成。

8314. 人类本性最深的需要是渴望别人的欣赏。

8315. 小信诚则大信立。

8316. 不研究自身,就不可能深刻了解别人。

8317. 谋略只能解决战术问题,解决战略问题必须靠实力。

8318. 谋一域,必须放眼全局;谋大事,必须把握大势。

8319. 懂团结是大智慧,会团结是大本事,真团结是大境界。

8320. 放弃多余的"包袱",才能走得更高远。

8321. 与其苛求环境,不如适应环境。

8322. 立正才能心安,行稳方能致远。

8323. 把工作当事业干,把岗位当舞台使,把群众当亲人看。

8324. 遇到问题不绕道,碰到矛盾不上交,看到困难不退缩。

8325. 服务才能服众,自省才能自警,有为才能有位。

8326. 能容人,搞得好团结;能容事,打得开局面;能容言,听得进真话。

8327. 胸怀全局,把握大局,关注小局。

8328. 隐患险于明火,防范胜于救灾,责任重于泰山。

8329. 没有能力做不成事,没有忍耐成不了事。

8330. 得道多助,失道寡助。

8331. 用兵之道,攻心为上,攻城为下;心战为上,兵战为下。

8332. 疑行无成,疑事无功。

8333. 不塞不流，不止不行。

8334. 有所不为，为无不果；有所不学，学无不成。

8335. 苟日新，日日新，又日新。

8336. 天变不足畏，祖宗不足法，人言不足恤。

8337. 视工作为乐趣，人生就是天堂；视工作为痛苦，人生就是地狱。

8338. 把错误变成肥料。

8339. 想干事，是一种状态，一种激情；会干事，是一种能力，一种胆识；干成事，是一种追求，一种效益；不出事，是一条底线，一种坚守；好共事，是一种品质，一种修行。

8340. 责任至上，尽责是金。

8341. 理念一新视野宽。

8342. 知无不言，言无不尽；言者无罪，闻者足戒。

8343. 文武之道，一张一弛。

8344. 胆欲大而心欲小，智欲圆而行欲方。

8345. 以正治国，以奇用兵。

8346. 力行新政，不悖旧章。

8347. 思想引导行动，观念决定成效。

8348. 一语宽容，雨露缤纷；一生宽容，心系乾坤。

8349. 包容不仅是给别人机会，更是为自己创造机会。

8350. 不讲监督的信任是轻信，放弃监督的信任是纵容。

8351. 善退者，进；善舍者，得。

8352. 一个时代有一个时代的文艺，一个时代有一个时代的精神。

8353. 稳健致远。

8354. 恭敬了别人，庄严了自己。

8355. 军队是有形的武装，文化是无形的军队。

8356. 没有"枪杆子"国家危险，只有"枪杆子"国家更危险。

8357. 惧险有险，贪安无安。

8358. 眼界定宽度，观念定高度；脚步定速度，思想定未来。

8359. 有竞争才有发展，有发展才有进步；有进步才有创新，有创新才有辉煌。

8360. 言论自由不是随心所欲，行动自由不是为所欲为。

8361. 人生精彩不是实现梦想之瞬间，而是坚持不懈实现梦想之过程。

8362. 任意挥霍时间，等于缩短生命。

8363. 赢得了时间就是赢得了一切。

8364. 抱最大的希望，做最大的努力，准备最坏的打算，争取最好的结果。

8365. 团结是力量的源泉，同心是智慧的摇篮。

8366. 不知道怎么办的时候，选择顺其自然，也许是最佳选择。

8367. 文艺必须因时而兴，乘势而变，随时代而行，与时代同频共振。

8368. 一个健全的心态,比一百种智慧更有力量。

8369. 心态决定状态,状态决定结果。

8370. 做事要透明不要掩饰,做人要阳光不要阴暗;对贡献的要求不妨高一些,对待遇的要求不妨低一些。

8371. 事已立而迹不见,功已成而人不知。

8372. 诌谀在侧,善议障塞,则国危矣。

8373. 疮疤见光易好,伤口捂着易烂。

8374. 执道循理,必从本始。

8375. 宽容像春天的阳光,照耀别人也温暖自己。

8376. 从容的忽略胜过愤慨的回击。

8377. 退一步是为了形成合力;应当学会妥协。

8378. 主动是成功,被动就成了平庸。

8379. 自己复杂对方就复杂,自己简单对方就简单。

8380. 环境是机会赋予的,压力是责任感带来的,拒绝责任就等于拒绝机会,负起责任将展现能力。

8381. 以利相交,利尽则散;以权相交,权尽则弃。

8382. 坚韧的精神始终具有魅力。

8383. 稳重使人生得以从容。

8384. 巧言不如直道。

8385. 地博不兼小,兵强不劫弱。

8386. 强本节用,为理财之要。

8387. 能变则全,不变则亡。

8388. 不革其旧,安能从新?

8389. 小变则小革，大变则大革；小革则小治，大革则大治。

8390. 秉纲而目自张，执本而末自从。

8391. 号令不虚出，赏罚不滥行。

8392. 为威不强还自亡，立法不明还自伤。

8393. 赏善罚恶，恩威并行。

8394. 赏无度则费而无恩，罚无度则戮而无威。

8395. 明者因时而变，知者随事而制。

8396. 广言路，杜谗口。

8397. 问题就是导向，差距就是潜力，短板就是重点。

8398. 忠言逆耳，甘词易人。

8399. 凡得时者昌，失时者亡。

8400. 知者善谋，不如当时。

8401. 仁者不穷约，智者不失时。

8402. 为政之道，务于多闻。

8403. 落后就要挨打，贫穷就要挨饿，失语就要挨骂。

8404. 明镜所以照形，古事所以知今。

8405. 理国要道，在于公平正直。

8406. 无偏无党，王道荡荡；无党无偏，王道平平；无反无侧，王道正直。

8407. 治国之道，上无苛令，官无烦治。

8408. 为政不易过碎，碎则民烦。

8409. 下扰则政乱，民怨则德薄。

8410. 贵不专权，罔惑上下。

8411. 凡事一新，毋循旧弊。

8412. 利不百，不变法；功不十，不易器。

8413. 励精图治，将大有为。

8414. 心事如青天白日，言动如履薄临深。

8415. 适宜者存，失宜者败。

8416. 为政，通下情为急。

8417. 善治天下者，必明于天下之情，而后得御天下之术。

8418. 在上位不陵下，在下位不援上。

8419. 时间，抓起来就是黄金，抓不起来就是流水。

8420. 明于大则暗于小。

8421. 详于小，必废其大。

8422. 主大计者，必执简以御繁。

8423. 顺天者昌，逆天者亡。

8424. 大行不顾细谨，大礼不辞小让。

8425. 天时不如地利，地利不如人和。

8426. 勇挑重担，不怕困难。

8427. 任劳任怨，以身作则，能以大家的甘苦为自己的甘苦。

8428. 领导就是希望的使者。

8429. 不忘历史才能开辟未来，善于继承才能善于创新。

8430. 干工作要靠团队而不靠团伙，要团结而不结团，要讲是非而不弄是非。

8431. 人心换人心，黄土变成金。

8432. 功成理定何神速？贵在推心置腹。

8433. 给敢担当的人撑腰,让敢担当的人有位。

8434. 人生就像骑单车,想保持平衡就得往前走。

8435. 信誉是领导力的基石。

8436. 建立可靠的领导力的基础,就是说到做到。

8437. 永远不要停止尝试。

8438. 没有最好,但求更好;没有完美,但要追求完美;没有极致,但要朝极致努力。

8439. 观念决定命运。

8440. 时间是一切成就的土壤,空间是能力发展的地盘。

8441. 用淡泊的心态,读风雨雷电、看万紫千红;用理智的思维,面对世态炎凉、人情冷暖;用宽宏的胸怀,包容人间沧桑、人生起落。

8442. 心情要放松,但不可放纵;生活要放开,但不可放肆;管理要放手,但不可放任;用人要放心,但不可放飞。

8443. 只能权衡,难以平衡;只有不断权衡,才能相对平衡。

8444. 推诚而不欺,守信而不疑。

8445. 问题的背后往往隐藏着机遇。

8446. 领导是被学习的榜样,不是被赞扬的对象。

8447. 进取中不忘稳健,在稳健中不忘进取。

8448. 人生没有坎坷就没有成就。

8449. 不管未来的路有多远,执着是前行的动力。

8450. 用微笑拥抱生活,不向失败低头。

8451. 人人都是环境的塑造者，环境也在影响人、改变人。

8452. 没有正常的生活就没有真正卓越的人生。

8453. 重积德，则无不克。

8454. 大胜靠德，小胜凭智；治长以德，治短以术。

8455. 做人要真诚，做事要精明。

8456. 人生至善，就是对生活乐观，对工作愉快，对事业兴奋。

8457. 只有志趣相投，才能做到同心同德；只有同心同德，才能够团结相助、共赢发展。

8458. 事在四方，要在中央；圣人执要，四方来效。

8459. 要想不平凡，就要不服输。

8460. 公平正义，自在人心。

8461. 志向决定格局，格局决定结局。

8462. 坚定文化自信，既要从历史文化图景中找寻心灵皈依，建构文化自觉，也要以发展作舟、以改革为桨，在推动经济社会发展、繁荣文化事业和文化产业中实现文化觉醒。

8463. 发展目标来自人民，发展过程依靠人民，发展成果由人民共享。

第七辑 廉洁篇

8464. 公生明,廉生威。

8465. 廉洁就是力量。

8466. 直而温,简而廉。

8467. "金钱友谊"靠不住,江湖义气害死人。

8468. 扬善于公庭,规过于私室。

8469. 不为金钱所惑,不为美色所迷,不为权力所驱。

8470. 廉乃正本,贪为堕源。

8471. 为人廉洁,智则广;为官廉洁,威自高。

8472. 清正廉洁方能赢得人民的拥护。

8473. 廉洁是抵御诱惑的盾牌。

8474. 国正天心顺,官清民自安。

8475. 清风凉自林谷出,廉洁缘从正气来。

8476. 自制的品质可以成就廉洁奉公。

8477. 食能止饥,饮能止渴,畏能止祸,足能止贪。

8478. 纪律退一分，腐败进一尺。

8479. 反腐败不仅是要守住法律的底线，更是要维护党纪的严肃性，让党员干部敬畏纪律。

8480. 清清白白，钟馗不来。

8481. 见利不亏其义，见死不更其守。

8482. 名节重泰山，利欲轻鸿毛。

8483. 当干部就必须习惯于在群众监督、舆论监督、社会监督下工作和生活。

8484. 领导工作也是"高危职业"；危而能守、诱而不动，方显本色。

8485. 苍蝇不叮无缝的蛋。

8486. 上贪则下赃，上廉则下治，上行则下效。

8487. 贪不义之财易毁，信不忠之人多祸。

8488. 廉俭，万民所仰；奢腐，败亡之道。

8489. 违法犯罪是对父母最大的不孝。

8490. 贪是万恶之源，私是万恶之本；贪欲升德行偏，私欲多德品歪。

8491. 有勤无廉，政失之于公；有廉无勤，政失之于慵。

8492. 如果只清廉不勤勉，就会尸位素餐、毫无作为；如果只勤勉不清廉，就会贪赃枉法、恣意乱为。

8493. 做不到廉是腐败，做不到勤也是变相的腐败。

8494. 奢者富不足，俭者贫有余，奢者心常贫，俭者心常富。

8495. 勤为基，廉为本。

8496. 始终忠诚于党以明德，诚心爱民以行德，干事创业以勤德，清正廉洁以修德。

8497. 干干净净做人，就是要洁身自好、清白自守；干干净净做事，就是干事的动机要纯、作风要正；干干净净用权，就是要秉公用权、依法用权。

8498. 民生在勤，勤则不匮；性习于俭，俭以养廉。

8499. 物质潮流面前，守住底线才不会心为物役，汲汲于名利势必迷失方向；正风反腐新常态下，心怀公义自会砥砺有为，囿于小我难免为官不为；面对棘手的改革难题，有私心者总是忧谗畏讥、裹足不前，有担当者才会闯关夺隘、一往无前。

8500. 作风正则干部廉，干部廉则事业兴。

8501. 党风优良，就能赢得人民群众的爱戴和拥护，党的事业就会不断前进繁荣；党风不正，人民群众就会与党离心离德，党的事业就会受挫、甚至倒退。

8502. 风浊则气邪，气邪则事废。

8503. 富贵如霜刃，切勿贪恋过炽。

8504. 不义之财不可取。

8505. 世路无如贪欲险，几人到此误平生。

8506. 当官发财两条道，当官就不要发财、发财就不要当官。

8507. 心如千仞壁，诱惑奈我何。

8508. 但教方寸无诸恶，虎狼丛林也立身。

8509. 金钱就像水一样，缺水，渴死；贪多，淹死。

8510. 亲情不是权力的对立面,但权力却是一把双刃剑;敬畏权力,慎用权力,别让权力成为亲情之殇。

8511. 滥用职权无好果,多行不义必自毙。

8512. 心中有戒才能权有所慎。

8513. 认识权力要有戒备,运用权力要有戒尺,滥用权力要有惩戒。

8514. 以刮骨疗毒的决心和勇气除恶务尽,彻底割除党内的腐败毒瘤,才能形成和巩固风清气正的政治生态。

8515. 位不在高,廉洁则名;权不在大,为公则威。

8516. 手莫伸,伸手必被捉。

8517. 有权必有责,用权受监督,失职要问责,违法要追究。

8518. 不为私心所扰,不为人情所困,不为关系所累,不为利益所惑。

8519. 让腐败者在政治上身败名裂,让腐败者在经济上倾家荡产。

8520. 让人失去理智的,是外界的诱惑;最终耗尽一个人心力的,往往是自己的欲望。

8521. 金钱是个好仆人,但绝对是个坏主人。

8522. 为官处事,戒之在心,戒之在初,不可不察。

8523. 心有所畏,方有所戒,行有所止。

8524. 凡善怕者,必身有所正,言有所规,行有所止,偶有逾矩,亦不出大格。

8525. 心中有戒,则不越轨;心中无戒,则必逾矩。

8526. 祸莫于不知足，咎莫大于欲得。

8527. 腐化落后的政治环境是一切腐化落后思想的温床。

8528. 百里才疏勤补拙，一官俸薄俭能廉。

8529. 财能使人贪，色能使人嗜，名能使人矜，势能使人倚。

8530. 吏不畏吾严而畏吾廉，民不服吾能而服吾公；公则民不敢慢，廉则吏不敢欺。

8531. 心能辨是非，往事方能决断；不忘廉耻，立身自不卑污。

8532. 智者不为非其事，廉者不为非其有。

8533. 粉身碎骨浑不怕，留得清白在人间。

8534. 不可为了荣华和虚名给自己招来危险。

8535. 为政行权真事业，禁贪节欲大丈夫。

8536. 欲不正，以治身则夭，以治国则亡。

8537. 知足则乐，务贪必忧。

8538. 两袖清风，一身正气。

8539. 人情归人情，公道归公道。

8540. 人熟理不熟。

8541. 人正不怕影斜，脚正不怕鞋歪。

8542. 若要不怕人，不做怕人事。

8543. 贪财是万恶之根。

8544. 当金钱开始说话，事实就闭上嘴。

8545. 金钱是无底的大海，可以淹死人格、良心和真理。

8546. 君子爱财，取之有道。

8547. 战战兢兢，如临深渊，如履薄冰。

8548. 妻贤夫祸少。

8549. 贪婪是最真实的贫穷，满足是最真实的财富。

8550. 严教严管，成人成事；失教失管，误人误事；不教不管，必出大事。

8551. 廉则年如一日，好过；贪则日似一年，难熬。

8552. 高压线碰不得，地雷阵趟不得，身外财贪不得。

8553. 贪如火，不遏则燎原；欲如水，不遏则滔天；私如风，不遏则狂飙。

8554. 反腐倡廉必须常抓不懈，拒腐防变必须警钟长鸣，清正廉洁必须一以贯之。

8555. 心不动于微利之诱，目不眩于五色之惑。

8556. 清白抵万金，自律胜承诺，群众赛秤砣。

8557. 人情猛于虎，专吃贪财人。

8558. 针尖大的窟窿斗大的风。

8559. 礼仪治人之大法，廉耻立人之大节。

8560. 由俭入奢易，由奢入俭难。

8561. 荣辱两境界，贪廉一念间。

8562. 金钱是身外之物，生不带来死不带去；生命的意义不在于拥有多少金钱、财富等身外之物，而在于能为国家为社会贡献自己的力量。

8563. 干部队伍清正廉洁，则民心汇聚、百姓拥护；贪污腐化，必将众叛亲离、被人民抛弃。

8564. 求名心切必作伪，求利心重必趋邪。

8565. 礼义廉耻，国之四维；四维不张，国乃灭亡。

8566. 吏不廉平，则治道衰。

8567. 奢靡之始，危亡之渐。

8568. 俭则约，约则百善俱兴；侈则肆，肆则百恶俱纵。

8569. 贪欲要约束，虚荣要打磨，行为要检点。

8570. 常思贪欲之害，常念不廉之果，常记失足之恨，常怀律己之心，常有荣辱之感，常修为人之德。

8571. 少则得，多则惑。

8572. 贪念是陷阱，虚荣是浮沉。

8573. 只有干部清正、政府清廉、政治清明，才能国家富强、民族振兴、人民幸福。

8574. 不反腐败国无宁日，真反腐败才能国泰民安。

8575. 国计已推肝胆许，家财不为子孙谋。

8576. 诚欲正朝廷以正百官，当以激浊扬清为第一要义。

8577. 救奢必于俭约，拯薄无若敦厚。

8578. 俭则寡欲，侈则多欲。

8579. 以俭立名，以侈自败。

8580. 节俭朴素，人之美德；奢侈华丽，人之大恶。

8581. 贪欲者，众恶之本；寡欲者，从善之基。

8582. 唯勤可以补拙，唯俭可以养廉。

8583. 物必先腐也，而后虫生之；人必发疑也，而后谗入之。

8584. 心不廉则无所不取，心无防则无所不为。

8585. 权力，既有令人艳羡的光环，也蛰伏深层的危机；是非功过，荣辱贪廉，取舍就在一念间。

8586. 权者，称物平施，知轻重也。

8587. 权力既可使人一言九鼎，又能使人身败名裂。

8588. 质本洁来还洁去，强于污淖陷渠沟。

8589. 廉洁修身，乃齐家之始、治国之源、平天下之基。

8590. 清如明月，高洁似白云；胸怀真善美，两袖不染尘。

8591. 出污泥而不染，濯清涟而不妖。

8592. 廉洁方能聚人，律己方能服人，身正方能带人，无私方能感人。

8593. 筑起耐得住艰苦的心理防线，顶得住歪理的思想防线，挡得住诱惑的精神防线，管得住小节的律己防线。

8594. 清正在德，廉洁在志；身有正气，不言自威。

8595. 功名利禄心不动，酒绿灯红眼不迷，不义之财手不伸，邪风浊流冲不垮。

8596. 欲念一起深似海，心性稍纵溃如潮。

8597. 不作非分之想，不为非分之事。

8598. 制度是腐败的防火墙，监督是腐败的灭火器。

8599. 不以一毫私利自蔽，不以一毫私欲自累。

8600. 以平和之心对待"名"，以淡泊之心对待"位"，以知足之心对待"利"，以敬畏之心对待"权"，以精进之心对待"事"。

8601. 顶不住眼前的诱惑，便失掉未来的幸福。

8602. 受得住清贫，耐得住寂寞，经得起诱惑，守得住清白，管得住自己。

8603. 不义之财不取，不法之物不拿，不净之地不去，不正之友不交。

8604. 一人不廉，全家不圆。

8605. 财要洁，事要义，行要仁，言要睦。

8606. 一身正气金不换，要留清白在人间。

8607. 激浊而扬清，废贪而立廉。

8608. 奉献为德，清廉为荣，谋私为耻，利己为羞。

8609. 廉者，政之本也，民之表也；贪者，政之祸也，民之贼也。

8610. 公款姓公，一分一厘都不能乱花；公权为民，一丝一毫都不能私用。

8611. 弊政之大，莫若贿赂行而征赋乱。

8612. 败莫败于多私。

8613. 唯俭可以助廉，唯恕可以成德。

8614. 俭以成廉，侈以成贪。

8615. 为政者以正为本，以廉为先。

8616. 罪莫大于可欲，祸莫大于不知足，咎莫大于欲得。

8617. 贪而弃义，必为祸阶。

8618. 为主贪，必丧其国；为臣贪，必亡其身。

8619. 骄主必不好计，亡国之臣贪于财。

8620. 百姓大害，莫甚于贪官蠹吏。

8621. 罪莫大于贪。

8622. 奢者狼藉俭者安，一凶一吉在眼前。

8623. 侈而惰者贫，力而俭者富。

8624. 奢侈之费，甚于天灾。

8625. 居安思危，戒奢以俭。

8626. 历览前贤国与家，成由勤俭破由奢。

8627. 大吏廉洁，小吏则自然效法。

8628. 大臣法，小臣廉。

8629. 官清则政举，官贪则政危。

8630. 酒是烧身硝焰，色为割肉钢刀。

8631. 克勤于邦，克俭于家。

8632. 不廉则无所不取，不耻则无所不为。

8633. 天上掉馅饼，不是圈套就是陷阱。

8634. 抗得住诱惑，耐得住寂寞，顶得住歪理，管得住小节。

8635. 和诱惑靠得太近，容易被"咬"伤。

8636. 勤补拙，苦作身，永学毋惰；严律己，廉为政，常涤细非。

8637. 以俭为荣，崇俭去奢。

8638. 唯俭可以惜福，唯俭可以养廉。

8639. 节俭是天然的财富，奢侈是人为的贫困。

8640. 贪，是一颗高质量的定时炸弹。

8641. 以俭持家，虽贫不败；以奢持家，虽富必毁。

8642. 国无廉则不安，家无廉则不宁。

8643. 怒是猛虎，欲是深渊。

8644. 人不能把钱带进坟墓，但钱可以把人带进坟墓。

8645. 有油水常常最滑，爬起来站稳都难。

8646. 贪心是最大的贫穷，贪婪者终将一贫如洗。

8647. 人，因清正而尊严；官，因清廉而威严。

8648. 官以清为本，吏以廉为贵。

8649. 既要知足守廉，也要敬业守责。

8650. 居官当廉正自守，毋黩货以丧身败家。

8651. 马临险崖收缰晚，船到江心补漏迟。

8652. 无私才能无畏，廉洁才能奉公。

8653. 威从廉中来，权在贪中失。

8654. 廉洁自律须谨记，莫向金钱让寸分。

8655. 以廉为福，视腐为祸。

8656. 廉洁是共产党员的镜子，公正是人民公仆的尺子。

8657. 为政主要在于廉洁，廉洁之本在于自律，自律之道在于防患未然。

8658. 清廉是人生的智慧，清廉是平安的保障。

8659. 廉不廉，看过年；洁不洁，看过节。

8660. 台上讲廉洁要求，台下践行廉洁规定。

8661. 清廉与否，是古往今来人心向背的晴雨表，是为政者官德优劣的分水岭。

第八辑　修身篇

8662. 要成为好干部，信念坚定是"灵魂"，体现政治品格；为民服务是"根本"，体现价值追求；勤政务实是"精髓"，体现作风素养；敢于担当是"特质"，体现精神境界；清正廉洁是"风骨"，体现道德操守。

8663. 不愿担责任，就不要当干部；不敢担责任，就不配当干部；不会担责任，就不能当干部。

8664. 劳心可以使身体得到休息，劳力可以使精神得到休息。

8665. 恪守"为民"之道，强化"务实"之风，保持"清廉"本色。

8666. 应在"知不足"中学会"不知足"，在"不知足"中做好"知不足"。

8667. 以信仰教育为灵魂，做到"心中有党"；以群众路线为抓手，做到"心中有民"；以创新发展为追求，做到"心中有责"；以制度建设为保障，做到"心中有戒"。

8668. 几何以直线为最近,修身以正直为最好。

8669. 无礼则民无耻。

8670. 纯洁的品行和健康的乐趣是同一境界。

8671. 清心是一种智慧,节俭是一种美德,简约是一种文明。

8672. 要注意你的思想,思想会变成你的语言;要注意你的语言,语言会变成你的行为;要注意你的行为,行为会形成你的习惯;要注意你的习惯,习惯会形成你的性格;要注意你的性格,性格会决定你的命运。

8673. 能力是练出来的,做人的境界是"修"出来的。

8674. 只有养成自己的兴趣,内心才有执着的追求。

8675. 敬畏传统方能坚守恒常,谦逊内敛方能豁达冲融,谨慎求索方能吐故纳新,常怀忧患方能心存远大。

8676. 修炼决定心境,心境决定境界。

8677. 善是一种循环,起点是爱终点也是爱。

8678. 认识错误是拯救自己的第一步。

8679. 接受别人的忠告,其实是在享受对方的思想高度。

8680. 不注意洁身自爱,再舒服也是暂时的。

8681. 玩物往往丧志,贪欲难免败身。

8682. 不经历痛苦的心灵难以深厚仁慈。

8683. 慎独于心,就不会跌跟头。

8684. 人生不经忧患,则德慧不成。

8685. 成佛纵要千刀万剐,成人则要千锤百炼。

8686. 大多数人想要改变这个世界，但罕有人想改变自己。

8687. 要敬畏真理，不逢迎谬误；敬畏灵魂，不放浪形骸；敬畏众生，不献媚权贵。

8688. 官有百行，以修身为先，立德为首。

8689. 如果没有对更高道德境界的追求，那就难以获得修身养德的内在动力；如果缺少对道德底线的坚守，那就会突破外在约束，在错误的路上越走越远。

8690. 在正直的道路上，横行肯定危险。

8691. 要善于整改问题，但不能一味地往问题里钻。

8692. 心有敬畏，行有所止。

8693. 善于活得简洁：纯洁价值取向，拒绝名利诱惑，摆脱官场陋习，净化人际关系，重视心灵减负。

8694. 千难万难，放下欲望就不难。

8695. 心灵上要常清清尘，精神上要常补补钙，行动上要常洗洗澡。

8696. 当一个人真正觉悟的一刻，便会放弃追寻外在世界的财富，而开始追寻自己内心世界的真正财富。

8697. 人有恒心万事成，人无恒心万事崩。

8698. 千善之后作一恶，前功尽弃；以前作恶，明白之后弃恶从善，并且一善到底，也能成"正果"。

8699. 金玉其内，方能光华其外。

8700. 勤劳砥砺品性，思想创造未来。

8701. 学会忽略，它是通向内在平静的一条大路。

8702. 若要身体好，经常洗洗澡。

8703. 病从口入，又从心生。

8704. 大水不到先垒坝，疾病没来早预防。

8705. 三分医，七分养，十分防。

8706. 大病要养，小病要抗，无病要防。

8707. 多喝茶少生病；好茶一杯，精神百倍。

8708. 晨起皮包水，睡前水包皮，健康又长寿，百岁不称奇。

8709. 素食为主，狂食为禁；淡食为宜，杂食为优；慢食为佳，粗食为好。

8710. 早饭吃好，午饭吃饱，晚饭吃少。

8711. 饭养心，乐养心。

8712. 若要身体安，三分饥和寒。

8713. 量腹而受，量身而衣。

8714. 怒时勿食，食时无怒，醉后勿饮冷，饱食无便卧。

8715. 机器不擦要生锈，人不卫生要短寿。

8716. 水停百日生毒，人闲百日生病。

8717. 精神不运则愚，血脉不运则病。

8718. 脑子越用越好，身体越炼越强。

8719. 怒是长寿的天敌，也是过失的先导。

8720. 人到无求，心自安宁。

8721. 知足常乐，无求常安。

8722. 热爱生命，相信未来。

8723. 人若被财困住了，一生都要受它的驱使；人若是被色迷住了，一生都会摆脱不了它的影响。

8724. 毛毛细雨湿衣裳，点点私心毁名节。

8725. 自重是拒腐防变的基础，自省是拒腐防变的关键，自警是拒腐防变的屏障，自励是拒腐防变的动力。

8726. 业余时间可以造就一个人，但也能毁掉一个人。

8727. 乐观是养生的唯一秘诀。

8728. 多言即少味，无欲斯有为。

8729. 寒从脚起，病从口入。

8730. 德从宽处积，福向俭中求。

8731. 修身莫先寡欲，用意不如平心。

8732. 养身在动，养心在静；于物勿贪，于事勿随。

8733. 好身体，三分是天生，七分是锻炼；好头脑，三分是智商，七分是学习；好习惯，三分是约束，七分是自律。

8734. 行谨则能坚其志，言谨则能崇其德。

8735. 己立立人，己达达人。

8736. 以受约束为常事，则不会心生不满。

8737. 心净，是意识的洗礼；心静，是思想的铸造；心境，是灵魂的成熟。

8738. 刀不磨砺不快，人不磨炼不强。

8739. 闲逸磨损意志，勤奋陶冶智慧。

8740. 酒多人癫，书多人贤。

8741. 镜明则尘埃不染，智明则邪恶不生。

8742. 困难是锻炼人的熔炉，艰苦是考验人的战场。

8743. 知错改错不算错，知错不改错中错。

8744. 有过是一过，不肯改过又一过。

8745. 欲生于无度，邪生于无禁。

8746. 要无闷，安本分；要无愁，莫妄求。

8747. 谨防怒中性，慢发喜中言。

8748. 腐木不可为柱，坏人不可为伍。

8749. 水滴积多变成大海，经历集多成学问。

8750. 巧干来自熟练，熟练来自实践。

8751. 骏马是骑出来的，能人是干出来的。

8752. 谁要游戏人生，他就一事无成；谁不能主宰自己，永远是一奴隶。

8753. 以铜为镜可以正衣冠，以人为镜可以知得失。

8754. 紧张使人感到充实，充实使人感到愉快。

8755. 诚实是最好的介绍信。

8756. 要有"责任重于泰山"的历史担当，要有"时刻把群众安危冷暖放在心上"的公仆情怀，要有"自我修炼、自我约束、自我塑造"的行动自觉，要有"勤学、修德、明辨、笃实"的习惯养成。

8757. 做人要有人样，做官要有官样，做事要有模有样。

8758. 做人无巧，秉持真、善、美之本质为要；做官无巧，关键在于行为民、务实、清廉之途。

8759. 能力、动力、定力是站稳走好的"支撑点"。

8760. 能干、能处、能忍是进步前行的"阶梯"。

8761. 想法、说法、办法是能力高低的"三级跳"。

8762. 事业、职业、副业是干好干坏的"分水岭"。

8763. 低眉顺目比金刚怒目更具威严。

8764. 多思不如养志，多言不若守静，多才不若蓄德。

8765. 见贤思齐，见不贤而内省，心有一泓清水，无惧身外浊泥。

8766. 耍小聪明实质是一种无知。

8767. 长板显示水平，短板决定命运。

8768. 思想之火只要一天不熄，生命也就永远不会干枯。

8769. 富贵一时，名节千古。

8770. 缓，可以三思；退，可以远祸；舍，可以养福；静，可以益寿。

8771. 人生从不缺少幸福，只是缺少捕捉幸福的心灵。

8772. 新领导力 = 权力 + 能力 + 魅力 + 魄力。

8773. 海纳百川，有容乃大；壁立千仞，无欲则刚。

8774. 见善如不及，见不善如探汤。

8775. 卓越的才能只会生长在毅力的高山上。

8776. 送牛奶的人的身体总比喝牛奶的人健康；可见，锻炼是健康的基石。

8777. 金钱是子女的，地位是暂时的，荣誉是过去的，健康才是自己的。

8778. 健康是人生第一财富。

8779. 善良是心理养生的营养素，宽容是心理养生的调节阀，乐观是心理养生的不老丹，淡泊是心理养生的免疫剂。

8780. 有规律的生活是健康与长寿的秘诀。

8781. 精神畅快，心气和平；饮食有节，寒暖当心；起居以时，劳逸均匀。

8782. 希望便是快乐，创造便是快乐。

8783. 一个国家的强盛，离不开精神的支撑；一个民族的进步，有赖于文明的成长。

8784. 胸怀有多宽，成就就有多大。

8785. 修德即修福。

8786. 淡泊名利无宠辱。

8787. 厚德薄怨。

8788. 静若处子，动如脱兔。

8789. 人生容不得如果，只有后果和结果。

8790. 心中有党，才能不忘党的宗旨；心中有民，才能牢记人民的期待；心中有责，才能把岗位当作责任；心中有戒，才能心存敬畏、干净做事。

8791. 常与高人交往，闲与雅人相会，乐与亲人休闲。

8792. 爱岗尽职无憾，养家小康无忧，自己开心无悔。

8793. 认真分析自己的个性，取优去劣，让自己趋于完善。

8794. 低头走稳每一步。

8795. 心静：安心工作之本；心净：清正廉洁之源；心尽：

做好本职之诀。

8796. 宽容是一种修养，谦虚是一种美德。

8797. 专注坚守，审慎持重，方能从小事小节中涵养大境界。

8798. 心胸宜开不宜郁，郁则百病生，开则百病除。

8799. 思想决定行为，格局决定结局。

8800. 有多大抱负就有多大度量，有多大度量就有多大成就。

8801. 天天洗脸净其外，日日外省明内心。

8802. 清则心境高雅，清则正气充盈，清则百毒不侵，清则万众归心。

8803. 一简单就快乐，一世故就变老。

8804. 才高不自吹自擂，露才扬己，恃才傲物；位高不自高自大，盛气凌人，飞扬跋扈。

8805. 吃饭比吃药重要，运动比吃饭重要，乐观比运动重要。

8806. 精神生命是人本质生命的一部分，倘若没有强壮的体魄做支撑，精神生命也会苍白无力。

8807. 忍让是一着妙棋，冷静是一副良药，美色是一口陷阱，嫉妒是一支毒箭，急躁是一种隐患，冲动是一个魔鬼，寡欲是一种享受，挫折是一种磨练，违心是一种欺骗，私欲是一条祸根。

8808. 诚信不仅是一种品行，更是一种责任；不仅是一种道义，更是一种准则；不仅是一种声誉，更是一种资源。

8809. 心无妄想，足无妄走，人无妄交，物无妄受。

8810. 事做多了方知学习可贵，挫折多了方知心态可贵，成功多了方知勇气可贵，矛盾多了方知胸怀可贵，委屈多了方知修炼可贵，恭维多了方知真诚可贵，名利多了方知淡定可贵，应酬多了方知宁静可贵。

8811. 膳食不在丰富，贵在营养均衡；居室不在大小，贵在整洁舒畅；养生不在刻意，贵在顺其自然；锻炼不在夏冬，贵在持之以恒；作息不在早晚，贵在规律养成；情趣不在雅俗，贵在保持重心。

8812. 遇顺境，处之淡然；遇逆境，处之泰然。

8813. 从杂乱中发现简单，从混乱中制造和谐，在困境中寻求机会。

8814. 上善若水，心善则安。

8815. 其身正，不令而行；其身不正，虽令不从。

8816. 用心于正，一正而群纲举；用心于诈，百补而千穴败。

8817. 建立在权力上的权威不牢固，唯有人格的魅力最长久。

8818. 仁者爱人，推己及人。

8819. 人无尊卑，敬畏为本；事无贵贱，担当为本；世无定格，知止为本。

8820. 知止常止，终生不耻。

8821. 方法的背后是作风，作风的背后是责任，责任的背后是情感。

8822. 大者不仁不为大也，强者不德不为强也。

8823. 治身莫先于孝，治国莫先于公。

8824. 自见者不明，自是者不彰。

8825. 不诱于誉，不恐于诽。

8826. 精神上的丰富，是预防懒惰的途径。

8827. 形存则神存，形谢则神灭。

8828. 有始必有终，有终必有始。

8829. 好鼓一打就响，好灯一拨就亮。

8830. 人有志，竹有节。

8831. 山高流水长，志大精神旺。

8832. 志高品高，志下品下。

8833. 品行是一个人的内在，名誉是一个人的外貌。

8834. 节制是一种秩序，一种对于快乐和欲望的控制。

8835. 取巧不投机，圆融走捷径。

8836. 健康是生命的本钱。

8837. 山外有山，天外有天，人外有人。

8838. 顺逆都听，眼亮心明。

8839. 虚心使人进步，骄傲使人落后。

8840. 自大的人，为自己的无知筑起高墙；谦虚的人，为自己的探索敞开门窗。

8841. 健康为最好的天赋，知足为最大的财富，信任为最佳的品德。

8842. 船靠舵正，人靠心正。

8843. 艰苦能磨练人的意志。

8844. 使意志获得自由的唯一途径，就是让意志摆脱任性。

8845. 理智要比心灵更高，思想要比感情可靠。

8846. 将军额上能跑马，宰相肚里能撑船。

8847. 宽以济猛，猛以济宽，政是以和。

8848. 以情恕人，以理律己。

8849. 意志坚如铁，度量大似海。

8850. 由大智中产生大勇，由理解中加强信心，是最坚毅的大勇和最坚强的信心。

8851. 真金在烈火中炼就，勇气在困难中培养。

8852. 天行健，君子以自强不息。

8853. 不经风雨不成材，不经高温不成钢。

8854. 常说没有机会的人，就是意志薄弱的人。

8855. 决心攀登高峰的人，总能找到道路。

8856. 古之立大事者，不唯有超世之才，亦必有坚忍不拔之志。

8857. 勤为无价宝，慎乃护身术。

8858. 长江不拒细流，泰山不择土石。

8859. 改过迁善不嫌迟。

8860. 天将降大任于斯人也，必先苦其心志，劳其筋骨，饿其体肤，空乏其身，行拂乱其所为。

8861. 只要脊梁不弯，就没有扛不起的山。

8862. 必须体验过痛苦，才体会到生活的快乐。

8863. 顺境时显现恶习，逆境时凸显美德。

8864. 交好运时要谨慎，遭厄运时要忍耐。

8865. 工作是良药，能医治一切困扰人的疾苦。

8866. 不审不聪则谬，不察不明则过。

8867. 不知味者，以芬香为臭；不知道者，以美言为乱耳。

8868. 守信用胜过有名气。

8869. 公道自在人心，是非必有正论。

8870. 目贵明，耳贵聪，心贵智。

8871. 难莫大于辨邪正。

8872. 是是非非谓之知，非是是非谓之愚。

8873. 别抱怨别人不尊重你，要先问问自己是否尊重人。

8874. 不可逆转的是时间，不可侮辱的是人格。

8875. 痛苦常使弱者厌世轻生，却使强者更加清醒奋发。

8876. 自重者，珍惜自己的人格；自私者，珍惜身外的金钱。

8877. 人必须要有耐心，特别是要有信心。

8878. 自信与自立是坚强的柱石。

8879. 胸怀博大的人，不太容易为痛苦所缠绕；心胸狭小的人，常常为痛苦所折磨。

8880. 许多成功者从困苦中来，许多觉悟者也从困苦中来。

8881. 困苦能孕育灵魂和精神的力量。

8882. 人的勇气能承担一切重负，人的耐心能忍受绝大部分痛苦。

8883. 生命不止，奋斗不息。

8884. 勤奋和智慧是双胞胎，懒惰和愚蠢是亲兄弟。

8885. 能忍人之所不能忍，乃能为人之所不能为。

8886. 胸怀能容得下多少人，才能赢得多少人。

8887. 知足是天赋的财富，奢侈是人为的贫穷。

8888. 人有不为也，而后可以有为。

8889. 旺盛的精力寓于健康的身体。

8890. 心治则百络皆安，心忧则百节皆乱；心乐则百年长寿，心悲则百病缠身。

8891. 忧愁身上缠，多病寿命短。

8892. 心胸坦荡荡，身体健壮壮，心情乐悠悠，身体雄赳赳；心胸悲戚戚，体弱病兮兮，心情凄惨惨，体弱病怏怏。

8893. 文化淬炼时代精神，文化凝聚奋斗力量。

8894. 人无泰然之习惯，必无健康之身体。

8895. 身体的健康在很大程度上取决于精神的健康。

8896. 寿命的缩短和思想的虚耗成正比。

8897. 思索生知，慢怠生忧，暴傲生怨，忧郁生疾。

8898. 心大则百物皆通，心小则百物皆病。

8899. 心平气和，五体安宁。

8900. 心中欢乐，面带笑容；心里烦愁，神伤体损。

8901. 休息是滋养疲乏的精神保姆。

8902. 养生孰为本，元气不可亏。

8903. 养心莫善寡欲，至乐无如读书。

8904. 知足不辱，知止不殆，可以长久。

8905. 刀越磨越亮，劲越练越强。

8906. 锻炼是灵丹，卫生是妙药。

8907. 身体越练越壮，脑子越用越灵。

8908. 饮食贵有节，运动贵有恒。

8909. 不经冬寒，不知春暖。

8910. 不挑担子不知重，不走长路不知远。

8911. 播下一种人格，收获一种命运；所以，从政伊始，就应该注意播下信仰坚定、品高行端、亲民为民的人格种子。

8912. 高尚的人格能让权力者信而威，卑劣的人格会使权力者"威"而无信。

8913. 具有平民情怀，才能赢得民心；唯有清正廉明，方能受到信赖；只有心胸博大，才能凝心聚力。

8914. 领导魅力 = 99% 的个人影响力 +1% 的权力。

8915. 万般补养皆虚伪，唯有操心是要规。

8916. 保持内心洁净需不断砥砺、不断积累，从严从实才显其真，持之以恒方见其效。

8917. 既要有知识，更要有智慧；既要有感情，更要有情怀；既要有信心，更要有信仰。

8918. 知足的人无欲，故不贪；老实的人无诈，故不奸；坦荡的人无私，故不畏。

8919. 存"容"心以博大，修"静"心以生慧，强"正"心以蓄力。

8920. 心绪不好是失败的引子。

8921. 做官有限，做人无限；生命有限，事业无限；贡献有限，奋斗无限。

8922. 心忧天下，勇于担当；从容淡定，善于思考；刚直不阿，敢于直言。

8923. 把自己看成平常人，把名利当作平淡事，把形象放到平时塑。

8924. 父母是孩子的样子，子女是父母的镜子。

8925. 爱护是教育的基础，说服是教育的前提。

8926. 暴饮暴食容易生病，定时定量可保安宁。

8927. 要想身体好，吃饭不过饱。

8928. 食多伤胃，忧多损身。

8929. 若想百病不生，常带饥饿三分。

8930. 衣要看天穿，饭要按时吃。

8931. 要想自强病痛少，锻炼卫生最重要。

8932. 坐如钟，站挺胸，卧如弓，走如风。

8933. 以俭克欲防诱惑。

8934. 学问再多，也别满足；过失再小，也别忽略。

8935. 近恶者沾染恶习，近善者陶冶美德。

8936. 否认一次错误，等于重犯一次过失。

8937. 安逸使人志消，勤奋使人志高。

8938. 节欲是最好的药品。

8939. 富润屋，德润身。

8940. 正直是最好的策略。

8941. 口腹不节，致病之因；念虑不正，杀身之本。

8942. 欲望不能无止境，要求不能无限度。

8943. 检身若有过，万事严中取。

8944. 钢铁的炼成需要锤炼和高压。

8945. 最好的医生是自己，最好的医院是厨房，最好的药物是饮食，最好的疗效是坚持。

8946. 最好的保健是锻炼，最好的养颜是睡眠，最好的养生是放松。

8947. 勤能补拙，俭能养廉，静能生悟。

8948. 身上事少，自然苦少；口中言少，自然祸少；腹中食少，自然病少；心中欲少，自然忧少。

8949. 多余的脂肪会压迫人的心脏，多余的财富会拖累人的心灵。

8950. 心静则明白事理，心净则无愧于心。

8951. 恶劣的情绪乃是百病之源。

8952. 食饮有节，起居有常。

8953. 心境缘于心静，心静又缘于心净。

8954. 俭可养廉，谦必清政。

8955. 注意清除自己身上的负能量，彻底弘扬自己身上的正能量。

8956. 把自己清零，世界就在面前。

8957. 小德不修，大德必失。

8958. 心无私欲，自然会刚；人无邪念，自然会正。

8959. 清则静心寡欲，穷则独善其身，达则兼济天下。

8960. 党风正则人心齐，人心齐则事业兴，事业兴则国家强。

8961. 顺境逆境看胸怀，大事难事看担当，自律他律看境界。

8962. 回首过去，"雄关漫道真如铁"；审视现在，"人间正道是沧桑"；展望未来，"长风破浪会有时"。

8963. 风成于上，俗化于下。

8964. 欲肃民风先正官风。

8965. 人见利而不见害，鱼见食而不见钩。

8966. 老吾老，以及人之老；幼吾幼，以及人之幼。

8967. 和以处众，宽以接下，恕以待人。

8968. 人有悲欢离合，月有阴晴圆缺，此事古难全。

8969. 谦虚和律己是提高品德的前提。

8970. 见人之过，得己之过；闻人之过，想己之过。

8971. 昨日之日不可追，今日之日须臾期。

8972. 怀重宝者，不以夜行；任大功者，不以轻敌。

8973. 从善则有誉，改过则无咎。

8974. 行己莫如恭，自责莫如厚。

8975. 厚积者远发，蓄硕者用充。

8976. 善不为名，而名随之；名不为禄，而禄从之。

8977. 乐易者常寿长，忧险者常夭折。

8978. 忍泣目易衰，忍忧形易伤。

8979. 知者动，仁者静；知者乐，仁者寿。

8980. 养心莫善于寡欲。

8981. 祸兮福之所倚，福兮祸之所伏。

8982. 在精神上向上比，才能越比心灵越高洁，越比行为越高尚；在物质上向下比，才能越比心理越坦然，越比行为越无私。

8983. 若要远行，必先修其近；若要登高，必先修其低。

8984. 近不修，则无以行远路；低不修，则无以登高山。

8985. 多正气，多大气，多朝气，多和气；少怨气，少泄气，少暮气，少脾气。

8986. 存心不善，风水无益；不孝父母，奉神无益；兄弟不和，交友无益；行止不端，读书无益；心高气傲，博学无益；做事乖张，聪明无益；妄取人财，布施无益；淫恶肆欲，阴骘无益。

8987. 物洗则洁，心洗则清。

8988. 上善若水，从善如流，如水人生，随缘而安。

8989. 修犹切磋琢磨，养犹涵养熏陶。

8990. 治人者必先自治，责人者必先自责，成人者必先自成。

8991. 德高为师，身正为范。

8992. 文化润其身，养德固其本。

8993. 别把自己看得太重，别把别人看得太轻。

8994. 自尊不是轻人，自信不是自满，独立不是孤立。

8995. 以德立威，以智立威，以能立威，以行立威，以和立威。

8996. 只有修身合格了，修行到位了，做事才能不走样。

8997. 品行正，做人就能稳稳当当，不会出岔子；心态稳，办事就能步步扎实，不会犯糊涂；淡名利，处世就能大大方方，不会纠结。

8998. 信念上要与革命先烈比，工作上要与模范人物比，生活上要与困难群众比。

8999. 掌控自己是一辈子要练的功夫。

9000. 为民是宗旨，务实是风格，清廉是底线。

9001. 除非先控制自己，否则无法控制别人。

9002. 仁可长寿，德可延年。

9003. 正气存内，邪不可干；邪之所凑，其气必虚。

9004. 水唯善下方成海，山不矜高自极天。

9005. 仓廪实则知礼节，衣食足则知荣辱。

9006. 政治清醒、思想敏锐，在坚定信念上做表率；五湖四海、任人唯贤，在选人用人上做表率；真抓实干、遵宪守法，在勤政务实上做表率；恪尽职守、善解难题，在敢于担当上做表率；作风民主、虚怀若谷，在团结共事上做表率；修身立德、清正廉洁，在严格自律上做表率。

9007. 忠诚是为政之魂，干净是立身之本，担当是成事之要，三者犹如鼎之三足，缺一不可。

9008. 要有容人之量、谦让之德、坦诚之怀、友爱之情、感恩之心。

9009. 慎初，保持党的纯洁性之首；慎微，保持党的纯洁性之重；慎言，保持党的纯洁性之策；慎软，保持党的纯洁性之硬；慎馋，保持党的纯洁性之规；慎瞬，保持党的纯洁性之境；慎护，保持党的纯洁性之律；慎欲，保持党的纯洁性之基；慎独，保持党的纯洁性之谋；慎终，保持党的纯洁性之名。

9010. 明者未形而知惧，暗者患及而犹安。

9011. 禁微则易，救末者难。

9012. 教化立而奸邪皆止，教化废而奸邪并出。

9013. 不义而富且贵，于我如浮云。

9014. 谋度于义者必得，事因于民者必成。

9015. 先义而后利者荣，先利而后义者辱。

9016. 有一分利欲，便蔽一分天理。

9017. 闻人之谤当自修，闻人之誉当自惧。

9018. 积德成王，积怨成亡。

9019. 厚于财物，必薄于德。

9020. 涵养须用敬，进学则在致知。

9021. 厚德以积福，逸心以补劳，修道以解厄。

9022. 种树者必培其根，种德者必养其心。

9023. 量宽足以得人，身先足以率人。

9024. 以责人之心责己，则寡过；以恕己之心恕人，则全交。

9025. 敬以持躬，恕以待人。

9026. 静以修身，俭以养德。

9027. 官以身作则，有容乃大，谦让在先；民感念于心，无欲则宽，以行相效。

9028. 以公德带动党风政风，荡涤歪风邪气；以私德带动民风社风，清朗社会风气。

9029. 仁者以财发身，不仁者以身发财。

9030. 善人同处，则日闻嘉训；恶人从游，则日生邪情。

9031. 心正了，世界都美好；心偏了，世界就都不好。

9032. 健康是责任，锻炼是任务。

9033. 心存感恩，知足惜福；滴水之恩，涌泉相报。

9034. 欲治其国者，先齐其家；欲齐其家者，先修其身；欲修其身者，先正其心；欲正其心者，先诚其意。

9035. 素质是勇于担当的资本，能力是敢于担当的底气。

9036. 有良知才会有党性，才会心中装着群众，才能无私无畏，才能浸透人文精神。

9037. 以平静之心对己，以平稳之心处事，以平常之心对待名利。

9038. 自重要重"德"，自重要重"能"，自重要重"规"。

9039. 无财非贫，无学乃贫；无寿非夭，无术乃夭；无子非孤，无德乃孤。

9040. 小事小节中有政治、有方向、有人格、有形象。

9041. 敬畏既是一种观念，也是一种境界和智慧。

9042. 包容于政党是政治智慧，于党员干部是党性修养。

9043. 屋子需要经常打扫，人的思想需要不断净化。

9044. 术自心来；心正术正，术正气正。

9045. 心要光明，量要阔大，志要果毅。

9046. 坚守是生命的信念，是求生的本能，是一泓永不枯竭的生命源泉。

9047. 人无私德便"无以立"，无公德则"不能群"。

9048. 君子坦荡荡，小人长戚戚。

9049. 恩怨归零，收获宁静；得失归零，赢得淡定；功过归零，换得轻松；名利归零，净洁心宁。

9050. 克己则安。

9051. 和融处事，方正做人。

9052. 生命态度决定生命质量。

9053. 爱人就是爱己，护人就是护己，害人就是害己。

9054. 知足常乐，终生不辱；当止即止，终生不耻。

9055. 没有患得之心，就不会有患失之苦。

9056. 心宽福常在，量小多祸端。

9057. 自长者短，自短者长。

9058. 伟大的精神凝聚伟大的力量，伟大的力量创造出伟大的业绩。

9059. 人人安心，社会安定；人人自卫，社会垂危。

9060. 做人像水，做事像山，名利向后，困难向前。

9061. 心正邪不侵，德正歪不入；有德自然清，无德自然浊。

9062. 人品以正为贵，心地以善为高；做人合乎大德，做事合乎大道。

9063. 心灵愉悦来自精神富有，简单快乐来自心态知足。

9064. 忍耐是人生的必修课。

9065. 是非明于学习,境界升于自省,名节源于修养,腐败止于正气。

9066. 风气好出人才、出业绩,人人受益;风气不好出"刁民"、出邪气,人人受害。

9067. 木受绳则直,人受谏则圣。

9068. 万事严中求。

9069. 正身直行,众邪自息。

9070. 公开才有公平,透明才会清明。

9071. 骥走崖边须勒缰,人至官位要缚心。

9072. 虽则巧持于末,不如拙戒其本。

9073. 没有限制的自由,必然导致无所不为;失去监督的权力,必然导致胡作非为。

9074. 功者自功,祸者自祸。

9075. 万物必有盛衰,万事必有弛张。

9076. 自觉心是进步之母,自贱心是堕落之源,故自觉心不可无,自贱心不可有。

9077. 身歪者影必斜,源清者流必结。

9078. 节约和勤勉是人类两个名医。

9079. 忧愁、焦虑和悲观,使人身体多病;豁达、喜悦和乐观,使人健康长寿。

9080. 不忧一家寒,所忧四海饥。

9081. 以正胜邪,以直胜曲。

9082. 守责,恪尽职守,任劳任怨;守法,遵纪守法,依法办事；守信，言行一致，取信于民；守德，严格要求，追求高尚。

9083. 小善不足以蔽身，勿以小善而自怠；小恶不足以灭身，勿以小恶而自暇。

9084. 惧则思，思则微；惧则慎，慎则不败。

9085. 以水为镜，见面之容；以人为镜，知吉与凶。

9086. 修身以寡欲为要，行己以恭俭为先。

9087. 源净则流清，本固则丰茂；内修则外理，形端则影直。

9088. 自重者，然后人重；人轻者，由于己轻。

9089. 育人者必先自育，责人者必先自责，成人者必先自成。

9090. 行之以躬，不言而行。

9091. 健康不是一切，没有健康没有一切。

9092. 有所畏者，其家必齐；无所畏者，必怠其睽。

9093. 吏不善，政虽善不行。

9094. 严，才能弘扬正气、打击邪气、转变作风、遏制腐败；严，才能巩固组织、提高队伍、锻炼干部、增强党的凝聚力和战斗力。

9095. 山自重，不失其巍峻；海自重，不失其雄浑；人自重，才是一个真正有筋骨的人。

9096. 心正心灵，则业勤业精。

9097. 操守要有真宰，无真宰则遇事便倒。

9098. 清心为治本，直道是身谋。

9099. 天下之本在国，国之本在家。

9100. 良好家风是阳光，呵护幼树可参天；不正家风是恶土，好种也会长歪苗。

9101. 知恩图报，在私是人品，在公是官德。

9102. 越是忘名者，越会有名；越是逃名者，越会留名；越是避名者，越会得名。

9103. 世间多少仁义家事，看似无情却有情；世间多少家庭悲剧，看似有情却又显无情。

9104. 修心守恒，无不成仁。

9105. 作德，心逸日休；作伪，心劳日拙。

9106. 身体是革命的本钱，健康是最好的投资。

9107. 治家以德，兴家以勤，和家以容，持家以俭，润家以文，暖家以爱。

9108. 德之不修，其才必曲。

9109. 贪欲的闸门一旦打开，就如决堤的洪水一泻千里。

9110. 小节之中有大义，爱好之中见品行。

9111. 观是一种力量。

9112. 改过不吝，从善如流。

9113. 符合理智的快乐才是永恒的快乐。

9114. 德行是灵魂的力量。

9115. 信用是立身之本。

9116. 海内存知己，天涯若比邻。

9117. 有德必有勇，正直的决不胆怯。

9118. 水愈流动愈低下，人愈谦虚愈高尚。

9119. 生命的长短用时间计算，生命的价值用贡献计算。

9120. 忠告比任何礼物都宝贵。

9121. 楼上还有楼，山外还有山，天上还有天。

9122. 慎终如始，则无败事；慎独慎微，贵在一个"恒"字。

9123. 愁生于郁，解愁的方法在泄；郁由于静止，求泄的方法在动。

9124. 诚无不动者，修身则身正，治事则事理。

9125. 作本色人，说良心话，干近情事。

9126. 信言不美，美言不信。

9127. 定国之术，在于强兵足食。

9128. 为国家者，任官以才，立政以礼，怀民以仁，交邻以信。

9129. 心境好，病难找。

9130. 巧诈不如拙诚。

9131. 德立而后道随之，道立而后政随之。

9132. 卑己而尊人，小心而畏义。

9133. 从善如流，尚恐不逮；饰非拒谏，必是招损。

9134. 道之以德，齐之以礼，有耻且格。

9135. 以武功定祸乱，以文德致太平。

9136. 仁义为友，道德为师。

9137. 平出于公，公出于道。

9138. 大德胜小德，是以有德。

9139. 君子盛德，容貌若愚。

9140. 修身在正其心。

9141. 国尚礼则国昌，家尚礼则家大，身有礼则身修，心有礼则心泰。

9142. 化以成俗，教移人心。

9143. 唯正己而以化人，唯尽己可以服人。

9144. 不能胜寸心，安能胜苍穹？

9145. 劝人为善，不如与人为善；与人为善，不如自己直接为善。

9146. 开其自新之路，诱于改过之善。

9147. 动则思礼，行则思义。

9148. 上行之，下效之。

9149. 事变则时移，时移则俗易。

9150. 德以修己，教以导人。

9151. 善为国者必先治其身。

9152. 善治人者，能自治者也。

9153. 严以治吏，宽以养民。

9154. 正己而化人者顺。

9155. 身不正则人不从。

9156. 坚持讲政治，才能跳出一隅谋全局；坚持廉洁从政，才能增强思想免疫力、党纪国法执行力、为官用权约束力；坚持脚踏实地，才能守土有责、守土负责、守土尽责。

9157. 为官之道，德在其首；干部之毁，道德败坏首当其冲。

9158. 善为天下者，计大而不计小。

9159. 壮志莫随流俗变。

9160. 器大者声必闳，志高者意必远。

9161. 人与志共存，言与行互应。

9162. 持己自正，修其业，人心自顺。

9163. 知过必改，得能莫忘。

9164. 行事不可任心，说话不可任口。

9165. 冷事要热做，热事要冷做。

9166. 见利思义，见危授命。

9167. 心正不怕影儿斜。

9168. 顺天时之常序，养浩气之至和。

9169. 浩气中心发，雄风两腋生。

9170. 身修而后家齐，家齐而后国治，国治而后天下平。

9171. 家和则福自生。

9172. 人固有一死，或重于泰山，或轻于鸿毛。

9173. 自知者英，自胜者雄。

9174. 百行以德为首。

9175. 动必三省，言必三思。

9176. 抱德人立，崇德国兴。

9177. 人谁无过？过而能改，善莫大焉。

9178. 日省其身，有则改之，无则加勉。

9179. 百尺竿头，更进一步。

9180. 境由心造，事在人为。

9181. 昂扬向上，才有生机，才有活力；不断进取，才有希望，才有进步。

9182. 常修为政之德，常思贪欲之害，常怀律己之心，常除非分之想，常省自省之过。

9183. 唯宽可以容人，唯厚可以载物。

9184. 大足以容众，德足以怀远。

9185. 身体健康，精神饱满，劲头十足。

9186. 完全掌握自己的情绪，不暴躁蛮横。

9187. 保持愉快而乐观的仪表和态度，给大家带来阳光。

9188. 待人随和，有礼貌，平易近人。

9189. 耐得住寂寞，经得起诱惑，不断地积蓄能量。

9190. 临大事静气为先，遇险滩宁静致远。

9191. 成就事业不能以健康为代价。

9192. 尽情享受独处的妙处。

9193. 寂寞是一种清福。

9194. 检查身体为健康加油。

9195. 运动是健康的守护神。

9196. 欲正作风，先正家风。

9197. 孝为立身之本，必当以孝为先。

9198. 人能克己身无患，事不欺心睡自安。

9199. 心中有正义，必将是英雄；心中存善念，必将成贤士。

9200. 积行成习，积习成性，积性成命。

9201. 居功而傲容易导致贪而理得。

9202. 不求不失,有求必失。

9203. 每一种创伤都是一种成熟,每一个经历都是一笔财富。

9204. 生活的最高境界是宽容,相处的最高境界是尊重。

9205. 人之所以快乐,不是得到的多,而是计较的少。

9206. 人之所以烦恼,不是多愁善感,而是过于追求完美。

9207. 越来越淡的总是名利,越来越多的总是感悟。

9208. 帮助人是崇高,理解人是豁达,原谅人是美德,服务人是快乐。

9209. 最好的状态是正常,最有效的手段是平衡,最高的境界是自然。

9210. 低头要有勇气,抬头要有底气。

9211. 自信的态度,决定人生的高度;眼界的广度,决定人生的宽度;奋斗的力度,决定人生的厚度;胸怀的大度,决定人生的深度;智慧的人生,关键在适度。

9212. 宽容是一种征服。

9213. 小病早医,无病早防。

9214. 保住小节,才能不失大节。

9215. 工以利器为助,人以贤友为助。

9216. 简简单单才是真,平平淡淡才是福。

9217. 天地有大美,于简单处得;人生有大疲惫,在复杂处藏。

9218. 生活中有大情趣,一定日子过得很简单;生命中有大愉悦,一定是心灵纯净到不复杂。

9219. 消化痛苦的能力决定你的快乐指数。

9220. 即便置身风雨，也要内心明媚。

9221. 忍得一时之气，免得百日之忧。

9222. 心小了，小事就大了；心大了，大事就小了。

9223. 逆境使人成熟，绝境使人醒悟。

9224. 只有简单着，才能快乐着。

9225. 物随心转，境由心造。

9226. 生活就是面对真实的微笑，就是越过障碍注视将来。

9227. 人世间的任何境遇都有其优点和乐趣。

9228. 自制是一种秩序，一种对于快乐与欲望的控制。

9229. 习惯是在习惯中养成的。

9230. 习惯要由习惯来取代。

9231. 运动是一切生命的源泉。

9232. 感恩其实就是灵魂上的健康。

9233. 幽默和风趣是智慧的闪现。

9234. 乐观的心态，就是最强劲的兴奋剂。

9235. 自静其心延寿命，无求于物长精神。

9236. 打不碎的意志，跌不破的成就。

9237. 练就出色的自制力，才能经得起诱惑。

9238. 节俭是创造巨大成功的源泉。

9239. 反省是一堂有效的自我教育课。

9240. 自嘲，智慧、豁达的使者。

9241. 对自己的欲望，加以节制；对别人的幸福，投以尊重。

9242. 人之相悉悉于品，人之相敬敬于德，人之相交交于情，人之相随随于义。

9243. 做人为先，尽职为本，安全为要。

9244. 做人低调不低头，做事争气不争名，做官爱民不爱财。

9245. 十字路口，一看二慢三通过；人生旅途，一思二量三前行，平安第一。

9246. 无私心则宽，无欲人则刚，无求身则高，无忧寿则长。

9247. 授人香草，手自留香；送人玫瑰，心自芬芳；善以待人，人自善良；恬淡平和，百年安康。

9248. 感动别人是一种能力，被人感动是一种境界；理解别人是一种成熟，被人理解是一种幸运。

9249. 一时强弱在于力，千秋胜负在于理。

9250. 欢乐之时要皱眉，痛苦之时要微笑。

9251. 志不强者智不达，言不信者行不果。

9252. 幽默是最好的医生。

9253. 鼓励自己的最好的办法，就是鼓励别人。

9254. 近朱者赤，近墨者黑。

9255. 礼貌过盛者，情必疏。

9256. 和蔼可亲的态度是永远的介绍信。

9257. 宁有求全之毁，不可有过情之誉；宁有无妄之灾，不可有非分之福。

9258. "看透"是境界，"放下"是能力，"随缘"是心态，"淡定"是状态。

9259. 观念引发行为,行为养成习惯,习惯塑造性格,性格决定命运。

9260. 没有比人更高的山,没有比脚更长的路;只要锲而不舍地前进,就有达到目的的那一天。

9261. 伟大寓于平凡,深刻寓于简单。

9262. 当下才是生活。

9263. 淡泊明志方能宁静致远。

9264. 诚信是官德之基。

9265. 坦诚相待才能彼此信任。

9266. 谦和的人最有魅力。

9267. 治天下者先治己,治己者先治心。

9268. 刚强非本性,从容可立身。

9269. 自恃清高会导致迂腐。

9270. 扬朝气扫暮气,防范精神懈怠的危险;讲大气去小气,防范能力不足的危险;接地气除官气,防范脱离群众的危险;树正气抵邪气,防范消极腐败的危险。

9271. 乐于多失,甘愿少得,得亦不喜,失亦不忧。

9272. 一个人最大的幸福,是他不认为自己不幸;一个人最大的不幸,是他不知道自己幸福。

9273. 胸怀春天,蓬勃生长;情似夏日,热烈忠诚;身沐秋风,踏实干事;心驻冬季,淡泊名利。

9274. 治学有一股钻劲,干事有一股韧劲,创新有一股闯劲,攻坚有一股蛮劲,求成有一股巧劲,做人有一股憨劲。

9275. 从善如流是胸怀，应有海纳百川的气魄；从善如流是境界，当有登高望远的眼光；从善如流是水平，常在理智的选择中增长本领。

9276. 人生如航船，心态如舵仪；心态失衡，人生方向将迷失。

9277. 对待名利有满足感，对待工作有紧迫感，对待事业有责任感，对待生活有幸福感。

9278. 用理想引领情趣，用道德约束情趣，用事业陶冶情趣，用知识涵养情趣。

9279. 学不必博，要之有用；仕不必达，要之无愧。

9280. 自古人间苦无边，看得高远境如仙。

9281. 内心和谐是和谐人格的灵魂。

9282. 人生三宝：坦荡、勤勉、宽容。

9283. 有书真富贵，无病大神仙。

9284. 心境和谐，就会志存高远，知荣明辱，奋勇争先而不计名利，品德高尚而不孤芳自赏；心境和谐，就会刚正不阿，与人为善，磊磊落落，如月皎然，健康长寿。

9285. 崇尚英雄，就能挺起民族的精神脊梁；崇尚先进，就能铸就开创未来的强大力量。

9286. 堂堂正正做人，从戒除心中之魔开始；脚踏实地办事，由聆听百姓心声起步。

9287. 事修而谤兴，德高而毁来。

9288. 逆境中求生存，顺境中易消亡。

9289. 忍一时风平浪静，退一步海阔天空。

9290. 得意淡然，失意坦然；喜而不狂，忧而不伤。

9291. 择善人而交，择善书而读，择善言而听，择善行而从。

9292. 习惯若不是最好的仆人，便是最差的主人。

9293. 人的思想如一口钟，容易停摆，需要经常上紧发条。

9294. 站得高，方能看得远。

9295. 人逢喜事精神爽，月到中秋分外明。

9296. 当取则取，当舍则舍。

9297. 宽恕别人，就是原谅自己。

9298. 刚柔并济才能久立于世。

9299. 和若春风，肃若秋霜；取象于钱，外圆内方。

9300. 内外相应，言行相称。

9301. 拿得起是一种勇气，放得下是一种度量。

9302. 家和人和万事兴。

9303. 心定才能身定，心正才能行正。

9304. 好作风其实就是好习惯，坏作风其实就是坏习惯。

9305. 上有所好，下必甚焉。

9306. 冰冻三尺，非一日之寒。

9307. 挨金似金，挨玉似玉。

9308. 谦则能和，傲则易怒。

9309. 虚怀若谷，谦恭自守。

9310. 以德立身，以德服人。

9311. 清者自清,浊者自浊。

9312. 岁寒知松柏,患难见真情。

9313. 大音稀声,大象无形;大成若缺,大巧若拙。

9314. 博采众长,有容乃大。

9315. 善良和谦虚是永远不会令人厌恶的两种品德。

9316. 人在自我非议中完美,又在自我否定中成熟。

9317. 智者受到赞美时字字反思,愚者受到批评时句句反驳。

9318. 勇敢的人经常责备自己,懦弱的人经常抱怨别人。

9319. 批评使智者清醒,吹捧使愚者昏庸。

9320. 人越是深刻地了解自己,越不会浅薄地表露自己。

9321. 只有经历磨难,才能变得坚强;只有经历痛苦,才能感受快乐。

9322. 浇花要浇根,养身要养心。

9323. 有实力才能受到别人的尊重。

9324. 一切真正的和伟大的东西,都是纯朴而谦逊的。

9325. 士有百行,以德为首。

9326. 智慧之于灵魂,有如健康之于身体。

9327. 智慧藏在谦虚的深谷里,胜利站在毅力的高山上。

9328. 挫折是磨刀石,能将意志磨成刀;逆境是炼铁炉,能将信念炼成铁。

9329. 以"钉子"精神加强学习,以"镜子"精神反省自我,以"鞭子"精神奋发进取,以"铁锤"精神敢于碰硬,以"杆秤"精神公正待人。

9330. 道不可坐论，德不能空谈；知行合一是修身立德的根本。

9331. 保持不及、求缺的境界，方可做到大智若愚、持盈保泰。

9332. 不经历非常之事，难以成非常之才。

9333. 少一些人是人非的闲谈，少一些无关紧要的应酬，少一些无益身心的娱乐，少一些没有必要的交往，少一些百无聊赖的空想。

9334. 改变性格从培养习惯开始。

9335. 欲扫天下，先扫己屋。

9336. 当行则行，该止则止。

9337. 自勉重在将来，自省需要回顾；责人宜宽，律己要严。

9338. 守得住寂寞，才能拥有繁华。

9339. 一个榜样胜过书上的一百条教诲，一个竞争对手胜过一百个追随者。

9340. 在小圈子里生活久了，气度都会变小。

9341. 慈善是道德积累的开端。

9342. 苦难净化心灵，悲剧使人崇高。

9343. 世界上没有人从小就想当坏人，坏人都是在坏环境中缺乏自律造成的。

9344. 学会给自己合理定位，既不要满足现状，也不要苛求自己。

9345. 学识决定底蕴，见识决定水平，胆识决定气魄。

9346. 阅历水平在于体验和总览。

9347. 最好的习惯是让自己愉快每一天。

9348. 百年相传唯尚俭,一丝能惜即修身。

9349. 爱心和智慧是最好的心灵良药,爱心能感化他人,智慧可精化自己。

9350. 快乐对身体有益,但痛苦能使思想成熟。

9351. 承认无知是进步的开始。

9352. 习惯是人生最有力的向导。

9353. 习惯形成性格,性格决定命运。

9354. 正能量多是逆人潜意识的,需赞;负能量多是顺人潜意识的,需遏。

9355. 欲炽则身亡。

9356. 行忍性情,然后能修。

9357. 勤以修身,俭以养德。

9358. 劳作教养身体,学习教养心灵。

9359. 健康的身体是灵魂的客厅,病弱的身体是灵魂的监狱。

9360. 水若停滞即失其纯洁,心不活动精气立消。

9361. 善养生者,食不过饱,饮不过多,冬不极温,夏不极凉。

9362. 不极饥而食,食不过饱;不极渴而饮,饮不过多。

9363. 如果道德败坏了,趣味也必然会堕落。

9364. 贪欲使人无所不为。

9365. 名节大于天。

9366. 品性是一个人的守护神。

9367. 美德是健康,恶习是疾病。

9368. 反省是一面莹澈的镜子,它可以照见心灵的污点。

9369. 不患位之不尊,而患德之不崇;不耻禄之不多,而耻智之不博。

9370. 知理则不屈,知势则不沮,知节则不穷。

9371. 经验是智慧的源泉。

9372. 任何教育都不如灾难教育。

9373. 不幸是一所最好的大学。

9374. 大怒不怒,大喜不喜,可以养心。

9375. 锄一恶,长十善。

9376. 谨言慎行,立德之基。

9377. 做人要学会聆听,听智者之言可以启迪智慧,听批评之言可以反躬自省。

9378. 律己如走钢丝,步步须谨慎。

9379. 要用行动控制情绪,不要让情绪控制行动;要让心灵启迪智慧,不能让耳朵支配心灵。

9380. 御寒莫如重裘,止谤莫如自修。

9381. 久坐等死。

9382. 清白的良心是温柔的枕头,能使人睡得更香甜、更安稳。

9383. 食不过饱,饮不过量。

9384. 品行要从自己的行动中表现出来,名声则需要别人认可才能树立。

9385. 知畏惧成人，知羞耻成人，知艰难成人。

9386. 唯敬可以胜怠，唯勤可以补拙，唯俭可以养廉。

9387. 心安病自除。

9388. 少肉多菜，少糖多果，少酒多水，少烟多茶，少盐多醋，少怒多笑，少衣多浴，少说多做，少停多动，少药多炼。

9389. 谨慎和自制是智慧的源泉。

9390. 美好的名誉靠品德和贡献才能获得。

9391. 起初是自己造成习惯，后来是习惯造成自己。

9392. 把挫折当作成长的阶梯。

9393. 文明，不去实践就不可能抵达；法治，不去奉行就无以彰显公正；诚信，不去坚守就难以成为风尚。

9394. 价值观的影响犹如空气一样，无处不在、无时不有，它涵化于生活的点点滴滴，落脚在人的一言一行。

9395. 愤怒往往以愚蠢开始，以后悔结束。

9396. 小洞不补，大洞吃苦。

9397. 小事当慎，小节当拘；心明如镜，不让纤尘。

9398. 痛莫大于不闻过，辱莫大于不知耻。

9399. 安详属于强者，焦躁流露幼稚。

9400. 德教为先，修身为本。

9401. "自制"通向"长治"。

9402. "知止"而心定，定而后能静，静而后能安。

9403. 千保健，万保健，心理平衡是关键；千养生，万养生，心理平衡是"真经"。

9404. 治病先治神，药疗先疗心。

9405. 头要常凉，脚要常热，身要常动，心要常静。

9406. 大笑养心，抑郁"伤心"。

9407. 牢骚满腹气肠断，怒气冲天心肝伤。

9408. 人以自知之明为贵，官以自知之短为尊。

9409. 多见者博，多闻者智；拒谏者塞，专己者孤。

9410. 坚守"砥砺德行，立己立人"的道德追求，坚守"守正笃实，久久为功"的平和心态，坚守"宠辱不惊，自信自励"的人生哲学。

9411. 官大官小，没完没了；钱多钱少，总有烦恼；心态平和，一切都好。

9412. 好干部是"教"出来的，"不勤教，无以为仁"。

9413. 好干部是"管"出来的，"刀不磨要生锈，人不管要落后"。

9414. 谦逊，意味着有自知之明。

9415. 心宽能容，心静能安，心诚得平，心顺则解。

9416. 识见小，才气亦小；识见大，才气就大。

9417. 学问深时意气平。

9418. 领导魅力，从高尚品德中来，从过硬本领中来，从优良作风中来，从良好情商中来。

9419. 多听听肖邦，可少几分粗俗；多看看冰心，会少一点儿无赖。

9420. 静能养神，静可生慧。

9421. 品格从来就不受知识和财富的左右。

9422. 小节失守，大患必临。

9423. "一念之非即遏之，一动之妄即改之"，守得住言行，保得住名节。

9424. 闻过则喜，知过不讳，改过不禅。

9425. 心正行则正，心偏身则偏。

9426. 顺境时靠美德节制，逆境时靠美德坚忍。

9427. 智慧源于多兼听。

9428. 耳无妄听，目无妄顾，口无妄言，心无妄虑。

9429. 自修为止谤之本。

9430. 日日知非，日日改过。

9431. 当你有了天才的感觉，你就会成为天才；当你有了英雄的感觉，你就会成为英雄。

9432. 言顾行，行顾言。

9433. 修身则道立，尊贤则不惑。

9434. 树德莫如滋，除害莫如尽。

9435. 贵以贱为本，高以人为基。

9436. 多欲亏义，多忧害智，多惧害勇。

9437. 患生于多欲，害生于弗备。

9438. 规小节者不能成荣名，恶小耻者不能立大功。

9439. 以人之长补其短，以人之厚补其薄。

9440. 知己曰明，自胜曰强。

9441. 内省不疚，何惧人言。

9442. 善不积，不足以成名；恶不积，不足以灭身。

9443. 知过非难，改过为难；言善非难，行善为难。

9444. 志不博而不能守约，志不笃则不能力行。

9445. 宁为玉碎，不为瓦全。

9446. 操存涵养，则不可不紧；进学致知，则不可不宽。

9447. 得失之心未去，则不得；得失之心去，则得之。

9448. 欢喜是治病的关键，忧愁是生病的根源。

9449. 穷理知言则知止，集义养性则有定。

9450. 人身逸则弱，劳则强。

9451. 教以治人心，医以治人身。

9452. 不读诸葛亮的《出师表》，不知何为患；不读李密的《陈情表》，不知何为孝；不读司马迁的《报任安书》，不知何为义；不读文天祥的《正气歌》，不知何为节；不读范仲淹的《岳阳楼记》，不知何为胸怀。

9453. 立业先立人，立人先立德。

9454. 树靠人修，人靠自修。

9455. 戒骄戒躁才能精进，虚怀若谷方成大器。

9456. 日日行，不怕千万里；常常做，不怕千万事。

9457. 习闲成懒，习懒成病。

9458. 醇厚温和的性情来自于自爱，偏执妒忌的性情产生于自私。

9459. 自己养成廉洁自律、不贪不占的习惯，家人就不敢有非分之想。

9460. 自己勤俭治家、和顺齐家，家人就会自觉遵守社会公德、职业道德、家庭美德。

9461. 自己一身清白，家风才能清新，家门才能清正。

9462. 无欲自然心似水，有营何止事如毛。

9463. 名节重泰山，利欲轻鸿毛。

9464. 务名者害其身，多财者祸其后。

9465. 精神爽快，心气和平；饮食有节，寒暖当心；起居以时，劳逸均匀。

9466. 经得起各种诱惑和烦恼的考验，才算达到了最完美的心灵健康。

9467. 最有利于增进身体健康的是愉快和满足。

9468. 欲淡则心虚，心虚则气清，气清则理明。

9469. 骨宜刚，气宜柔；志宜大，胆宜小；心宜虚，言宜实。

9470. 忧患增人慧，艰难玉汝成。

9471. 自重是第二信仰，是约束万恶之本。

9472. 勇于承担责任是激发无限潜能和完善自身的最好方法。

9473. 名声是奋斗的结果，绝不是奋斗的目标。

9474. 无过是一种假象，思过是一种成熟，改过是一种美德。

9475. 克制应有限度，超过了限度就不再是美德。

9476. 心里想的是什么，就会变成什么样的人。

9477. 崇高的目标造就崇高的品格，伟大的志向造就伟大的心灵。

9478. 自顾自者不足以成大器。

9479. 自私和抱怨是心灵的阴暗，愉快的爱则使视野明朗开阔。

9480. 挫折是宝贵财富，人总是在风雨中成长，在苦难中坚强。

9481. 只有不断追求，才能不断前进。

9482. 追求永无止境，不断给自己设定新目标。

9483. 时常提醒自己不可忘乎所以。

9484. 应有底线但不能给自己设高度。

9485. 择机而动，顺势以致远；择路而行，顺畅以致远；择善而从，修身以致远。

9486. 要当老实人，做本分事，遵循客观规律，信守天地良心，以拙立身，以拙创业，以拙求进。

9487. 慎思慎言，慎初慎终，慎行慎微，慎权慎独。

9488. 想成为什么样的人，就和什么样的人在一起。

9489. 君子虽殒，善名不灭。

9490. 忠心正气，千古不磨。

9491. 言不苟出，行不苟为；择善而后从事。

9492. 处无为之事，行不言之教。

9493. 择其善者而从之，其不善者而改之。

9494. 居安畏其危，处满俱其盈。

9495. 自满者招其损，谦虚者受其益。

9496. 不节，则虽盈必竭；能节，则虽虚必盈。

9497. 德以俭为本。

9498. 人有修者，乃会有恒；有恒者，人含之，天助之。

9499. 阴平阳秘，精神乃至；阴阳离决，精气乃绝。

9500. 小谨者不大立，訾食者不肥体。

9501. 内疾不生，外患不入。

9502. 不饥勿强食，不渴勿强饮；不饥强食则脾劳，不渴强饮则胃胀。

9503. 不乐损年，长愁养病。

9504. 一切病在于心；心神安宁，病从何生？

9505. 食淡极有益，五味盛多能伤生。

9506. 不贪为宝，不奢是金。

9507. 凡心静则神悦，神悦则福生。

9508. 恶，犹疾也；改之则益悛，不改则日甚。

9509. 苦言药，甘言疾。

9510. 非莫非于饰非，过莫过于文过。

9511. 改过必生智慧，护短心内非贤。

9512. 激浊扬清，嫉恶好善。

9513. 恶之显者祸浅，而隐者祸深。

9514. 千日行善，善尤不足；一日行恶，恶自有余。

9515. 多思则神怠，多念则精散，多欲则智损，多事则形疲，多语则气促，多笑则肝伤，多愁则心慑，多乐则意溢，多喜则忘错昏乱，多怒则百肠不定，多好则专迷不治，多恶则焦煎无宁。

9516. 知无不言，言无不行。

9517. 心宽，天地就宽。

9518. 要有扬在脸上的自信，长在心底的善良，融进血里的骨气，刻在生命里的坚强。

9519. 不锻炼，身体就不会健康，不管是人体还是政体。

9520. 慎言语，节饮食。

9521. 寿本乎仁乐生于智，勤能补拙俭可养廉。

9522. 不懈追求才能羽化成蝶。

9523. 忧虑是健康的大敌。

9524. 自卑是悲剧的根源。

9525. 猜疑是破坏性极强的毒素。

9526. 悲伤是一种自戕。

9527. 冷静安详修正果。

9528. 学习要加，骄傲要减，机会要乘，懒惰要除。

9529. 不贵于无过，而贵于能改过。

9530. 处逸乐而欲不纵，居贫苦而志不倦。

9531. 玉不琢不美，人不磨不灵。

9532. 脑子越磨炼越灵活，心灵越磨炼越透彻，四肢越磨炼越发达，意志越磨炼越坚毅。

9533. 患难困苦，是磨炼人之最高学府。

9534. 志要豪华，趣要淡泊。

9535. 高尚的追求，使生命变得壮丽，使精神变得富有；庸俗的追求，使人生变得昏暗，使青春变得衰朽。

9536. 不积跬步，无以至千里；不积小流，无以成江海。

9537. 只有抛弃往事，才可以面朝未来。

9538. 美德是世上唯一永不凋谢的花朵。

9539. 人格成熟的重要标志是：宽容、忍让、和善。

9540. 心中有善，便能成为好人；心中有恶，就会成为恶人。

9541. 优良的品性是内心真正的财富，而衬显这品性的是良好的教养。

9542. 愈是睿智的人，愈有宽广的胸襟。

9543. 人之心胸，多欲则窄，寡欲则宽。

9544. 少若成天性，习惯成自然。

9545. 习勤忘劳，习逸成惰。

9546. 动辄发怒是放纵和缺乏教养的表现。

9547. 礼貌体现的是细节，细节展现的是素质。

9548. 端庄的仪表，愉快的心情，得体的举止，丰富的知识，都是每个人最好的服饰。

9549. 外貌美丽只能取悦一时，内心美丽方能经久不衰。

9550. 遵循法度，摆脱诱惑，谨慎行事，自加约束，就能变被动为主动。

9551. 人无自制没法活。

9552. 自尊而不自负，平凡而不平庸，实在而不愚笨，机智而不诡诈，坚定而不固执，大胆而不大意，勇敢而不鲁莽，谦逊而不自卑，随和而不浮漂，开朗而不放纵。

9553. 心如规矩，志如天衡，平静如水，正直如绳。

9554. 戒骄戒奢，守本克欲。

9555. 富有而不贫穷，快乐而不烦恼，真诚而不受骗，善良而不被欺，勇敢而不鲁莽，因为有智慧。

9556. 礼貌是内心品德的外在表现。

9557. 以自然之道，养自然之身。

9558. 慎起居、节饮食，导引关节，吐故纳新。

9559. 预防胜于治疗。

9560. 合理膳食、适度运动、心情舒畅是健康的三大基石。

9561. 节制和运动是两个真正的医生。

9562. 劳逸结合，张弛有度。

9563. 生命在于运动。

9564. 运动是健康的源泉，也是长寿的秘诀。

9565. 快乐就是健康，忧郁就是疾病。

9566. 恼一恼，老一老；笑一笑，少一少。

9567. 心情愉快是健康的增进剂。

9568. 无忧者寿。

9569. 不加选择地应酬来往，只会导致时间的浪费和心性的庸俗化。

9570. 群居守口，独居守心。

9571. 要想走得远，必作于细；细节虽小，积之必巨。

9572. 始终敬民敬法、慎独慎欲、知足知耻、自重自省自警，真正扣好人生每一粒扣子。

第九辑　戒律篇

9573. "力争四大，力戒四小"：立大志向，不打小算盘；干大事业，不搞小圈子；长大智慧，不要小聪明；怀大气魄，不要小脾气。

9574. 水满自溢，人自满会跌倒。

9575. 心高不可气傲，不要把自己看得太了不起，不要把自己看得太重要，必须审时度势，收敛起锋芒，做好眼前的事。

9576. 不以穷变节，不以贱易志。

9577. 不矜细行，终累大德。

9578. 为官须"四剪"：剪除不良习惯，剪齐不肖之友，剪掉繁赘语言，剪灭过多欲望。

9579. 正直而不固执。

9580. 为富不可不仁，为贵不可不义。

9581. 领导者最应谨言慎行。

9582. 无功不受大禄，无助不受大礼，无能不得大位。

9583. 胜不骄，败不馁。

9584. 时刻警惕自己出危险。

9585. 脾气大就会自伤身心。

9586. 只有防微杜渐，才能防止祸患。

9587. 慎微者方有大天地。

9588. 卑微时豁达大度，才能在显赫时不骄不躁。

9589. 忌妒别人，不会给自己增加任何好处，也不可能减少别人任何成就。

9590. 嫉妒是荆棘，自傲是滑坡，跋扈是深渊，贪婪是悬崖，轻信是陷阱，不义是自毙。

9591. 人为善，福虽未至，祸已远离；人为恶，祸虽未至，福已远离。

9592. 不妄求，则心安；不妄做，则身安。

9593. 不自重者，取辱；不自长者，取祸；不自满者，受益；不自足者，博闻。

9594. 最大的敌人是自己，最大的失败是自大，最大的罪过是自欺欺人。

9595. 个人主义不除，精神堤坝难固。

9596. 小处不渗漏，暗处不欺隐。

9597. 以严守道、以严凝神、以严聚气，公正廉洁、踏实有为，才能把握住自己人生的航向，也才能在公众的支持和信任中更好地前行。

9598. 多沉思一下心底的律令，严守当头，自警自省，求一个问心无愧，养一身浩然正气，修一颗赤子之心。

9599. 不能制约自己的人，不能称之为自由的人。

9600. 士不可以不弘毅，任重而道远。

9601. 志当存高远。

9602. 志小则易足，易足则无由进。

9603. 不怕百事不利，就怕灰心丧气。

9604. 富贵不能淫，贫贱不能移，威武不能屈。

9605. 老当益壮，宁移白首之心；穷且益坚，不坠青云之志。

9606. 人生自古谁无死，留取丹心照汗青。

9607. 玉碎不改白，竹焚不毁节。

9608. 勿以恶小而为之，勿以善小而不为。

9609. 天下之福，莫大于无欲；天下之祸，无大于不知足。

9610. 欲多伤神，财多累身。

9611. 骄傲是无知的别名。

9612. 好马不吃回头草，好汉不夸旧功劳。

9613. 火要空心，人要虚心。

9614. 骄傲跌在门口，谦虚走遍天下。

9615. 骄傲与失败挂钩，虚心与进步交友；懒惰和愚昧相亲，奋斗跟胜利握手。

9616. 风平浪静不丢浆，形势大好不丢枪。

9617. 如果没有正义，勇气不是美德。

9618. 身不正，不足以服；言不诚，不足以动。

9619. 言必信，行必果。

9620. 嫉妒别人，等于歧视自己。

9621. 重人者人恒重之，侮人者人恒侮之。

9622. 谗言谨莫听，听之祸殃结。

9623. 浅明不见深理，近才不睹远体。

9624. 水不明则腐，镜不明则锢，人不明则堕于云雾。

9625. 默认自己无能，无疑是给失败制造机会。

9626. 听误多害，听妄多败。

9627. 忠言逆耳利于行，良药苦口利于痛。

9628. 人不自爱，则无所不为；过于自爱，则一无所为。

9629. 君子宁为维护尊严而死，不为苟且偷生而寡廉鲜耻。

9630. 自爱者方能为人所爱。

9631. 纵欲戕生。

9632. 安乐有致死之道，忧患为养生之本。

9633. 不欲极饥而食，食不过饱；不欲极渴而饮，饮不过多。

9634. 不怕年老，就怕躺倒。

9635. 脑怕不用，身怕不动。

9636. 节食以去病，寡欲以延年，已饥方食，未饱先止。

9637. 一个人的情绪低落，疾病就会控制他的躯体。

9638. 夜饱损一日之寿，夜醉损一月之寿。

9639. 立身不求无患，身无患则贪欲生；处世不求无难，世无难则骄奢起；做人不求无忧，人无忧则祸害临。

9640. 自律自强自奋起，守纪守法守底线，心清心洁心安宁。

9641. 不争权位，不玩权术，不畏权势。

9642. 国毁于乱，政毁于暴，官毁于贪，业毁于嬉。

9643. 既要严于律己，又要严于律近，还要严于律亲。

9644. 不搞"小圈子"，不占"小便宜"，不结"小兄弟"。

9645. 老实常在，虚假常败。

9646. 恶小耻者，不能立荣名。

9647. 不汲汲于荣名，不戚戚于卑位。

9648. 天作孽，犹可违；自作孽，不可活。

9649. 成德每在困穷，败身多因得志。

9650. 不可以一时之得意，而自夸其能；亦不可以一时之失意，而自堕其志。

9651. 人生至愚是恶闻已过，人生至恶是善谈人过。

9652. 盛满易为灾，谦冲恒受福。

9653. 善誉人者，人誉之；善毁人者，人毁之。

9654. 一念之非即遏之，一动之妄即改之。

9655. 乐太盛则阳溢，哀太甚则阴损。

9656. 一处弛则百处懈。

9657. 欲而不知止，失其所以欲；有而不知足，失其所以有。

9658. 以自我为中心的人，将困于人生最大的陷阱。

9659. 车无辕不行，人无信不立。

9660. 松竹梅，岁寒三友；清慎勤，为官三要。

9661. 千丈之堤，以蝼蚁之穴溃；百尺之室，以突隙之烟焚。

9662. 风起于青萍之末，浪成于微澜之间。

9663. 上之所为，人之所瞻。

9664. 理上则下正，理身则人敬。

9665. 被爱钱财或爱权之欲望所征服就是失去尊严。

9666. 气度狭小就被逆境驯服，宽宏大量足以把逆境克服。

9667. 不诚不足以立身，不信不足以成事。

9668. 乐不可极，乐极生衰；欲不可纵，纵欲成灾。

9669. 他律只能防范最坏，自律才能达到最优。

9670. 凡是要求别人做到的，自己要首先带头做到；凡是要求别人不做的，自己必须带头做到。

9671. 思慎微眇，早防未萌。

9672. 福来有由，祸来有渐；渐生不忧，将不可悔。

9673. 堤溃蚁穴，气泄针芒。

9674. 上不怨天，下不尤人。

9675. 贵之而不骄，委之而不专，扶之而不隐，危之而不惧。

9676. 利不可以虚受，名不可以苟得。

9677. 不以身尊而骄人，不以德厚而矜物。

9678. 不曲道以媚时，不诡行以邀名。

9679. 自骄自满，虽安必危；自戒自强，虽乱必理。

9680. 自高则必危，自满则必溢。

9681. 骄奢生于富贵，祸乱生于所忽。

9682. 大功之后，逸乐易生。

9683. 不以物喜，不以己悲。

9684. 谀言巧，佞言甘，忠言直，信言寡。

9685. 谄言溺心,奸言败德。

9686. 德不配位,必有灾殃。

9687. 善禁者,先禁其身,而后人;不善禁者,先禁人而后身。

9688. 善不由外来,福不可虚作。

9689. 最危险的懈怠莫过于精神的懈怠,最不能有的丧失莫过于精神的丧失。

9690. 心不动于红利之欲,手不伸于物流之诱,目不炫于七色之惑。

9691. 气节重如泰山,利欲轻如鸿毛。

9692. 痛莫大于闻过,辱莫大于不知耻。

9693. 不做亏心事,不怕鬼敲门。

9694. 头顶三尺有神明,不畏人知畏己知。

9695. 眼不斜上,耳不偏,口不歪,手不长,足不短。

9696. 道自微而生,祸自微而成。

9697. 小节不慎,大德难成。

9698. 讲感情不等于徇私情。

9699. 人无癖不可与交,以其无深情也;人无疵不可与交,以其无真气也。

9700. 嗜之有度,好之有道。

9701. 逆不变其节,顺不堕其志,功不傲其气。

9702. 小节失守,大节难保;小洞不补,大洞难堵。

9703. 不虑于微,始贻大患;不防于小,终累大德。

9704. 事业千古事，仕途一时荣。

9705. 勤俭治家之本，和顺齐家之本，谨慎保家之本，诗书起家之本，忠孝传家之本。

9706. 恶不可积，过不可长。

9707. 不为人情关系所缚，不为歪风邪气所扰，不为个人得失所困。

9708. 刀不磨要生锈，人不管要落后。

9709. 狂言伤人更伤己。

9710. 美丑一念产，祸福一线牵。

9711. 重"德"必兴，缺"德"必危。

9712. 乐极生悲，欲过必危。

9713. 无欲则刚，纵欲必亡。

9714. 贪欲会让人永远浸泡在无边的苦海中。

9715. 贪欲一闪念，放纵毁终生。

9716. 誉过，毁；言过，伪；权过，危；计过，鬼。

9717. 贪欲是忧愁和痛苦的发源地。

9718. 欲望膨胀是一切罪恶的根源。

9719. 乐极无乐，欲极祸至。

9720. 见利忘义，可恨；见利忘危，可笑；见利忘本，可耻；见利忘命，可悲。

9721. 富极多忧，权重多险。

9722. 不诚则有累，诚则无累。

9723. 欲不可绝，亦不可纵；抑情欲，节食欲，寡权欲。

9724. 物质生活过于奢侈，精神世界往往贫穷。

9725. 有德不必彰，有权不必枉，有钱不必横，有理不必扬。

9726. 得意不忘形，得福不忘恩，得势不忘本，得志不丢根。

9727. 受辱须止怒，得誉防轻狂，厚德莫乐极，重失莫悲长。

9728. 人不自爱，必有祸害。

9729. 人，成于忧患，败于安乐。

9730. 天堂和地狱都是人自己建造的，进天堂和下地狱也是自己决定的。

9731. 喜欢斤斤计较，烦恼不请自到。

9732. 不战胜自我难以自尊，不净洁自我难以自信，不跳出自我难以自强。

9733. 人，因自觉而成长，因自满而堕落。

9734. 逆境不忘乐，顺境不忘忧。

9735. 良知不能昏睡，道义不能色盲。

9736. 己之短不可藏，己之长不可扬；以谦卑心看人，以恭敬心看事。

9737. 规小节者不能成荣名，恶小耻者不能立大功。

9738. 不安于小成，然后足以成大器；不安于小利，然后可以立远功。

9739. 月满则亏，水满则溢。

9740. 俭节则昌，淫逸则亡。

9741. 宁可正而不足，不可邪而有余。

9742. 爽口食多偏作病，快心事多恐遭殃。

9743. 虚心者常思己过，骄傲者总夸己长。

9744. 欲多则心散，心散则志衰，志衰则思不达。

9745. 少欲则心静，心静则事简。

9746. 去贪欲之念，戒浮躁之心，弃非分之想。

9747. 心可逸，形不可不劳；道可乐，身不可不忧。

9748. 能除患则为福，不能除患则为害。

9749. 临祸忘忧，忧必及之。

9750. 得之，不要大喜，不可贪得无厌；失之，也切勿大悲，不可失去精神。

9751. 贪婪是残忍之母。

9752. 奢欲无度，必会人亡政息；制欲止奢，多会成就一番大业。

9753. 天下大福，莫大于无贪欲；天下大祸，莫大于欲无底。

9754. "居家"正，"居官"方能正。

9755. 勤俭不兴，贪欲不止；节约不行，欲壑难平。

9756. 家之良妻，犹国之良相。

9757. 家有贤妻，则士能安贫守正。

9758. 一日不知非，即一日安于自是；一日无过可改，即一日无步可进。

9759. 心不为物所役，行不为名所累。

9760. 在自己得意的时候，不要让别人感到委屈；在别人得意的时候，不要让自己感到委屈。

9761. 拒绝消极。

9762. 自尊而不自轻,自信而不自满。

9763. 虚伪首先是自己的敌人。

9764. 友情有度。

9765. 虚伪是懦夫的德行。

9766. 自私自利之心,是立人达人之障。

9767. 心灵的疾病比肉体的疾病更危险。

9768. 绝对休息制造忧郁。

9769. 没有健康就没有乐趣。

9770. 有悔则吉。

9771. 仰不愧天,俯不愧人,内不愧心。

9772. 不自爱,则无所不为;过于自爱,则一无所为。

9773. 强不犯弱,众不暴寡。

9774. 不避强,不凌弱。

9775. 善气迎人,亲如弟兄;恶气迎人,害于戈兵。

9776. 良言一句三冬暖,恶语伤人六月寒。

9777. 退无仪,则政令不行。

9778. 上多故则下多诈。

9779. 人无礼则不生,事无礼则不成,国家无礼则不宁。

9780. 人有礼则安,无礼则危。

9781. 将不可骄,骄则失礼,失礼则人离,人离则众叛。

9782. 枉己者不能直人。

9783. 私视使目盲,私听使耳聋,私虑使心狂。

9784. 私心胜者,可以灭公。

9785. 顾小而忘大，后必有害。

9786. 不去小利，顾大利不得。

9787. 志不立，万事皆休。

9788. 内不欺己，外不欺人。

9789. 不可非世是己，不可卑人尊己。

9790. 名心胜者必作伪。

9791. 以势交者，势倾则绝；以利交者，利穷则散。

9792. 正己而不求于人，则无怨。

9793. 必先自治，乃可治人。

9794. 出言必信，则令不穷。

9795. 生死穷达，不易其操。

9796. 自满者败，自矜者愚。

9797. 敬为入德之门，傲为聚恶之府。

9798. 慎始而敬终，终以不困。

9799. 谨于言而慎于行。

9800. 利不苟取，仕不苟进。

9801. 临财勿苟得，临难无苟免。

9802. 病莫病于无常，短莫短于苟得。

9803. 心寡欲为要。

9804. 守真志满，逐物意移。

9805. 水清则见毫毛，心清则见天理。

9806. 志不可一日坠，心不可一日放。

9807. 勿疏小善，方恢大略。

9808. 尽小者大，慎微者著。

9809. 志毋虚邪，行必正直。

9810. 施惠勿念，受恩莫忘。

9811. 用权如衡，唯公唯平。

9812. 一言出口，驷马难追。

9813. 不畏浮云遮望眼，只缘身在最高层。

9814. 一粥一饭，当思来处不易；半丝半缕，恒念物力维艰。

9815. 成人不自在，自在不成人。

9816. 树德务滋，除恶务本。

9817. 自满者，人损之；自谦者，人益之。

9818. 勿为谄媚遮望眼。

9819. 量大福也大，机深祸亦深。

9820. 操守要谨严，不然，则会自取其辱。

9821. 丧失平淡之心，就是权力肆虐、底线失守、人格塌陷的那一根引线。

9822. 个人名利淡如水，党的事业重如山。

9823. 有志不在年高，无志空长百岁。

9824. 功不可虚成，名不可伪立。

9825. 多行不义，必自毙。

9826. 卒然临之而不惊，无故加之而不怒。

9827. 不可"怒发冲冠"，不能"怒不可遏"，而应"怒不失态"。

9828. 放荡功不遂，满盈身必灾。

9829. 谦逊换来百事顺，小心驶得万年船。

9830. 依人者危，臣人者辱。

9831. 从崇高到荒唐只有一步，从荒唐到崇高却没有路。

9832. 任何辉煌都要归于平淡，所以得意不可忘形。

9833. 若是走错了路，停止就是进步。

9834. 恭维就像香水，可以闻，但不可以喝。

9835. 安莫安于知足，危莫危于多言；乐莫乐于好善，苦莫苦于多贪。

9836. 做人不成功，做事成功是暂时的；做人成功，做事不成功是暂时的。

9837. 真正的悲哀是对自己的放纵。

9838. 忧虑导致健康下降。

9839. 烦闷也会导致疲劳。

9840. 穷不灭志，富不癫狂。

9841. 放弃不是简单的丢弃，而是舍掉不必要的包袱。

9842. 八种恶习不可有：无事生非、无中生有、无病呻吟、无理取闹、无功受禄、无端猜疑、无法无天、无情无义。

9843. 福由己发，祸由己生。

9844. 乐不适时必成忧。

9845. 成大功者，小小顺意不足喜，小小拂意不足惧。

9846. 悲观失望是阴湿的地狱，而乐观豁达则是明朗的天堂。

9847. 人不可有傲气，但不可无傲骨。

9848. 忘了自己的缺点，就容易产生骄傲自满。

9849. 骄傲是盲目的，自信则是清醒的。

9850. 该动不动要短命，该休不休要折寿，该收不收要伤命，该眠不眠要短寿。

9851. 多随喜，少嫉妒。

9852. 不要只看到舍，舍中必然会有得；不要只注重得，更要注重自己的舍。

9853. 世上没有后悔药，侥幸终究害自己。

9854. 少些为官之事，多点为官之责。

9855. 从政不能有副业。

9856. 不可居功自傲。

9857. 坐上位子就要挑好担子，挑好担子才能坐好位子。

9858. 人无信不立，政无信不威。

9859. 不可"知变不知常"。

9860. 不背弃信仰，不脱离群众，不贪爱外财，不慕图虚名，不结交糜俗，不伙投恶党，不记怨私仇，不招揽烦事，不以公谢私。

9861. 不因小失大是一种大智慧。

9862. 路是要自己走的，但不能偏离正确的方向。

9863. 一个有希望的民族不能没有英雄，一个有前途的政党不能没有标杆。

9864. 如果只想当官不想干事，只想揽权不想担责，只想出彩不想出力，就没有资格做领导工作。

9865. 舍己而教人者逆，正己而教人者顺。

9866. 管人者必管自己，教育者必先受教育。

9867. 最大的危险是看不见危险，最大的问题是看不到问题。

9868. 盛年不重来，一日难再晨。

9869. 言行不一，可怕；心口不一，更可怕。

9870. 恢弘志士之气，不宜妄自菲薄。

9871. 虚心的人十有九成，自满的人十有九空。

9872. 哭泣是懦弱的宣泄，微笑是勇敢的宣言。

9873. 愿望是半个生命，淡漠是半个死亡。

9874. 失去金钱事小，失去名誉事大，失去了勇气就失去了一切。

9875. 成由俭约，败因奢靡。

9876. 一诺千金，有诺必践。

9877. 过方易折，柔韧胜刚强。

9878. 仁者不轻绝，智者不轻怨。

9879. 贵而不骄，胜而不悖，贤而能下，刚而能忍。

9880. 处人不可任己意，要悉人之情；处事不可任己见，要悉事之理。

9881. 赏不可不平，罚不可不均。

9882. 言行如走棋，一动思三步。

9883. 身忙心不盲，身累心不累。

9884. 危行言逊，不落祸患。

9885. 辅车相依，唇亡齿寒。

9886. 善不可失，恶不可长。

9887. 弓硬弦常断，人强祸必随。

9888. 居高常虑缺，持满每忧盈。

9889. 讲信用，相当于拥有一笔无形的财富；不讲信用，终将会被社会和大众所不容，变得一无所有。

9890. 走错路，坚持就是失败。

9891. 对人，知感恩；对事，知尽心；对物，知珍惜；对己，知克制。

9892. 饮水思源，缘木思本。

9893. 名誉是把双刃剑。

9894. 藏不住事，不成大事。

9895. 巧言令声多陷阱。

9896. 宠辱不惊，去留无意。

9897. 围师必阙，穷寇勿追。

9898. 节制但不保守，进取但不冒进。

9899. 大船只怕钉眼漏，粒火能烧万重山。

9900. 自以为是，就什么也不是。

9901. 奸险是万恶之端，老实是万善之源。

9902. 吹牛与说谎，两者是近亲。

9903. 守信者先守时。

9904. 最大的罪过莫过于自暴自弃。

9905. 自重不能轻人，自信不可自满，独立不是孤立。

9906. 活泼而不轻浮，严肃而不冷漠，自信而不骄傲，虚心而不盲从。

9907. 谦虚的人总是对自己不满,自大的人总是对别人不满。

9908. 自信的伴侣是知识和坚定,自负的伴侣是愚昧和浅薄。

9909. 爱虚荣者站立在虚幻的台阶上,阿谀者把虚幻的台阶不断加高。

9910. 失望是心灵的自杀。

9911. 忘功不忘过,忘怨不忘恩。

9912. 谦让是福,奢望是祸。

9913. 生的秘诀只有六个字:不要怕,不要悔。

9914. 宁听一人哭,不听一路哭;宁让一家不满,不让大家有险。

9915. 凡事不走脑子,是要吃大亏的。

9916. 勤奋为创造机遇之源泉,懒惰则足以使机遇泯灭。

9917. 贪婪没有牙齿,却能吞噬人的心灵。

9918. 自卑者无力擎起奋斗的大旗。

9919. 灰心生失望,失望生动摇,动摇生失败。

9920. 做不了自己意志的主人,永远是无所作为的奴仆。

9921. 跟着感觉走,容易走玄乎;跟着真理走,曙光在前头。

9922. 智慧是谦虚的硕果,骄傲是无知的外壳。

9923. 显规则不落实,潜规则就会有市场。

9924. 不作为和乱作为都一样,都是犯罪。

9925. 权力就是担当,担当就是责任。

9926. 一荣俱荣,一损俱损。

9.927. 人被欲望左右，最终会被欲望吞噬。

9.928. 内无妄思，外无妄动。

9.929. 自律使自己自由。

9.930. 先要慎始，方能善终；时时为公，力求善终。

9.931. 人民权益要靠法律保障，法律权威要靠人民维护。

9.932. 不正之风离我们越远，群众就会离我们越近。

9.933. 一着不慎毁于一旦。

9.934. 自觉把权力行使的过程作为为人民服务的过程。

9.935. 以道为常，以法为本。

9.936. 推进标本兼治，靠加大惩治力度，形成持续震慑，巩固不敢腐；靠深化改革，健全制度，完善激励和约束机制，促进不能腐；靠坚定理想信念宗旨，选对人用好人，弘扬优秀传统文化，牢固树立"四个自信"，强化不想腐。

9.937. 贪为私动，贿随权集。

9.938. "一把手"既是一双干净的手，滴油不沾、纤尘不染，又是一双干事的手，为官一任、造福一方。

9.939. 把好选人用人"入口关"，才能有效阻断腐败增量，切实减少腐败存量。

9.940. 监督别人，常有成人之美的胸怀；接受监督，常有虚心纳谏的气度；自我监督，常有三省吾身的境界。

9.941. 当一个人成为足以号令他人的人上人时，周围的一切都会来腐蚀他的正义和理性。

9.942. 监督关口要前移，防病于未萌；监督体检须趁早，查病于初起；监督探头常开启，治病于日常。

9.943. 权力失去监督是灾难祸害，私欲失去约束是洪水猛兽。

9.944. 党纪如尺，量出高矮胖瘦；监督似网，滤出真假美丑。

9.945. 全面从严治党如逆水行舟，不进则退，松一松则功亏一篑，缓一缓则前功尽弃。

9.946. 思想是灵魂，制度是筋骨；两者结合，便能塑魂治心，强筋健骨。

9.947. 严格党内政治生活，严明的是领导操守，规范的是党员行为，惠及的是百姓民生。

9.948. 只受欲望驱使等同于奴隶，服从制度的法律才有自由。

9.949. 人不守规矩则废，党不讲纪律则乱。

9.950. 作风建设，作于细、成于严。

9.951. 响鼓也需重锤，严管方显厚爱。

9.952. 治国有常，治党重纲。

9.953. 治国必先治党，治党务必从严，从严必依法度。

9.954. 滋生骄逸之端，必践危亡之地。

9.955. 任何公权力都面临被腐蚀的危险，执政党永远会面对与腐败的斗争。

9.956. 人无信不立，社会无信则无序。

9.957. 克俭节用，实弘道之源；崇侈恣情，乃败德之本。

9.958. 信任不能代替监督，信任是前提，监督是保障。

9.959. 纪律和规矩是道德的保障，崇德向善必须与遵规守纪相辅而行。

9.960. 强化不敢腐的震慑，扎实不能腐的笼子，增强不想腐的自觉，实现海晏河清、朗朗乾坤。

9.961. 真学内化于心，实干外化于行。

9.962. 家风正，则人烟旺、事业兴。

9.963. 世上没有后悔药，预防未病最重要。

9.964. 一日不知非，即一日安于自是；一日无过可改，即一日无步可进。

9.965. 知足不辱，知止不怠。

9.966. 人有敬畏心，才有信仰；人有敬畏行，才能前进。

9.967. 修其心，治其身，而后可以为政于天下。

9.968. 无规矩不自由。

9.969. 不让别人浪费自己的时间，绝不闲聊。

9.970. 越是身居高位的人，越需要接地气；越是严格自律的人，越需要一方自由的乐土。

9.971. 各自责，天清地宁；各相责，天翻地覆。

9.972. 时常内省自反，才德必然增长。

9.973. 涵养反思良习，有助平顺无疑。

9.974. 不要人夸颜色好，只留清气满乾坤。

9.975. 律己是以服人，量宽是以得人，身先是以率人。

9.976. 耐得住寂寞才担得起盛名。

9.977. 问责一个，警醒一片。

9.978. 少数人靠觉悟，多数人靠制度。

9.979. 交往过度是致命的。

9.980. 最好的交往是无欲无求的，是心灵最真挚的握手，是情感最渴望的需求。

9981. 千万条规定，不抵自己的以身作则。

9982. 抵挡不住诱惑，就将失去未来。

9983. 害人如害己，宽恕别人就等于宽恕自己。

9984. 非己之利，纤毫勿占；非己之益，分寸不取。

9985. 团结不是"结团"，"圈子文化"是分裂文化。

9986. 动员千遍，不如问责一次，没有问责就难有担当。

9987. 守住法纪底线，恪守道德准则，树立信仰高线。

9988. 越是贪婪的人越善于伪装清廉，越是荒淫的人伪装得越纯洁，越是奸佞的人越会伪装正直。

9989. 清淤只能治标，防污才能治本。

9990. 绳子断在细处，为官毁于贪字。

9991. 重小节，堵小洞，小节不保，大节必损。

9992. 廉洁受人敬，贪财法不容。

9993. 贡献大而骄不可长，成绩多而骄不可纵。

9994. 人无信不立，业无信不兴；人贵在诚，诚贵在信。

9995. 厚爱不能代替严管，信任不能代替监督。

9996. 官有所畏，业有所成。

9997. 家风好，就能家道兴盛，和顺美满；家风差，难免殃及子孙，贻害社会。

9998. 上清而无欲，则下正而民朴。

9999. 不能因现实复杂而放弃梦想，不能因理想遥远而放弃追求。

10000. 知恶不黜，则为祸始。

后 记

　　所谓政道,就是为政之道,包括治道和治术。"政道"一词在我国古代典籍中并不常见,但与为政之道相关的词随处可见,例如,"政不得其道"、"有道之君"、"君有道"等。不过,这些"道"的含义十分庞杂,可以十分形而上、抽象,也可以十分形而下、具体。庄子在《天道》篇中区分了"治之道"与"治之具",前者指治世的原则,后者指治世的手段。在本书中,笔者把两者统称为"政道"。

　　所谓政道一万句,就是围绕"为政之道"而撰写的一万句话。这一万句话,先后写了三十五年,贯穿于笔者从从政之日起到今日的全过程,是自己的一些体会、感悟而已;与此同时,也是在阅读3000余本书籍和若干份文献资料后的种种启示与借鉴。需要说明的还有,在此之前,在中央编译出版社的支持帮助下,先后出版过《领导修养三千言》、《领导智慧三千言》、《领导要义三千言》三本书,这三本书共计

9000句，后又续写了1000句，总共为一万句。因此，便取书名为《政道一万句》。

最后，还想说的是，说一千道一万，为政不只是职业政治家的事，而是参与国家事务管理的所有公职人员都应当学习掌握的一门科学。至于怎么为政？如何为好政？自然有不少共性经验可以总结，有些一般规律可以探索，但毕竟永远没有一个固定的模式，实践无止境，理论无止境，靠从政者"活在当下，悟在心里"。但愿读者能够从本书中得到一些有益的启发。当然，书中难免存在纰漏和不足之处，还恳请批评指正。

本书的顺利出版得到中央编译出版社的大力支持和真诚帮助，在此深表谢意！

晓山
2018年6月

后　记

　　所谓政道，就是为政之道，包括治道和治术。"政道"一词在我国古代典籍中并不常见，但与为政之道相关的词随处可见，例如，"政不得其道"、"有道之君"、"君有道"等。不过，这些"道"的含义十分庞杂，可以十分形而上、抽象，也可以十分形而下、具体。庄子在《天道》篇中区分了"治之道"与"治之具"，前者指治世的原则，后者指治世的手段。在本书中，笔者把两者统称为"政道"。

　　所谓政道一万句，就是围绕"为政之道"而撰写的一万句话。这一万句话，先后写了三十五年，贯穿于笔者从从政之日起到今日的全过程，是自己的一些体会、感悟而已；与此同时，也是在阅读3000余本书籍和若干份文献资料后的种种启示与借鉴。需要说明的还有，在此之前，在中央编译出版社的支持帮助下，先后出版过《领导修养三千言》、《领导智慧三千言》、《领导要义三千言》三本书，这三本书共计

9000句，后又续写了1000句，总共为一万句。因此，便取书名为《政道一万句》。

最后，还想说的是，说一千道一万，为政不只是职业政治家的事，而是参与国家事务管理的所有公职人员都应当学习掌握的一门科学。至于怎么为政？如何为好政？自然有不少共性经验可以总结，有些一般规律可以探索，但毕竟永远没有一个固定的模式，实践无止境，理论无止境，靠从政者"活在当下，悟在心里"。但愿读者能够从本书中得到一些有益的启发。当然，书中难免存在纰漏和不足之处，还恳请批评指正。

本书的顺利出版得到中央编译出版社的大力支持和真诚帮助，在此深表谢意！

晓山

2018年6月

图书在版编目 (CIP) 数据

政道一万句 / 晓山编著 . —北京：中央编译出版社，2018.7
ISBN 978-7-5117-3013-8

Ⅰ. ①政…
Ⅱ. ①晓…
Ⅲ. ①领导人员 - 修养 - 文集
Ⅳ. ① C933-53

中国版本图书馆 CIP 数据核字 (2018) 第 136682 号

政道一万句

| 出 版 人：葛海彦
| 出版统筹：贾宇琰
| 责任编辑：谭　洁
| 责任印制：刘　慧
| 出版发行：中央编译出版社
| 地　　址：北京西城区车公庄大街乙 5 号鸿儒大厦 B 座 (100044)
| 电　　话：(010) 52612345（总编室）　　(010) 52612368（编辑室）
| 　　　　 (010) 52612316（发行部）　　(010) 52612346（馆配部）
| 传　　真：(010) 66515838
| 经　　销：全国新华书店
| 印　　刷：北京汇林印务有限公司
| 开　　本：787 毫米 ×1092 毫米　1/16
| 字　　数：359 千字
| 印　　张：37.75
| 版　　次：2018 年 7 月第 1 版
| 印　　次：2018 年 7 月第 1 次印刷
| 定　　价：139.00 元

网　　址：www.cctphome.com　　邮　　箱：cctp@cctphome.com
新浪微博：@ 中央编译出版社　　　微　　信：中央编译出版社 (ID：cctphome)
淘宝店铺：中央编译出版社直销店 (http://shop108367160.taobao.com) (010) 55626985

本社常年法律顾问：北京市吴栾赵阎律师事务所律师　闫军　梁勤
凡有印装质量问题，本社负责调换，电话：(010) 55626985